AF388687

Le duc de Morny

Et l'Auvergne

Le Comte DE MORNY (1859)

PAR ALEXANDRE ROBERT

Donné au Musée de Clermont-Ferrand par M. BONNAY, notaire

(Ce tableau mesure 1m65 × 1m25)

Léon PRUGNARD

LE
DUC DE MORNY
ET L'AUVERGNE

Les ascendants d'un homme d'État
Le député de Clermont-Ferrand
Le fondateur d'une grande industrie

(D'après des documents inédits)

> « J'ai toujours pensé que l'histoire demandait le même art que la tragédie, une exposition, un nœud, un dénoûment, et qu'il est nécessaire de présenter tellement toutes les figures du tableau, qu'elles fassent valoir le principal personnage, sans affecter jamais l'envie de le faire valoir. »
>
> (VOLTAIRE, *Lettre Schouvalof*, 17 juillet 1758)

(Extrait du Bulletin de l'Académie des Sciences, Belles-Lettres et Arts de Clermont-Ferrand)

Clermont-Ferrand
IMPRIMERIE GÉNÉRALE
Place Michel-de-l'Hospital

1911

Lorsque, après avoir franchi les plaines moutonneuses du Bourbonnais, l'express de Paris s'engage sur le sol de l'Auvergne, le voyageur que le bercement d'un boggy avait tenu plongé, de longues heures durant, dans une ennuyeuse somnolence, se dresse soudain à la vue du panorama enchanteur que forme dans le lointain, vers l'ouest, la chaîne des Dômes. Il en admire la grandeur, la variété, l'harmonie, et il se réjouit à la pensée que bientôt il foulera ces sommets altiers dont le profil capricieux se dessine, en une ligne bleuâtre, dans la pourpre du couchant. Il a devant les yeux un des plus beaux spectacles de la nature, et il rend hommage à son Auteur.

Se tourne-t-il vers le côté opposé ? Contraste frappant, la Limagne déroule, à l'est, ses fertiles savanes, et étale, sous le soleil, la riche mosaïque de ses cultures où la betterave à sucre a jeté avec une heureuse profusion ses innombrables rectangles d'émeraude ou de topaze. A proximité de la curieuse ville de Riom, quelques cheminées d'usines, au chef noirci, émergent des peupliers blancs, et à peine a-t-on dépassé la petite station de Gerzat, que le groupe imposant de six hautes cheminées annonce un grand établissement industriel. Le voyageur apprend qu'il y a là une importante raffinerie de sucre, qui absorbe la récolte de plusieurs milliers d'hectares et répand la richesse et le bien-être dans toute la région. Il se trouve, cette fois, en face de l'œuvre d'un homme, et cet homme, il ne le connaît pas.

A l'un de ceux qui ont fait leur carrière dans cet établissement, au plus modeste, il appartenait de s'avancer courtoisement auprès de ce voyageur pour lui offrir de le renseigner. Si nous apprenons qu'il est satisfait, nous éprouverons nous-même la seule satisfaction que nous ayons ambitionnée.

L. P.

Le duc de Morny

Et l'Auvergne

I

À propos d'un ouvrage récent [1]

Dans la préface de l'ouvrage qu'il vient de consacrer au
duc de Morny, M. Frédéric Loliée écrit ceci : « En résumé,
» tel qu'il fut, avec ses dehors brillants, ses qualités solides
» et ses lacunes morales, le duc de Morny restera dans
» l'histoire de son époque une figure de séduction qui tentera
» plus d'une fois, après nous, la plume des faiseurs de por-
» traits. C'est pourquoi nous avons pris plaisir à la décrire,
» de face et de profil, et à revenir en même temps à la pein-
» ture de la société impérialiste, à laquelle furent reprochés
» bien des écarts, mais qui, dans nos âmes républicaines,
» éveillerait comme une impression de regret, quand on
» considère les haines de classes farouches, l'esprit de ré-
» volte universel et la lutte sans répit des intérêts féroces,
» qui sont la plaie des jours présents et l'angoisse de
» l'avenir ».

Séduction et regrets, telle est donc, d'après M. F. Loliée,
l'impression que l'on éprouve à considérer le duc de Morny

[1] Frédéric Loliée, *Frère d'Empereur*. Emile Paul, Paris, 1909.

et le second Empire. Nous n'y contredirons pas. Il est facile, en effet, de critiquer les régimes disparus; mais après de nombreuses expériences et l'essai de toutes les formes politiques, qui oserait encore prétendre qu'il existe un pouvoir capable d'assurer l'ordre public sans paraître parfois tyrannique et indifférent à l'égard de la justice? Et Gœthe n'avait-il pas raison de dire cette parole profonde : « J'aime mieux l'injustice que le désordre? » Mais où nous nous permettrons de ne pas partager entièrement la manière de voir de l'auteur de *Frère d'Empereur*, c'est lorsqu'il suppose que son héros tentera plus d'une fois, après lui, la plume des faiseurs de portraits. N'y aurait-il pas quelque témérité à vouloir apporter d'indiscrètes retouches à celui qu'il vient de mettre au point, et qui, par les délicates nuances de la pensée, donne si bien l'idée d'une aquarelle finement brossée? Pour notre part, nous ne nous y aventurerons pas. M. F. Loliée s'est imprégné, si l'on peut dire, de son sujet, et il le présente avec une exactitude scrupuleuse, dans une ambiance qu'il connaît. Après avoir retracé, comme en une galerie de rêve, les séduisantes silhouettes des *Femmes du second Empire*, il devait logiquement consacrer une large étude à l'homme qui occupait une si grande place dans la société de ce temps, à celui qui, toutes réserves faites, a été à la fois le Sénèque et le Pétrone du règne de Napoléon III, à celui enfin qui, comme il le dit lui-même, en a résumé de la manière la plus caractéristique les aspects et les tendances.

Cette étude, qui n'avait encore été faite par personne, il l'a traitée avec ampleur, avec complaisance, l'enrichissant de détails inédits. Il commence par écarter les voiles qui cachaient une naissance mystérieuse, pour montrer l'illégitime rejeton d'une reine et d'un père illustre, qui était lui-même l'illégitime rejeton d'un père plus illustre encore. Il dépeint ensuite et tour à tour l'enfant recevant d'une grand'mère, qui était une femme d'esprit distingué, l'éducation chaude et affectueuse que les convenances mondaines ne permettaient pas à sa mère, exilée d'ailleurs, de lui donner; l'élève intelligent et studieux du collège Bourbon ; le brillant officier de cavalerie de l'armée d'Afrique ; le parisien de grande allure, rival élégant et heureux des Brummell et des d'Orsay ; l'ami des princes d'Orléans ; le politique ambitieux et sagace s'attachant, après la chute de la monarchie de Juillet, à la fortune d'un frère ignoré jusqu'alors ; l'artisan audacieux du coup d'Etat qui l'éleva, ce frère, à l'empire ; enfin le ministre prudent et avisé, le sympathique président du Corps législatif, le fastueux ambassadeur de Russie, le créateur de Deauville, le sportsman, le spéculateur audacieux, l'ami des arts, l'homme de lettres, et toujours, dans la vie privée comme dans la vie publique, l'homme d'honneur et de haute distinction, fidèle à ses amitiés et dont la parole valait un contrat. De même qu'il décrit les circonstances depuis longtemps connues d'ailleurs de sa naissance, il donne aussi celles beaucoup moins obscures de sa mort, — mort prématurée, fatale au régime qu'il soutenait et qui, lui parti, poursuivit, comme un vaisseau sans pilote, sa course dangereuse à travers les écueils que l'on ne distinguait plus, pour venir s'abîmer, cinq ans après, dans la plus épouvantable des catastrophes.

Chacune des phases de cette vie si curieuse est contée d'abondance, en un style souple, de belle allure, agrémenté d'une pointe d'humour, et avec un luxe de détails, sinon de précisions, capable de satisfaire les esprits les plus exigents. Tout y est, voire des anecdotes puériles ou hypothétiques, qui, soit dit en passant, relèvent plutôt du reportage que de l'histoire, des faits d'ordre intime qui malheureusement n'offrent qu'un intérêt surérogatoire. Sous réserve de cette simple observation, la physionomie, magistralement rendue, est ressemblante sans doute autant qu'elle peut l'être. Mais comme dans les meilleurs portraits il y a toujours quelque partie non éclairée, le côté que, dans cet ouvrage, il a plu à l'auteur de laisser dans l'ombre est précisément celui qu'il eût été agréable à un Auvergnat d'y trouver en pleine lumière. On y voit à peine, en effet, *le député* que les électeurs clermontois ont élu pendant vingt-deux ans, d'une voix unanime, ou l'*industriel* qui a fondé aux portes de Clermont l'important établissement qui est encore aujourd'hui l'un des principaux facteurs de la prospérité agricole dans la Limagne. C'est à ce double point de vue que nous avons voulu étudier le rôle de M. de Morny. Il nous a paru que cette page d'histoire locale méritait d'être écrite et pouvait intéresser nos compatriotes. Nous l'avons fait en toute indépendance, avec le seul souci de la vérité, et si, comme on l'a dit, la sincérité est fille du temps (1), il n'y a pas de raison pour qu'elle nous fasse défaut à l'égard de faits qui dorment dans l'ombre apaisante d'un demi-siècle.

Le nom de M. de Morny a été mêlé à des événements considérables, diversement appréciés, il est vrai; mais encore qu'au point de vue des principes quelques-uns prêtent à la critique, surtout lorsque celle-ci ne tient pas suffisamment compte des circonstances, il est incontestable que l'esprit qui les conçut n'a jamais perdu de vue la grandeur et la prospérité du pays, et que, quelque vaste que fut son champ d'action, il n'a pas négligé la petite patrie, cette vieille cité auvergnate où le fils de la reine Hortense avait, dès l'âge de vingt-cinq ans, jeté les fondements de sa fortune. Ces événements, en donnant à son nom un éclat exceptionnel, ont éclipsé l'œuvre plus modeste du député. Sous l'homme d'Etat, le représentant du peuple s'est trouvé quelque peu effacé. Il ne faut pas qu'il disparaisse. C'est pourquoi nous avons voulu apporter cette modeste contribution à l'édifice de l'impartiale histoire où tous ceux qui ont porté le poids des affaires publiques viennent se ranger à la place qui leur appartient pour y recevoir de la postérité le témoignage qui leur est dû, à quelque régime qu'ils aient appartenu. Les régimes passent; les opinions aussi. Mais comme le disait naguère un éminent académicien (2), une opinion est bien peu de chose, et c'est une grande chose que la fidélité.

(1) Gabriel Hanotaux, *La Mission de Jeanne d'Arc*, Revue des Deux-Mondes, 1ᵉʳ juin 1910. — F. Bacon a dit : *Veritas filia temporis, non auctoritatis*.

(2) Victor Cherbuliez.

Pour réaliser notre dessein, nous avons consulté beaucoup d'archives et de documents, interrogé, analysé et comparé tous les écrits que nous avons pu nous procurer sur Morny, sur le second Empire dont il a été le plus habile artisan, sur le premier d'où il est sorti. Mais il est aussi des personnes à la complaisance desquelles nous sommes redevables d'importants renseignements, et nous nous faisons un devoir de remercier ici particulièrement M. l'abbé Régis Crègut, qui a bien voulu mettre à notre disposition les précieuses ressources de sa vaste érudition, M. l'abbé Rougane, ex-supérieur des Pères Jésuites de Clermont, M. Roger de Féligonde, qui a été le voisin de campagne de M. de Morny, M. le docteur de Ribier, M. le docteur Deschamps, M. Et. de Chazelles, et tous ceux enfin dont nous avons mis à profit les conseils ou utilisé les souvenirs (1).

(1) Ouvrages consultés :
A. Thiers, *Histoire du Consulat et de l'Empire.*
Taine, *Origines de la France contemporaine.*
Thureau-Dangin, *Histoire de la monarchie de juillet.*
Pierre de Lagorce, *Histoire de la Seconde République,* — *Histoire du Second Empire.*
F. Masson, *Napoléon et son fils.*
Albert Vandal, *L'avènement de Bonaparte.*
Emile Ollivier, *L'Empire libéral.*
Turquan, *La reine Hortense.*
Imbert de Saint-Amand, *La Cour de l'impératrice Joséphine,* — *La Cour du Second Empire,* — *Napoléon III et Mademoiselle de Montijo.*
Mémoires du maréchal de Castellanne.
Souvenirs du général Fleury.
Bernard de Lacombe, *Le mariage de Talleyrand,* — *La vie privée de Talleyrand.*
G. Bonnefoy, *Histoire de l'Administration en Auvergne.*
F. Loliée, *Frère d'Empereur.*
Baron A. de Maricourt, *Madame de Souza et sa famille.*

II

Une élection sous le régime censitaire

Le 13 juin 1842, une ordonnance royale avait prononcé la dissolution de la Chambre et fixé au 9 juillet la date des élections pour le renouvellement des mandats législatifs.

Dans le premier collège électoral de Clermont-Ferrand (intra muros), quatre candidats briguèrent les suffrages des électeurs; c'étaient M. Jouvet, député sortant, opposant; M. Léon de Chazelles, conservateur; M. de Morny, indépendant, et M. Mandaroux-Vertamy, légitimiste. Quelles étaient leurs chances respectives?

La grosse émotion causée par la question d'Orient était à peine calmée que celle du *droit de visite*, qui avait mis le ministère Guizot aux prises avec ces rudes jouteurs qu'étaient Billault, Dupin, Odilon Barrot, Thiers et Berryer, menaçait de tourner contre le Gouvernement, au moment des élections législatives, les préventions populaires, et de relever ainsi les espérances de l'opposition.

Mais les esprits étaient surtout orientés vers les questions d'affaires, vers les intérêts matériels, comme on disait alors, et les deux sujets qui passionnaient l'opinion étaient la création des chemins de fer et le sort de la sucrerie indigène. Dans l'un comme dans l'autre, le ministère avait une base solide. On discutait beaucoup dans le Puy-de-Dôme sur l'utilité de prolonger jusqu'à Clermont la ligne projetée d'Orléans à Nevers. Des esprits chagrins ou systématiques prétendaient sérieusement qu'il était absurde d'amener au fond de ce cul-de-sac que les montagnes du plateau central forment autour de Clermont, une ligne de chemins de fer qui ne pourrait jamais escalader cette barrière infranchissable. De moins timorés soutenaient la thèse contraire avec ténacité et déclaraient qu'il n'y aurait nulle trêve que l'Auvergne, si déshéritée sous le rapport des voies de communication, ne fût sillonnée de voies ferrées. Quant à la question sucrière, l'antagonisme entre la fabrication coloniale et la fabrication indigène était arrivé à l'état aigu, et il ne s'agissait de rien moins que de savoir si la suppression de celle-ci n'allait pas être le sacrifice nécessaire au salut de celle-là.

M. Jouvet, député sortant, qui avait été élu en novembre 1837 par 229 voix contre 205 acquises à son concurrent, M. Cavy, candidat constitutionnel, soit avec une majorité de 24 voix que lui avait value « l'alliance immorale » des républicains et des légitimistes, M. Jouvet, qui reprochait à la monarchie de Juillet de ne pas être fidèle aux principes révolutionnaires sur lesquels elle avait été fondée, ne s'embarassait pas de ces préoccupations d'ordre économique; la question des chemins de fer pour laquelle il avait, comme tous ceux de son parti, montré peu d'enthousiasme, lui avait mis du plomb dans l'aile. Sa qualité d'*opposant* était auprès des électeurs sa principale recommandation. M. de Chazelles, lui, avait, outre ses qualités personnelles, le prestige d'un nom sympathique et d'une grande fortune territoriale, et, en plus, l'estampille de l'administration et l'appui très chaud d'un journal local, l'*Ami de la Charte*. Le patronage plutôt compromettant de la légitimiste *Gazette d'Auvergne* était acquis à la candidature de M. Mandaroux-Vertamy, dont l'intimité bien connue avec le marquis de Polignac était à ce moment une recommandation insuffisante devant le collège électoral. Une douzaine d'années plus tôt, M. Mandaroux, avocat au Conseil d'Etat et à la Cour de Cassation, ami de Chateaubriand et de Berryer, eut été un concurrent redoutable; ses adversaires eux-mêmes reconnaissaient en lui « un homme d'honneur et de talent, très estimable sous le rapport du mérite et du caractère ». Mais la barque de la monarchie légitime avait alors le vent et la marée contraires (1). Restait M. de Morny dont aucun journal ne patronnait la candidature,

(1) Le principal grief de l'opposition de droite contre le Gouvernement portait sur les dépenses soi-disant exagérées. Le budget s'élevait alors à 12 ou 1300 millions. *Quantum mutatus !*

et dont le ministre de l'Intérieur, comte Duchâtel, supputant ses chances, déclarait péremptoirement qu'il n'aurait pas dix voix (1). De naturalisation récente, et bien que son nom sonnât pour la première fois à l'oreille de beaucoup de Clermontois, parmi lesquels il ne résidait d'ailleurs que d'une manière intermittente, le jeune candidat avait néanmoins pris dans le pays une position solide. Sa qualité d'industriel, propriétaire d'une importante fabrique de sucre dans les limites territoriales de la ville, était aux yeux des électeurs la plus sérieuse des garanties. De nombreuses amitiés que l'officier de Lanciers en garnison à Clermont quelques années auparavant s'était créées dans la haute société, ses relations connues avec les princes et notamment avec le duc d'Orléans, son activité audacieuse, sa claire intelligence, ses manières de grand seigneur, sa distinction personnelle et peut-être aussi sa jeunesse, — il avait trente ans, l'âge exigé pour l'éligibilité, — tout contribuait à donner à sa physionomie cet attrait qui commande la curiosité d'abord, puis la sympathie.

Dès le mois de juin, la presse locale avait ouvert le feu, et la tactique savante des polémistes, qui consiste surtout à découvrir les points faibles de l'adversaire, s'était exercée avec l'entrain ordinaire en pareille circonstance. L'*Ami de la Charte* signalait notamment la situation délicate dans laquelle pourrait se trouver M. de Morny à propos de la loi qui devait fixer le sort de la sucrerie indigène, et il se demandait quel parti prendrait le candidat dans le cas où il aurait à choisir entre son devoir et ses intérêts. A cette question insidieuse, la réponse ne se fit pas attendre. « Si » l'on veut se donner la peine de rechercher les paroles que » j'ai prononcées devant le conseil supérieur du commerce » au mois de février dernier, écrivait M. de Morny, on verra

____

(1) F. Loliée : *Frère d'Empereur*. — M. F. Loliée en relatant ce propos ajoute : « Non seulement il eut ces dix voix, mais *quelques milliers* en plus..... » Il oublie qu'on vivait alors sous le régime censitaire, et que les électeurs d'une circonscription n'étaient pas des *milliers*, mais seulement quelques centaines.

» que j'ai formulé les vœux les plus ardents pour la conser-
» vation de la betterave..... Les sacrifices considérables
» que j'ai faits dans ma fabrique de Bourdon, les appareils
» perfectionnés que j'y ai encore récemment introduits, tout
» annonce chez moi des idées de conservation et d'avenir
» que justifient parfaitement les conditions favorables à cette
» industrie dans la limagne d'Auvergne, et l'indemnité avec
» interdiction de fabriquer serait pour mes intérêts la plus
» cruelle des solutions. Je ne me trouverais donc pas dans
» une situation délicate, puisque les intérêts de l'Auvergne
» seraient dans cette question entièrement conformes aux
» miens; mais ne le seraient-ils pas, je désire que MM. les
» électeurs soient bien convaincus que je n'hésiterai jamais
» quand j'aurai à choisir entre mon intérèt et mon devoir. »

En même temps, il publiait sa profession de foi dans laquelle
il déclarait se présenter comme candidat indépendant. « Ma
» politique de prédilection est celle des intérêts matériels...
» Propriétaire et industriel dans ce département, comment
» ne comprendrais-je pas la défense de vos droits, alors que
» je partage vos besoins? Depuis cinq années, n'ai-je pas
» défendu, sinon avec talent, du moins avec zèle et persé-
» vérance, l'agriculture, l'industrie, le commerce? »

Dans son numéro du 6 juillet, le même journal ayant parlé
de la profession de foi *élastique* de M. de Morny, s'attire cette
vigoureuse et fière riposte :

« Monsieur,

» Dans un pareil moment, je ne puis rien laisser passer
» sans réponse, surtout de ce qui peut porter atteinte à la
» franchise de mon caractère.

» Vous qualifiez ma profession de foi d'élastique. Voulez-
» vous dire par là qu'elle se prête à toutes les opinions? Je
» n'accepte pas une supposition aussi offensante, et il n'y a
» que la malveillance qui puisse confondre l'indépendance
» avec la flexibilité.

» Rester calme au milieu des passions, ne transiger jamais
» avec ma conscience, n'avoir d'autre mobile que l'amour de
» mon pays et l'intérêt de mon département, voilà ce que je
» me propose. Ceux qui me connaissent ici et m'accordent
» leur confiance, en dépit des calomnies qu'on fait courir
» sur mon compte, attendent de moi cette conduite. Je ne
» leur ferai pas défaut. C'est à eux que je laisse le soin d'ap-
» précier la sincérité et l'esprit de ma profession de foi à
» laquelle je ne changerai pas une syllabe.

» Au reste, qu'on lise ma lettre adressé au *Journal des*
» *Débats*, le 30 avril, en réponse au discours du ministre
» sur le chemin de fer du Puy-de-Dôme (1), et l'on jugera
» si je suis élastique quand il s'agit de défendre les intérêts
» de ce département, le seul auquel je sois attaché. »

Un langage aussi net ne révélait-il pas, chez un débutant,
des aptitudes peu communes à l'exercice de la politique ?

La veille des élections, *L'Ami de la Charte* tente un dernier
effort en faveur de son candidat. Voici quelques extraits de
son article :

« Les électeurs constitutionnels qui donnent leurs voix à
» M. de Morny s'imaginent-ils par hasard que M. Léon de
» Chazelles dédaigne les intérêts matériels, qu'il est résolu à
» les négliger, ou bien qu'il manque de capacité ou d'influence
» pour s'en occuper avec avantage pour le département ? Ce
» serait une étrange erreur.

» Des trois candidats qui se présentent au collège de Cler-
» mont, M. de Chazelles est celui qui offre le plus de ga-
» ranties....., car il comprend les moyens d'arriver à ce
» but, au lieu que M. de Morny, tout en promettant de tendre
» vers le même but, paraît ignorer les moyens de l'atteindre.

____

(1) C'est en avril 1842 qu'avait eu lieu sous la présidence de Lamartine
et sur le rapport de Dufaure, la discussion du projet de la Commission
des Chemins de fer. Duvergier de Hauranne, qui était membre de la Commission, prétendait que Lamartine ne pouvait arriver à comprendre que
2 et 2 font 4.

La France avait à cette époque, 571 kilom. de chemins de fer en exploitation. — (Thureau Dangin, *la Monarchie de Juillet*).

» M. Jouvet, lui, appartient à un parti qui n'inscrit point
» cette devise sur son drapeau.

» La *Gazette d'Auvergne* nous offre, à la place de M. Jouvet,
» M. Mandaroux-Vertamy, trop compromis par son intimité
» avec M. de Polignac pour réussir ».

Mais le jour du scrutin est arrivé. Sur 497 électeurs inscrits, 430 suffrages exprimés se répartissent ainsi : M. Léon
de Chazelles, 136 ; M. Jouvet, 129 ; M. de Morny, 123 ;
M. Mandaroux-Vertamy, 42.

Le candidat légitimiste étant éliminé, il reste trois concurrents qui paraissent avoir des chances égales. Un second tour
de scrutin les classe dans l'ordre suivant : M. Jouvet, en
tête, avec 152 voix ; M. de Morny, second, avec 145 ; M. Léon
de Chazelles, troisième, avec 126.

Aucun d'eux n'étant encore élu, un troisième scrutin
devient nécessaire, et alors, avec une parfaite loyauté, M. de
Chazelles se désiste en faveur de M. de Morny. Dans ces
conditions, le résultat n'est pas douteux. M. Jouvet, qui
gagne encore 24 voix, en obtient 176, tandis que M. de Morny
en recueille 251 et se voit proclamer élu (1). Plus tard, en
1865, à l'ouverture de la session du Conseil général,
M. Martha-Becker, saluant la mémoire du collègue disparu,
dira de lui : « Sa première élection dans le Puy-de-Dôme fut
toute entière l'œuvre de cette séduction irrésistible dont il
possédait le secret ; toutes les préventions tombaient devant
le charme de sa parole ; un mot heureux, un trait piquant
désarmaient les oppositions les plus obstinées ».

Comme on le voit, la lutte avait été chaude, et les électeurs
avaient montré une belle ténacité, puisque le nombre de votes
exprimés, qui était de 430 au premier tour, et de 423 au

---

(1) Le nouveau député était dans la joie de son triomphe lorsque,
quelques jours plus tard, il eut la douleur d'apprendre la mort tragique
du duc d'Orléans, héritier présomptif du trône, son ami, survenue subitement le 16 juillet, à Neuilly, à la suite d'un accident de voiture. La mort
de ce prince, qui jouissait des sympathies populaires, était une grande
perte pour la France, et le pays en fut vivement affecté.

second, remontait, au troisième, à 427. Telle était la physionomie d'une élection sous le régime censitaire de la monarchie de Juillet. Si nous nous sommes laissé entraîner à la décrire, qu'on veuille bien nous le pardonner en considérant le double intérêt qu'elle présente : les débuts d'un homme d'Etat et la fin d'un système électoral ; ce système ne fonctionnera plus, en France, qu'une seule fois, en 1846, et nous verrons que, dans notre collège de Clermont, les élections de 1846 sont loin de présenter le même intérêt que celles de 1842. Plus tard, le suffrage universel donnera à M. de Morny, à chaque renouvellement de son mandat, une moyenne de 20 à 25,000 voix, c'est-à-dire la presque totalité des suffrages. Mais nous ne sommes qu'à l'aube d'une carrière législative de vingt-trois années. Quel en sera le zénith, et quel le couchant ? Personne alors ne pouvait le prévoir, et, parmi les 251 électeurs qui venaient de lancer ce nouvel astre dans le firmament de la politique, y en avait-il un seulement qui eût pu dire quelle était son origine ?

III

Les ascendants d'un homme d'Etat

L'histoire offre parfois le spectacle de curieuses coïncidences. Si nous nous reportons un instant par la pensée à l'année 1802, à cette époque brillante où la France renaissante commençait à respirer dans la paix civile et religieuse, nous voyons célébrer dans la haute société parisienne trois grands mariages, qui, à des points de vue différents, défrayèrent les conversations, à la cour et à la ville, autant et plus peut-être que ne le fit, sous le Roi-soleil, celui de Lauzun et de la grande Mademoiselle, — trois mariages dans chacun desquels nous trouvons un ascendant du personnage qui fait l'objet de cette étude. C'est d'abord, dans l'ordre chronologique, celui d'Hortense de Beauharnais avec Louis Bonaparte, frère du Premier Consul, qui reçut, le 4 janvier, la bénédiction du cardinal Caprara. On sait qu'à peine sortie de l'institution de Mme Campan (1), la fille de Joséphine, qui faisait avec toute la grâce de ses dix-huit printemps l'ornement de la cour consulaire, avait des sympathies pour Duroc, mais qu'elle fut

(1) On sait qu'immédiatement après le 9 Thermidor, tous les couvents ayant été fermés, Mme Campan, ancienne femme de chambre, lectrice de la reine Marie-Antoinette, fonda, pour se créer des ressources, une institution à Saint-Germain-en-Laye où furent élevées la plupart des jeunes filles de l'aristocratie, futures princesses ou grandes dames de la cour Impériale. C'est cette femme supérieure, digne émule de Mme de Maintenon à Saint-Cyr, que Bonaparte chargea de l'organisation des nouvelles maisons de la Légion d'honneur, fondées à Ecouen, aux Loges et à Saint-Denis. « Si jamais je faisais une république de femmes, lui disait-il, c'est vous que j'y nommerais Premier Consul. » Mme Campan fut nommée directrice de la maison d'Ecouen ; la Restauration l'ayant destituée de cette charge, elle se retira à Mantes où elle mourut en 1822, fidèle jusqu'à la fin à la cause napoléonienne.

Peu de temps avant sa mort, en septembre 1821, elle était allée, accompagnée de Mme Voisin, visiter la reine Hortense, dans son exil, au château d'Arenemberg. (V. Stéfane-Pol, *la Jeunesse de Napoléon III, Correspondance de son précepteur* Philippe Le Bas, de l'Institut).

contrainte d'épouser Louis Bonaparte, alors âgé de vingt-trois ans, qu'elle n'aimait pas (1). Puis la comtesse Adélaïde de Flahaut, toujours séduisante après dix années de veuvage et malgré ses quarante ans sonnés, conclut avec le baron de Souza, alors ambassadeur de Portugal à Paris, une union qui fut heureuse, sans doute parce que, librement consentie de part et d'autre, la raison d'Etat n'y était pour rien. Enfin pour régulariser une situation de fait, qui n'étonnait personne sous le Directoire, mais que le Premier Consul ne voulait pas tolérer plus longtemps, Talleyrand épousait, au mois de septembre, au retour d'une saison qu'il avait faite avec elle à Bourbon-l'Archambault, l'aventureuse Mme Grand. M. Bernard de Lacombe a raconté, dans une étude très documentée, les circonstances de cette alliance sacrilège de l'ex-évêque d'Autun avec « la belle Indienne », et comment elle a pu recevoir, malgré le *veto* obstiné de Rome, une consécration religieuse qui, comme on le sait, n'eut pas le don de retenir longtemps dans les liens de l'hyménée des époux dont la foi s'était égarée trop souvent sur les grandes routes de la morale facile (2).

Quelques lignes seulement sur certains des personnages que nous venons d'apercevoir dans cette aube de siècle, et nous aurons démêlé l'écheveau passablement embrouillé de la filiation de Morny.

« Admirer Talleyrand, dit Emile Ollivier, donne un air de profondeur, presque un brevet d'homme d'état ». On pourrait,

---

(1) Le Premier Consul aurait consenti volontiers à ce que son aide de camp Duroc devînt le mari d'Hortense; si son choix s'arrêta sur son frère Louis, c'est, paraît-il, à l'instigation de Joséphine, qui, n'espérant plus avoir d'enfants, calculait que si sa fille épousait un Bonaparte, un enfant issu de cette union pourrait devenir l'héritier présomptif, et, en réalisant ainsi les ambitions dynastiques de son mari, elle détournerait celui-ci de l'idée qu'elle lui soupçonnait de recourir au divorce pour avoir d'une autre épouse des descendants directs. (V. Imbert de Saint-Amand, *La Cour de l'Impératrice Joséphine, passim*).

(2) Le mariage civil fut célébré sans mystère à la mairie du Xe arrondissement de Paris, le 23 fructidor, an X (10 septembre 1802), et le mariage religieux aurait eu lieu furtivement, à Epinay. (Cf. Bernard de Lacombe, *Le Mariage de Talleyrand*. V. le *Correspondant*, août 1905).

croyons-nous, changer le premier terme de la proposition et déclarer avec autant de justesse : Dénigrer Talleyrand confère comme un cachet d'érudition. Les uns ont vanté sans mesure la finesse du diplomate ; les autres n'ont vu dans son âme que perfidie et corruption. Victor Hugo faisant allusion à son pied-bot déclarait sans ménagement que « tout boîtait en lui ». Boutade de poète. Il y avait au moins une chose qui, chez Talleyrand, n'accusait pas de claudication, c'était son esprit. Voici d'ailleurs, d'après M. A. Thiers, le portrait du personnage, tel qu'il apparaissait sous le Consulat :

« M. de Talleyrand, issu de la plus haute extraction, destiné aux armes par sa naissance, condamné à la prêtrise par un accident qui l'avait privé de l'usage d'un pied, n'ayant aucun goût pour cette profession imposée, devenu successivement prélat, homme de cour, révolutionnaire, émigré, puis enfin ministre des affaires étrangères du Directoire. M. de Talleyrand avait conservé quelque chose de tous ces états : on trouvait en lui de l'évêque, du grand seigneur, du révolutionnaire. N'ayant aucune opinion bien arrêtée, seulement une modération naturelle qui répugnait à toutes les exagérations ; s'appropriant à l'instant même les idées de ceux auxquels il voulait plaire par goût ou par intérêt ; s'exprimant dans un langage unique, particulier à cette société dont Voltaire avait été l'instituteur ; plein de réparties vives, poignantes qui le rendaient redoutable autant qu'il était attrayant ; tour à tour caressant ou dédaigneux, démonstratif ou impénétrable, nonchalant, digne, boîteux sans y perdre de sa grâce, personnage enfin des plus singuliers, et tel qu'une révolution seule en peut produire, il était le plus séduisant des négociateurs, mais en même temps incapable de diriger comme chef les affaires d'un grand État : car, pour diriger il faut de la volonté, des vues et du travail, et il n'avait aucune de ces choses. Sa volonté se bornait à plaire, ses vues consistaient en opinions du moment, son travail était nul. C'était, en un mot, un ambassadeur accompli, mais point un ministre dirigeant, bien entendu qu'on ne prend ici cette expression que dans son acception la plus élevée.

. . . .

» Toutefois, il avait un mérite moral, c'était d'aimer la paix sous un maître qui aimait la guerre, et de le laisser voir. Doué d'un goût exquis, d'un tact sûr, même d'une paresse utile, il pouvait rendre de véritables services, seulement en opposant à l'abondance de paroles, de plume et d'action du Premier Consul, sa sobriété, sa parfaite mesure, et jusqu'à son penchant à ne rien faire. » (A. Thiers, *Histoire du Consulat et de l'Empire.*)

La carrière de Talleyrand est trop connue pour qu'il soit utile de la retracer ici, même brièvement. Rappelons seulement, à cause des erreurs de certains dictionnaires relativement à cette date, que c'est le 2 novembre 1788, à l'âge de trente-quatre ans, qu'il avait été nommé par Louis XVI à l'évêché d'Autun. Au privé, il est avéré que le jeune abbé de Périgord, comme on l'appelait alors, affichait dans les salons et les boudoirs, durant les années qui précédèrent la Révolution, des allures que n'entravaient pas les liens d'une morale sévère. « Chose plus grave, écrit M. Bernard de Lacombe,
» des rumeurs malsonnantes couraient sur ses mœurs. On
» lui prêtait plusieurs liaisons, parmi lesquelles une au
» moins ne peut être oubliée, tant elle défraya la cour et la
» ville, tant elle fut étalée et presque avouée : le *journal* d'un
» Américain très parisien, Gouverneur Morris, qui mêla les
» sujets sérieux aux cancans mondains, en a récemment en-
» core réveillé l'indiscret écho. Il s'agit de Mme de Flahaut,
» qui, devenue, après son veuvage, Mme de Souza, a elle-
» même estompé et gazé ses aventures dans un assez joli
» roman. Adélaïde-Marie-Emilie Filleul était fille de concier-
» ges du château royal de Choisy, où souvent venait se re-
» poser Louis XV. Tandis que sa sœur aînée était mariée au
» marquis de Marigny, frère de Mme de Pompadour, elle, la
» cadette, épousait toute jeune et fraîche sortie du couvent,
» un maréchal de camp un peu botaniste, frisant déjà la soi-
» xantaine, le comte de Flahaut de la Billarderie, qui fut
» nommé au lendemain de ses noces intendant des jardins du
» roi avec habitation au Louvre. L'abbé de Périgord fut
» bientôt l'ami de la maison. On jasa sur l'intimité publique
» de ses relations avec la jeune femme ; on jasa bien davan-
» tage dans le monde, même dans la famille de l'accouchée,
» lorsqu'en 1785 un enfant naquit, celui-là même qui devint
» l'aide-de-camp de Napoléon et le favori de la reine
» Hortense.

» Si tous ces bruits de Paris avaient raison, voyez l'étrange
» imbroglio : M. de Talleyrand grand-père de M. de Morny !
» Et l'empire de Bonaparte aurait été relevé, en 1851, par le
» petit-fils de l'homme qui l'avait renversé en 1814 ! (1). »

Quant à sa femme, l'ex-madame Grand (2), célèbre par ses
aventures extra conjugales, bien que son ignorance et son
peu d'esprit fussent notoires, on l'avait vue, sous le Directoire,
rivaliser, dans sa villa de Neuilly, avec Mme de Staël et Mme
Récamier par le luxe de son salon et l'élégance licencieuse de
sa table, où elle donnait de fins soupers servis à la grecque
par des nymphes aux noms et aux costumes mythologiques.
La vie régulière était pour l'un comme pour l'autre un far-
deau trop lourd. Après quelques années de mariage, ils se
séparèrent (3). Elle fixa sa résidence à Londres, puis revint à
Paris où elle mourut le 12 décembre 1835, après avoir reçu,
des mains de Mgr de Quélen, les derniers sacrements.

Le grand homme, que cette mort n'affligeait pas exagéré-
ment, avait terminé sa carrière politique, Son rôle, effacé
sous la Restauration, s'était relevé sous la monarchie de
Juillet qui lui avait confié l'ambassade de Londres, poste
qu'il occupa de 1830 à 1834, et, quatre ans après s'être
retiré des affaires, il s'éteignait, à son tour, le 17 mai 1838,
dans sa quatre-vingt-quatrième année, entre les bras de
l'abbé Dupanloup, qui, ayant obtenu de lui une rétractation

(1) Bernard de Lacombe : *Talleyrand, évêque d'Autun.* Perrin et
Cie, Paris 1903, p. 55.

(2) Fille d'un fonctionnaire français attaché au port de Pondichéry,
Mlle Worlée, qui fut plus tard la comtesse de Talleyrand, était née le
21 novembre 1762, à Tanquebar (possession danoise), dans les Indes.
Mariée de bonne heure, très jolie, sa jeunesse n'est qu'une suite d'aventures scandaleuses. (M. Bernard de Lacombe en a donné une relation
dans le *Correspondant*, 25 août 1905).

(3) Cependant le vicomte de Raiset, qui vient de publier un excellent
ouvrage sur *Mme de Talleyrand*, établit qu'après la séparation la princesse
de Bénévent eut une existence non seulement irréprochable mais pleine de
dignité. Marié, Talleyrand habita l'hôtel Gallifet, rue du Bac, puis rue
d'Anjou-Saint-Honoré, puis l'hôtel Monaco, rue de Varenne, enfin le
fameux palais de la rue Saint-Florentin. — Cf. Bernard de Lacombe, *Le
mariage de Talleyrand.*

écrite de ses retentissantes erreurs, lui avait apporté les consolations de la religion (1). Son fils, le général de Flahaut, avait alors cinquante-deux ans, et son petit-fils, le comte de Morny, vingt-sept.

*
* *

Fille de concierges du château royal de Choisy, d'après M. Bernard de Lacombe ; née du mariage mal assorti d'un commissionnaire en vins de Falaise, et d'une fille de bonne maison, selon le baron de Maricourt ; issue d'une famille sans blason et sans gloire (des petites gens de Normandie), déclare M. Frédéric Loliée, — et ces trois affirmations n'ont rien de contradictoire, — Adélaïde-Marie-Emilie Filleul, plus tard comtesse de Flahaut, puis baronne de Souza, était née à Paris le 14 avril 1761. Sa mère, une demoiselle de Longpré, fort coquette, aurait eu des « bontés » pour Louis XV, qui était, paraît-il, le père de Julie, la sœur aînée, mariée au marquis de Marigny, frère de M\u1d50ᵉ de Pompadour et directeur général des bâtiments royaux (2). Mais le roi n'était pas seul bénéficiaire des bontés de M\u1d50ᵉ Filleul, et Adélaïde elle-même, la cadette, passait pour être la fille du fermier géné-

(1) Cf. la brochure de M. le baron de Nervo, *La mort de Talleyrand.* Honoré Champion, Paris 1910.

(2) Abel-François Poisson, frère de M\u1d50ᵉ de Pompadour, avait été admis à la cour avec le titre de marquis de Vandières. Nommé directeur des bâtiments royaux, il devint successivement marquis de Marigny, puis de Ménars, et se démit de sa charge vers 1773. C'est en janvier 1867 qu'il avait uni ses « quarante-trois automnes » aux « dix-sept printemps » de Julie Filleul, dont la rare beauté constituait toute la fortune, et c'est au cours de la même année que mourut Mme Filleul, bientôt rejointe par son infortuné mari, qui, ruiné et désespéré, mit fin à ses jours devant l'hôtel somptueux de son gendre Marigny, place des Victoires. Quant au jeune ménage, il ne fut pas heureux. Marigny, susceptible, ombrageux et querelleur, rendit la vie insupportable à sa femme qui finit par l'abandonner en 1778. (Baron A. de Maricourt, op. cit.)

M. Frédéric Loliée indique dans un renvoi, p. 6 de son ouvrage, que « M\u1d50ᵉ de Pompadour avait vu cette union (celle de son frère avec Julie Filleul), de fort mauvaise grâce..... » Comment la célèbre courtisane, morte en 1764, aurait elle pu voir un mariage qui n'eut lieu que trois ans plus tard ?

ral Bouret. Ces erreurs de conduite paraîtront peut-être moins extraordinaires si l'on tient compte, suivant la méthode que Taine emprunta à Stendhal (1), des circonstances de temps et de lieu, de l'ambiance. On est au milieu du xviii⁰ siècle, en plein règne de Louis XV ; Voltaire vient de publier *Candide* et inonde l'Europe de ses écrits immoraux ; la philosophie naturaliste de Jean-Jacques Rousseau a pénétré les masses populaires, et l'année même où naquit la future amie de Talleyrand vit pour la première fois, en pleine monarchie française, l'expulsion des Jésuites. Si nous ajoutons, pour compléter cette esquisse, que la guerre de Sept-Ans accumulait sur nos armes, dans les plaines d'Allemagne, cette série d'échecs qui couvraient nos généraux de ridicule et fournissaient à l'esprit frondeur du peuple la matière des plus comiques chansons, on comprendra que, sous le règne de la Pompadour, le désordre ne devait pas être moins grand dans la politique que dans les mœurs.

Adélaïde avait trois ans quand mourut la trop célèbre favorite ; elle ne la connut donc pas ; mais en revanche elle dut voir souvent et connaître beaucoup Mme du Barry, qui mourut sur l'échafaud en 1793. Sa jeunesse se passa au couvent. Vers l'âge de seize ans, elle en sortit pour épouser deux ans plus tard le comte de Flahaut de la Billarderie, mestre de camp dans les armées du roi, alors âgé de cinquante-quatre ans, et qui devait bientôt remplacer Buffon dans la charge d'intendant des jardins royaux. Mais laissons la parole à M. Frédéric Loliée :

« A l'époque où elle eut à démêler sa jeunesse du tumulte des passions, la comtesse de Flahaut était de figure bien engageante. Sans être grande, elle possédait une jolie taille. Sans prétendre à la beauté parfaite, son visage avait le charme qui touche et qui retient. Des yeux très spirituels, beaucoup d'amabilité, une conversation délicieuse concouraient à lui rendre aisé le goût de plaire. Son envie de connaître jusqu'aux moindres tressaillements du cœur humain l'aimantait vers la tentation. Elle n'en borna pas à une seule épreuve la périlleuse étude.

(1) Cf. sur ce sujet Arthur Chuquet, *Stendhal-Bayle*, p, 475.

» La comtesse de Flahaut, tout en butinant des fleurs sur sa route, avait fait bonne provision d'indulgence pour soi-même et pour autrui. Une extrême décence apparaîtra dans tout l'extérieur de son être, et, pour le dire d'un mot de Saint-Simon, jusque dans les choses extérieures qui en comportent le moins. Sa morale écrite aura la pureté d'une source d'oasis. Elle saura, de sa main fine et légère, couvrir d'un voile d'idéalité virginale les enfièvrements de l'âme et des sens. Toutes ces jolies choses n'empêchèrent point qu'au temps dont nous en parlons, étant pressée d'adorateurs, elle laissa couler de sa prunelle vive, quelques regards encourageants. »

Nous ne dirons pas, après M. A. de Maricourt, comment l'abbé de Périgord s'insinua dans l'intimité du nouveau ménage et devint l'ami de Mme de Flahaut. Ces détails présentent peu d'intérêt. Rappelons seulement à titre documentaire que les relations du séduisant abbé et de la jeune comtesse commencèrent vers 1780, et que, d'après le double témoignage de Gouverneur-Morris, qui fréquentait, lui aussi, chez les Flahaut, et du comte d'Angiviller, beau-frère d'Adélaïde, elles eurent pour résultat la naissance d'un fils, Charles de Flahaut, survenue le 21 avril 1785. Nous verrons plus loin comment le fils de Talleyrand devint à son tour le père d'Auguste de Morny.

Tous ces faits sont aussi relatés dans une note très substantielle de M. le baron A. de Maricourt, qui a d'ailleurs consacré à Mme de Souza un intéressant volume (1). De cette note, parue dans L'*Echo de Paris*, n° du 5 juin 1909, nous extrayons ce qui suit :

[annotation manuscrite : Restauration]

« Pendant les premières années de la ~~Révolution~~, vivait à Paris, au numéro 6 de la grande rue Verte, une délicieuse vieille femme, douée d'une remarquable intelligence, ayant « du monde » à un suprême degré, contant à ravir, possédant au plus haut point le goût, la correction, la mesure ayant cultivé avec amour cet art aujourd'hui défunt qu'on appelait l'art de vivre. Puisant dans la tendresse de son cœur une indulgence pour les autres — très rare chez une femme qui a cheminé toute sa belle jeunesse dans les sentiers de l'intrigue

(1) Baron A. de Maricourt, *Madame de Souza et sa famille*, Emile Paul, Paris, 1908.

et de l'amour, — ne se piquant point d'une intolérante morale mal commode pour ses entours et pour elle-même, en un mot épicurienne de race, elle avait hérité les qualités et les erreurs du dix-huitième siècle, qu'elle s'efforçait d'inculquer à un jeune garçon dont elle s'était faite l'éducatrice.

» La vieille dame s'appelait la baronne de Souza, et le jeune garçon, Auguste de Morny, ou plus exactement Demorny, comme il signait alors.

. . . .

» Adélaïde Filleul, comtesse de Flahaut, puis baronne de Souza, était née en 1761 du mariage mal assorti d'un commissionnaire en vins de Falaise et d'une fille de bonne maison, qui par la coquetterie et l'intrigue s'était poussée à Paris dans le monde de la finance, après avoir eu, dit-on, des bontés pour Louis XV.

» Adélaïde passait elle-même pour la fille du fermier général Bouret, aussi connu en son temps par son génie des affaires que par ses prodigalités folles. A l'âge de dix-huit ans elle avait épousé le comte de Flahaut, qui en comptait cinquante-sept. Cet âge était excessif. Aussi-bien la comtesse se lia-t-elle avec M. de Talleyrand, appelé alors l'abbé de Périgord. Elle devint bientôt mère d'un fils, Charles de Flahaut, qui fut, on le sait, le père de Morny. Mais ce Charles de Flahaut, qui donc avait-il lui-même pour père? Gouverneur Morris, qui affirme le tenir de Mme de Flahaut, le comte d'Angiviller, son beau-frère, le fameux intendant des bâtiments royaux, une sorte d'Alceste dont le caractère n'était point susceptible de s'abaisser jusqu'à la calomnie, n'hésitent point à le nommer : M. de Périgord ! et voilà donc Talleyrand qui serait l'aïeul de Morny.

» Réfugiée en Angleterre pendant la Terreur, Mme de Flahaut y apprit avec quelque regret la mort de son mari, guillotiné à Arras en 1793, et, sans ressources, elle commença d'écrire de délicats et jolis romans moraux dans lesquels il semble bien qu'elle ait placé toute sa vertu. Après de multiples et romanesques aventures dont j'ai parlé dans un volume qui lui est consacré, Mme de Flahaut, mûrie par l'âge et par l'épreuve, rentra en France sous le Directoire, et elle épousa, en 1802, le ministre de Portugal, à Paris. M. de Souza, fin lettré et gentilhomme aux sentiments chevaleresques, qui, par égard pour sa femme, voulut bien accepter qu'on lui confiât, après sa naissance mystérieuse, le jeune Auguste de Morny.

» L'enfant tenait ce nom, dit-on, d'un ancien ami des Beauharnais, pensionné à Versailles. Le secret de sa naissance fut admirablement gardé. Personne, dans les entours de Mme de Souza, ne semble l'avoir connu ; et le petit Auguste appelait ingénument M. de Souza « bon père » et Mme de Souza « bonne mère ». De bonne heure on le mit à la pension Muron d'où il suivait les cours du collège Bourbon.

» Mais on le menait sans cesse chez son aïeule ; et celle-ci l'enveloppait — comme il apparaît par ses lettres — d'une affection si tendre, si câline, si touchante, qu'elle fait pardonner au cœur encore vibrant, de Mme de Souza, les erreurs de jeunesse de Mme de Flahaut ».

Les erreurs de jeunesse de Mme de Flahaut, mais qui donc songerait à ne pas les lui pardonner? Ne trouvent-elles pas dans cette jeunesse même — elle avait vingt ans — et dans les circonstances de son mariage et de sa vie, sinon une justification — il ne saurait y en avoir — du moins une excuse, et en tout cas une explication qui porte à l'indulgence les esprits les plus sévères? Et parmi ses contemporaines, femmes de lettres ou mêlées à la politique, quelle est celle qui aurait pu lui jeter la première pierre? Est-ce la citoyenne Tallien, ou la citoyenne Beauharnais, ou Mme Récamier, la « divine Juliette? » Est-ce la grande citoyenne genevoise, Mme de Staël (1), qui, à l'âge de quarante-quatre ans, soudain éprise

(1) Comme il s'agit surtout ici de tracer le portrait de Mme de Souzat, nous croyons qu'on ne lira pas sans intérêt celui que Mme de Staël en a donné, sous le nom de Mme d'Arbigny, dans *Corinne*, qui parut en 1807. Au livre XII, où Oswald, lord Nelvil, pair d'Ecosse, raconte à Corinne sa propre histoire, on trouve les passages suivants :

« Sa figure était très agréable, sa taille pleine de grâce, et il y avait
» dans tous ses mouvements une élégance parfaite; elle ne disait pas un
» mot qui ne fût convenable; elle ne manquait à aucun genre d'égards,
» sans que sa politesse fût en rien exagérée; elle flattait l'amour-propre
» avec beaucoup d'adresse, et montrait qu'on lui plaisait sans jamais se
» compromettre; car, dans tout ce qui tenait à la sensibilité, elle s'ex-
» primait toujours comme si, dans ce genre, elle eût voulu dérober aux
» autres ce qui se passait dans son cœur. . . . .

. . . .

» Il me semblait quelquefois qu'il y avait un peu d'art dans son langage,
» qu'elle parlait trop bien et d'une voix trop douce, que les phrases étaient
» trop soigneusement rédigées. . . . .

. . . .

» La tristesse de Mme d'Arbigny ajoutait encore à ses charmes exté-
» rieurs et lui donnait une expression touchante qui me plaisait extrê-
» mement; je lui avais formellement déclaré que je ne me marierais point
» sans le consentement de mon père; mais je ne pouvais m'empêcher de
» lui exprimer les transports que sa figure séduisante excitait en moi; et
» comme il entrait dans ses projets de me captiver à tout prix, je crus

du jeune lieutenant de housards Rocca, donne au chef-lieu du département du Mont-Blanc le scandale d'une maternité aussi tardive qu'illégitime? Et nous, gens du xxᵉ siècle, imbus de morale laïque, nous qui venons d'élever une statue à Jean-Jacques Rousseau aux Charmettes, dans le lieu même où le philosophe de Genève connut Mᵐᵉ de Warens, sommes-nous bien qualifiés pour nous montrer sévères à l'égard des « dames du temps jadis », sur ce que le bonhomme Chrysale appelait des *solécismes de conduite?* En tout cas, les moralistes sauront gré à Mᵐᵉ de Flahaut de la discrétion qu'elle montra en un temps où la licence des mœurs était générale; les jeunes femmes apprendront d'elle que si la décence et la pudeur ne sont pas toujours, pour la vertu en péril, des remparts suffisants, elles imposent néanmoins le respect; les plus âgées lui demanderont des leçons sur l'art difficile d'être grand'mère, et toutes, à son école, formeront leur esprit et leur cœur et acquerront cette distinction raffinée, ce charme délicat qui procurent les satisfactions discrètes du foyer et font du salon d'une femme bien née comme une académie du bon ton, des bonnes manières et du beau langage.

Et maintenant, pour clore ce portrait, faut-il nous demander si l'amie de Talleyrand joua un rôle dans les affaires publiques et quelle y fut son influence? L'auteur de *Frère d'Empereur* dit bien (p. 10) que M. de Périgord « avait entrevu dans l'un de ses tête-à-tête avec Mᵐᵉ de Flahaut le jour où à eux deux

» entrevoir qu'elle n'était pas invariablement résolue à repousser mes désirs. . . . .
» Elle était heureuse d'être aimée parce qu'elle aimait, mais aussi parce
» que cela fait honneur dans le monde; elle avait de bons sentiments
» quand elle était toute seule, mais elle n'en jouissait pas si elle ne
» pouvait les faire tourner au profit de son amour-propre ou de ses
» désirs. C'était une personne formée par et pour la bonne compagnie,
» et qui avait cet art de travailler le vrai, qui se rencontre si souvent
» dans les pays où le désir de produire de l'effet par ses sentiments est
» plus vif que ces sentiments mêmes ».

L'auteur de *Corinne* fait évidemment allusion, dans ce passage, à l'aventure que « la belle Adélaïde » eut, en 1790, avec le jeune lord Wycombe, marquis de Lansdowne.

ils remanieraient les assises gouvernementales de la France ».
C'est là, selon nous, une assertion gratuite que rien ne justifie. Au temps de leur liaison, c'est-à-dire avant la Révolution, l'abbé de Périgord n'avait aucun rôle politique. Devenu
évêque d'Autun, en 1788, il n'en eut pas davantage. Pendant
l'orage révolutionnaire, sa situation à la tète du clergé constitutionnel fut incertaine, éphémère et sans effet ; il se retira
prudemment d'ailleurs à l'étranger en attendant des jours
meilleurs. Sous le Directoire, il devint ministre des Affaires
étrangères ; mais alors il ne restait plus des relations de l'ex-
abbé et de la jeune comtesse qu'un souvenir, et l'incident
de leur entrevue à Hambourg, incident que Talleyrand rap-
portera dans ses *Mémoires*, le prouve surabondamment. Plus
tard, lorsque la comtesse de Flahaut sera devenue la baronne
de Souza, on verra le prince de Bénévent trahir impu-
demment son maître. Est-ce à l'instigation de son ancienne
amie ? Non, assurément, car à l'encontre de Mme Récamier,
Mme de Souza ne s'enrôla jamais sous la bannière « anglophile
et antifrançaise » de Mme de Staël ; jamais on ne la vit « sous
les beaux ormes de Coppet » intriguer contre le *tyran corse*
en chantant des hymnes à la liberté (1).

Il faut dire cependant à l'honneur de la comtesse de
Flahaut qu'au début de la Révolution, cette femme patriote
ne resta pas indifférente devant les périls que la démagogie
faisait courir à la France. Elle va s'efforcer, dit M. de Maricourt, de défendre les intérêts de la famille royale qu'elle
n'aime point, parce qu'ils marchent de pair avec ceux de son
pays qu'elle aime. De 1789 jusqu'à 1792, dans le mystère de
son salon du vieux Louvre, elle intrigue, cabale, discute avec
Morris et Talleyrand, et parfois avec Ségur, Montmorin,
Narbonne, Biron, Vicq d'Azyr. Elle veut envoyer Mirabeau à
Constantinople et Lauzun à Londres. Elle cherche à élever
au Ministère Talleyrand et Morris, sur lesquels elle exerce

---

(1) Cf. Paul Gautier, *Madame de Staël et Napoléon*, passim. Plon-
Nourrit, 1903.

une influence incontestable. Mais vainement. Viennent les massacres de septembre ; ses rêves de grandeur s'évanouissent, et, grâce à des passeports qu'elle a surpris à Méhée de La Touche, elle quitte la France, « victime comme tant d'autres, de cette Révolution dont elle a cru, dans sa témérité, tenir un moment les fils, ces fils fragiles qui se brisent toujours sous la montée hurlante d'un peuple en courroux (1). »

Sous la Restauration, Talleyrand vécut éloigné des affaires. En 1830, le gouvernement de Louis-Philippe l'appella à l'ambassade de Londres ; mais alors ses sentiments à l'égard des Flahaut, que sa nièce, la duchesse de Dino, ne supportait pas, avaient tourné à l'hostilité. Mme de Souza n'eut donc pas de rôle politique ; ses goûts la retenaient d'ailleurs dans la vie intime et lui faisaient préférer à tout son « chez soi ». Cette femme distinguée mourut en 1836, un an avant la reine Hortense, deux ans avant Talleyrand. On ne saurait mieux résumer sa vie — et c'est le meilleur éloge que l'on puisse en faire — qu'en disant qu'elle fut consacrée tout entière à l'éducation de son fils, le général de Flahaut, et de son petit-fils, le comte de Morny.

*
* *

Si la jeunesse, la fortune, l'élévation du rang étaient des garanties de bonheur conjugal, Hortense et Louis eussent été parfaitement heureux ensemble, car ils possédaient tous ces dons. Il n'en fut rien. L'incompatibilité d'humeur, qui s'était révélée dès le début de leur union, ne fit que s'accentuer chaque jour davantage. Sur le trône de Hollande, où, quatre ans après leur mariage, en juin 1806, l'empereur les avait placés, les divergences de vues et de goût devinrent entre eux encore plus fréquentes et plus manifestes. Trois enfants cependant leur étaient venus : Napoléon-Charles, le 10 octobre 1802, qui mourut à La Haye en 1807 ; Charles-

_____

(1) Baron de Maricourt, *op. cit.*

Napoléon-Louis, le 11 octobre 1804, mort à Forli, en 1831,
lors de l'insurrection des Romagnes ; enfin le 20 avril 1808,
Louis-Napoléon, celui qui fut plus tard Napoléon III. Ce dernier, qui survint un an après la perte de l'aîné — perte
douloureuse pour les époux qui avaient trouvé dans cette
épreuve un motif de rapprochement momentané et s'étaient
rencontrés à Cauterets dans une sympathie fugitive, — fut
précisément, avant sa naissance même, la cause d'un nouveau
conflit qui s'éleva entre eux sur la question de savoir où
devraient avoir lieu les couches de la reine. Le roi tenait
pour la capitale néerlandaise ; la reine préférait rester à
Paris. Elle s'obstina, et, avec l'assentiment de l'empereur,
elle eut gain de cause. De voir son autorité ainsi méconnue,
Louis fut vivement froissé, — ce n'était pas la première
fois, — et le ressentiment qu'il conçut en cette circonstance
suffirait à expliquer les soupçons injustifiés qu'il aurait
exprimés par la suite sur la légitimité de l'enfant. Pour cette
fois encore, la séparation ne fut pas consommée ; mais la
brouille entre les époux devenait de plus en plus irrémédiable. Hortense ne retourna qu'à regret en Hollande, cela
se conçoit ; d'ailleurs la royauté mondaine qu'elle exerçait
alors dans son hôtel de la rue Cerutti (aujourd'hui rue Laf-
fitte) était à ses yeux suffisante, et, en définitive, convenait
mieux à ses goûts que les obligations protocolaires attachées
à la couronne des Pays-Bas. Le salon de cette reine artiste,
qui peignait, chantait, composait des romances, était le rendez-vous de tout ce que Paris comptait alors d'illustrations
dans les lettres, les arts et la politique (1).

Deux années s'écoulèrent ainsi entre Paris et La Haye, ici
dans un ennui profond, là dans la vie intense et les satisfactions mondaines. Elle était aimée de l'empereur, qui la
traitait avec une tendresse paternelle et qui avait pour ses
enfants la plus grande sollicitude. Ses rapports avec sa mère

(1) Imbert de Saint-Amand, *Louis-Napoléon et M*^{lle} *de Montijo*,
passim.

étaient empreints de l'affection la plus vive, affection largement partagée d'ailleurs et qui, d'un côté comme de l'autre, ne se démentit jamais. Malheureusement la sympathique impératrice dut, à cette époque même où, après Wagram, la puissance de l'Empire avait atteint une hauteur incomparable, descendre sans heurt ni secousse, pour la seule raison d'Etat, les degrés d'un trône où, aux yeux de tous les Français, elle semblait avoir été placée par la Providence. Résignée à son sort qu'elle avait depuis longtemps prévu sans pouvoir le conjurer, elle quitta le 16 décembre 1809 les Tuileries pour se rendre à Navarre, et bien que l'empereur lui prouvât son attachement par les soins qu'il mettait à lui créer une nouvelle situation digne du rang qu'elle avait occupé, le coup qu'elle ressentit fut vif. Ses relations avec sa fille n'en devinrent que plus intimes ; elle put se consacrer davantage désormais à son rôle de jeune grand'mère. Elle passait l'hiver à la Malmaison ou à Navarre, où ses enfants venaient faire de fréquents séjours, l'été dans les villes d'eaux, aux Pyrénées, dans la Savoie, en Suisse.

Cependant Hortense avait définitivement déserté le foyer conjugal. Sa santé délicate l'ayant amenée à Plombières au mois de juillet 1810, elle se trouvait dans cette station lorsqu'un conseiller d'Etat hollandais vint lui apprendre l'abdication du roi de Hollande, qui la priait d'accepter la régence au nom du prince royal. On sait qu'elle n'eut pas de réponse à faire à cette proposition, puisque quelques jours plus tard, pendant que le roi fugitif allait se réfugier à Gratz, en Styrie, la Hollande était, par décret impérial, annexée à l'Empire français.

A la même époque, l'impératrice Joséphine était à Aix-les-Bains, avec Mme de Rémusat, sa dame d'honneur, et quelques autres personnes (1). De là, elle écrivait à sa fille ; elle la

______

(1) C'est pendant le séjour qu'elle fit, en cette année 1810, à Aix-les-Bains, sous le nom de Mme d'Arberg, que Joséphine reçut la visite de M. et de Mme de Châteaubriand.

pressait de venir la rejoindre, et dans une de ses lettres datée du 10 juillet, on lit cette phrase : « Dis à Mme de Souza que j'ai soin de son fils comme s'il était le mien. » Le 26 juillet, au retour d'une excursion à l'abbaye de Haute-Combe, qui avait failli se terminer de façon tragique, elle trouve en arrivant à Aix un chambellan de la reine Hortense qui était venu lui annoncer pour le lendemain l'arrivée de sa maîtresse (1). La mère et la fille passèrent ensemble tout le mois d'août. Quelles pensées mélancoliques devaient faire naître, dans l'esprit de ces deux femmes, épouses sans maris, reines sans royaumes, aux heures silencieuses de la villégiature, le rapprochement et la similitude de leurs infortunes ! Encore que les causes de leur chute fussent d'ordre très différent, les analogies que présentait leur situation respective n'en était pas moins frappantes et de nature à en augmenter la tristesse. Cependant l'astre impérial était à son apogée, et, ignorant les orages prochains qui allaient bientôt éclater, elles pouvaient jouir encore de la beauté du jour et se contenter de l'éclat plein de promesses dont il les enveloppait.

Mme de Rémusat, nous l'avons vu, accompagnait l'impératrice, et le fils de Mme de Souza, le jeune colonel de Flahaut, tout auréolé déjà de gloire militaire, remplissait avec sa distinction habituelle, auprès de ces dames, l'office volontaire et occasionnel de chevalier d'honneur. Il était de la promenade

______

(1) Aix-les-Bains était la villégiature de prédilection de la reine Hortense ; elle y vint plusieurs fois. En 1813, elle y passa une grande partie de l'été. C'est le 10 juin de cette année qu'elle eut la douleur de voir périr son amie et dame d'honneur Mme de Broc, qu'un faux pas précipita dans la cascade de Grésy.

En souvenir de ce tragique événement, elle fonda à Aix un hospice qui porte encore aujourd'hui son nom, *Hospice thermal Reine-Hortense*, et qui fut autorisé par décret signé de Napoléon Ier au quartier impérial de Dresde, le 29 août 1813. L'hospice primitif ne subsista que quelques années, et transitoirement la rente affectée à son entretien fut consacrée à des œuvres locales. Le concours généreux d'un gentilhomme anglais, zélé philanthrope, sir William Haldimand, permit à l'administration de le rétablir. Enfin en 1868, il fut démoli, puis reconstruit par l'Etat sur des bases plus larges, et inauguré en 1869.

à Haute-Combe (1), l'autre jour, lorsque, au retour, les eaux du lac subitement soulevées par la tempête avaient été sur le point de les engloutir avec lui, et, au plus fort du péril, pour rassurer les deux femmes saisies d'une extrême frayeur, il chantait. C'était un charmeur et un héros ; il était né pour le roman et pour l'histoire (2). Avait-il été instruit de la prochaine arrivée de la reine Hortense ? Etait-il venu là sous le prétexte très naturel de faire visite à l'impératrice, mais dans le secret dessein d'y rencontrer sa fille ? Quelles avaient été jusqu'alors ses relations avec cette princesse ? Autant d'énigmes, mais dont il est facile de trouver le mot en relisant dans les mémoires d'Anna Potocka les aveux qu'il faisait naguère à la jolie comtesse polonaise, « âme ardente et romanesque, enthousiaste et sentimentale », chez laquelle l'officier de hussards avait reçu, en 1806, à Varsovie, la plus cordiale et la plus noble hospitalité. Dès cette première entrevue, ils avaient éprouvé l'un et l'autre un sentiment réciproque de respectueuse admiration, qui ne devait plus s'effacer. Maintenant qu'elle résidait à Paris, ils se rencontraient dans le monde, réservés et mystérieux, et c'est parce qu'il était sûr de l'y trouver qu'il faisait, lui Flahaut, chez le prince de Bénévent, de si fréquentes visites au cours de cette année, jusqu'à ce qu'un certain jour, dans une scène intime digne du pinceau de Racine, il lui fît de sa voix harmonieuse et avec les témoignages d'un profond respect l'aveu

(1) « L'abbaye de Haute-Combe, tombeau des princes de la maison de
» Savoie, s'élève sur un contrefort de granit au nord ; elle jette l'ombre
» de ses vastes cloîtres sur les eaux du lac. Abrité tout le jour du soleil
» par la montagne du mont du Chat, cet édifice rappelle, par l'obscurité
» qui l'environne, la nuit éternelle dont il est le seuil pour ces princes
» descendus du trône dans ses caveaux. Seulement, le soir, un rayon de
» soleil couchant frappe et se réverbère un moment sur ses murs comme
» pour montrer le port de la vie aux hommes, à la fin du jour. »

(Lamartine. — Raphaël).

(2) « Jamais personne n'a mieux réalisé l'idée qu'on se fait d'un héros de roman et d'un preux chevalier, » écrira plus tard la comtesse de Potocka.

A. de Maricourt, op. cit.

de son amour et lui confiât le secret de son cœur *attaché depuis deux ans à une autre.*

« Après Varsovie, disait-il, je suis resté oublié dans une triste garnison d'Allemagne. Ma mère m'écrivait souvent et me consolait de son mieux. Elle me répétait dans toutes ses lettres que je devais être tranquille, *qu'une personne dont le crédit était bien établi et qui m'aimait sans que je m'en doutasse faisait des démarches pour me faire revenir.* Effectivement je finis par recevoir l'ordre, ou pour mieux dire, la permission de rentrer, signé de la main de l'Empereur lui-même... Mes rapports avec son frère, qui était mon meilleur ami, me donnaient l'occasion de la voir sans cesse... Depuis deux ans je me suis dévoué à son bonheur... »

Ces paroles significatives nous dispensent de tous commentaires, car elles répondent assez clairement aux questions que nous nous sommes posées ; mais elles s'éclairent encore d'un jour plus vif si nous nous rappelons que depuis le Consulat Mme de Souza était au mieux avec Joséphine et Hortense, que la confraternité des champs de bataille avait fait de Charles de Flahaut l'ami du prince Eugène, et, par voie de conséquence, un familier de sa sœur, enfin que des rhumatismes précoces rendaient le jeune officier tributaire des eaux thermales. Ainsi sa présence parmi les hôtes illustres de la station balnéaire où nous venons de le rencontrer apparaîtra maintenant dépouillée de tout mystère. Mais lui-même qui était-il ? D'où venait-il ? A quoi devait-il ses succès dans la galerie féminine ? Quel est donc le *curriculum* de ce héros de vingt-cinq ans ?

Auguste-Charles-Joseph de Flahaut de la Billarderie, né le 21 avril 1785, était, comme on le sait, le fils de Mme de Souza et de Talleyrand. Elevé par une mère délicate et attentive, et qui était au plus haut degré femme d'intérieur, son enfance, en tout autre temps, eût été parfaitement heureuse. « On menait de temps en temps, dit M. F. Loliée, le jeune Charles de Flahaut chez Talleyrand, comme on y mènera plus tard le jeune Auguste de Morny. » Mais voici la Révolution, qui vient ébranler l'édifice social, jetant dans l'insécurité et l'épouvante tout ce qui est en haut, et il n'a que cinq ans. Voici la Terreur, avec l'échafaud sur lequel son père déjà vieux termine, comme tant d'autres victimes, des jours innocents, et il n'a que huit ans. Et le voilà errant à l'étranger, à Londres, à Hambourg, avec sa courageuse mère qui, pendant ces années d'angoisses, écrit des romans pour subvenir à ses besoins. Enfin l'ordre civil est rétabli, et c'est le retour au cher foyer, où l'on ne retrouve pas les biens confisqués, les situations perdues, mais où l'on reprend tout de même, peu à peu, les relations et la vie élégante d'autrefois ; tandis qu'à l'extérieur, sous la conduite de Bonaparte, de Desaix, de Kléber, de Masséna, de Moreau, les armées du Directoire se couvrent de gloire. Un souffle de patriotisme emporte les cœurs ; les attraits séduisants de la victoire exaltent les esprits ; la guerre, avec son caractère nouveau de défense nationale, la guerre *pro aris et focis* donne un aliment nécessaire à cette soif d'héroïsme qui est le trait distinctif de la race. Ce n'est pas le moment de s'oublier dans les études abstraites ; la frontière attire tous les regards et réclame toutes les énergies. C'est là que l'on va voir si, malgré l'anarchie matérielle et morale où l'ont plongé dix années de Révolution, ce peuple, où coule le sang des Gaulois et des Croisés, est capable de se ressaisir et, pour sauver son indépendance, de se mesurer avec l'Europe entière dans la lutte la plus gigantesque qui se soit jamais vue.

Comme la plupart de ses camarades, Charles de Flahaut ne s'attarde pas sur les bancs du collège. Le 24 mars 1800, à l'âge de 15 ans, à la suite d'une lettre « énergique et concise » qu'il avait adressée à Bonaparte, il est enrôlé dans un corps d'élite, les *hussards volontaires*, qui part avec le Premier Consul pour la campagne d'Italie (1). Il reçoit le bap-

---

(1) En l'an VIII, Bonaparte forme à Dijon la légion volontaire de la réserve du Premier Consul, connue aussi sous le nom de légion Bonaparte ; elle comprenait de l'infanterie et de la cavalerie, cette dernière vêtue d'une pelisse jaune, ce qui fit baptiser le corps tout entier du sur-

tême du feu à Marengo, est nommé sous-lieutenant au 5e dragons, puis aide de camp de Murat. En 1805, il se distingue dans les glorieux combats qui amenèrent la capitulation d'Ulm ; peu après, le 1er novembre, à celui de Lambach, contre les Russes, il est grièvement blessé ; l'année suivante il est promu capitaine et fait la campagne de Prusse. On le trouve en 1807, à Eylau, à Friedland où il exécute à la tête du 13e chasseurs une charge après laquelle il ne resta debout que quelques hommes et lui, une charge « qui est de celles dont on peut tirer quelque gloire. » L'Empereur le nomme officier de la Légion d'Honneur. Il passe le reste de l'année à Paris. Mais bientôt la guerre d'Espagne vient l'arracher aux plaisirs de la capitale, et il part comme aide de camp de Berthier. C'est en décembre 1808 que Castellane le rencontre à la suite de l'Empereur, dans la neige des Sierras, et il note dans son journal l'hiver rigoureux, les chevauchées sur les pentes glacées, et, au milieu de difficultés insurmontables, l'air insouciant de l'Empereur qui paraît être dans son élément et qui trouve naturelles toutes ces vicissitudes, même les chutes de son propre cheval dans les sentiers escarpés du Guadarrama. Partout on voit Flahaut payer de sa personne et presque toujours aux côtés de l'Empereur. Mais l'armée anglaise échappe au coup de filet de Napoléon, et celui-ci ne pouvant s'éterniser dans une interminable campagne de guérillas court en Autriche où l'appelle une nouvelle coalition. Flahaut est encore de la partie, et, après avoir essuyé une nouvelle blessure à Ens, au passage du Danube, il va assister comme colonel, dans la plaine désormais célèbre de Wagram, à la plus grande bataille du cycle napoléonien.

Tels sont jusque là les états de services du fils de Mme de

nom de légion des Canaris. Elle fut licenciée en 1801, après avoir fait la campagne des Grisons sous Macdonald. Des jeunes gens de riches familles y avaient fait leurs premières armes, et quelques-uns d'entre eux parvinrent dans la suite à des emplois supérieurs et même aux plus hauts grades dans l'armée, tels que Flahaut, Philippe de Ségur, A. de Lameth, Choisy, etc. (Cf. A. Quinteau, *La Guerre de surprises et d'embuscades*, t. I, p. 126).

Souza. Plus tard, il sera encore de toutes les campagnes, campagnes moins heureuses sans doute, mais aussi glorieuses que les précédentes. Dans les steppes glacées de la Russie, aux champs de l'Allemagne, comme dans les vallées françaises de la Marne et de la Seine, toujours fidèle à la cause de l'Empire, il acquerra de nouveaux titres, des grades et de la gloire. La Moskowa, Leipzig, Waterloo marqueront de leurs éclatantes et sinistres lueurs les rudes et dernières étapes d'une carrière brillante que la fatalité des événements vint interrompre d'une manière tragique alors qu'il avait à peine trente ans.

Mais n'anticipons pas. Après Wagram, le colonel de Flahaut possédait une assez belle moisson de lauriers, et, en dépit des apparitions sensationnelles que le soldat redevenu homme du monde faisait, entre deux campagnes, dans les grands salons de la capitale, la critique la plus sévère n'arriverait pas à le représenter comme un *officier de cour*. Si nous le trouvons en ce mois d'août 1810 sur les bords du lac du Bourget, c'est que la paix règne dans l'Empire, et il nous faut bien reconnaître, à l'honneur de notre héros, qu'il peut, sans encourir le moindre reproche, goûter les douceurs du repos dans les jardins d'Armide.

L'enchanteresse, en l'occurence, se présentait à lui sous les traits d'une gracieuse reine. A la façon dont s'était décidé son mariage, et aussi par le désordre de son foyer, on a pu se rendre compte qu'en s'unissant à Louis Bonaparte, Hortense n'avait guère engagé son cœur, et que la citadelle qui en défendait l'entrée ne devait pas être, maintenant surtout que le lien conjugal était rompu, très difficile à prendre. Il paraît même que c'est elle, qui, de ses propres mains, en avait, à la vue de Flahaut, relevé la herse et baissé le pont-levis. Quelle idylle, quel roman de chevalerie se déroula sur ces bords, sur ces flots qu'une dizaine d'années plus tard le poète des *Méditations* devait si harmonieusement chanter !

La fin du mois d'août vit se disperser l'aimable essaim de princesses et de grandes dames que l'été avait rassemblé dans ce coin délicieux de la terre savoisienne. Pendant que sa mère partait pour Prégny (1), près de Genève, d'où elle allait pendant deux mois encore villégiaturer en Suisse (2) et en Savoie avant de retourner à Navarre, Hortense, elle, partait directement, selon le désir de l'Empereur, pour Fontainebleau, où se trouvaient maintenant ses deux enfants. L'hiver arrive bientôt ramenant dans la capitale cette élite de la société, population désœuvrée, jouisseuse et flottante, qui constitue ce que l'on est convenu d'appeler *le monde*. Bals, fêtes, raouts, chasses se succèdent, remplissant pour beaucoup le vide de l'existence, et cette brillante aristocratie militaire à laquelle la paix faisait en ce temps des loisirs, s'amuse avec entrain, par ordre de l'Empereur ; elle s'y empresse, elle s'y applique, car par une sorte de pressentiment secret, il lui semble qu'elle n'a pas de temps à perdre, que bientôt il va falloir encore tirer l'épée ; elle sent que peut-être l'Empire n'en a pas pour longtemps, et que, pour remplir sa destinée, il lui reste de grands événements à accomplir. Parmi ces événements, il y en a un qui est prévu, que l'Empereur attend avec une fébrile impatience et auquel il attache une importance extrême ; c'est la naissance prochaine de l'impérial héritier qui doit perpétuer la dynastie napoléonienne. Cette perspective « remue toutes les fibres » du grand homme et lui suggère « des mesures d'utilité générale dont bénéficie le peuple entier (3). »

Le mois de janvier, à la cour et à la ville, fut particulièrement brillant. A la faveur, sans doute, de cette agitation, dans cette ambiance de plaisirs, le roman d'Hortense et de Flahaut discrètement se poursuit, et dans le secret de son cœur, où, depuis Varsovie, se trouve gravée l'image de la belle Polonaise, l'image de celle qui doit rester pour lui

---

(1) Château situé en face du Mont-Blanc et dont elle venait de faire l'acquisition.

(2) De Lausanne elle écrit à sa fille et lui mande que partout elle entend chanter *le beau Dunois*.

(3) Frédéric Masson, *Napoléon et son fils*.

« moins qu'une maîtresse et plus qu'une amie », le jeune
officier va pour un temps encore refouler les scrupules, légers
d'ailleurs, d'un culte sans espoir......................

Voici le 20 mars, qui marque à la fois la naissance du
printemps et celle du roi de Rome ; puis vient l'été, et, fidèle
à ses habitudes, l'ex-reine de Hollande reprend à travers les
stations balnéaires ses villégiatures mondaines et curatives.
Au mois d'août, elle est à Aix, tandis que Flahaut pratique
l'hydrothérapie à Bourbonne. En septembre, elle va à
Genève, puis à Prégny. Elle écrit de Genève à la gouvernante
de ses enfants, Mme de Bouchporn, pour la prévenir qu'elle
va s'absenter pendant quelque temps, et la prier de ne pas
lui envoyer de correspondances jusqu'à son retour.........

....

....

A quelque temps de là, on pouvait voir un enfant du
premier âge éclairer de son sourire le logis de Mme de Souza,
un enfant dont l'origine, longtemps entourée du plus grand
mystère, n'aurait sans doute jamais été dévoilée, si l'éclat de
son nom ne fût venu, par la suite, exciter la curiosité des
argus de l'histoire. Mme de Souza savait, par une expérience
personnelle, quelle est dans ces choses délicates l'importance
de la discrétion. De son côté, Flahaut, dont le caractère était
noble et chevaleresque, montra, par une louable et scrupuleuse réserve, le respect qu'il avait pour Hortense.

Plus tard, on trouvera à la mairie du 3e arrondissement
l'acte de naissance que voici :

L'an mil huit cent onze, le 22 octobre, à midi sonné, par devant
nous, Maire du 3e arrondissement de Paris, soussigné, faisant fonctions
d'officier de l'état civil :

Est comparu le sieur Claude Martin Gardien, docteur en médecine
et accoucheur, demeurant à Paris, rue Montmartre, 137, division du
Mail, lequel nous a déclaré que le jour d'hier à deux heures du matin,
il est né chez lui un enfant du sexe masculin qu'il nous présente et
auquel il donne les prénoms Charles-Auguste-Louis-Joseph, lequel
enfant est né de Louise-Emilie-Coralie Fleury, épouse du sieur
Auguste-Jean-Hyacinthe Demorny, propriétaire à Saint-Domingue,

demeurant à Villetaneuse, département de la Seine. Lesdites présentation et déclaration faites en présence des sieurs Alexis Charlemagne Lamy, cordonnier, âgé de 42 ans, demeurant à Paris, rue Buffaut, 35, ami, et de Joseph Mauch, tailleur d'habits, âgé de 40 ans, demeurant à Paris, rue des Deux-Ecus, 3, ami.

Lequel déclarant et les témoins ont signé avec nous, après lecture faite.

Signé : GARDIEN, LAMY, MAUCH.
CRETTÉ, adjoint.

C'est ainsi qu'avait fait son entrée dans la vie, entre un cordonnier et un tailleur d'habits, ce fils de reine, petit-fils d'impératrice, qui, obéissant sans doute aux lois de l'atavisme, devait un jour tresser de ses mains habiles une couronne impériale. Quant à cet Auguste-Jean-Hyacinthe Demorny, le père putatif, qui était ce quidam? Ancien officier au service du roi de Prusse et chevalier de Saint-Louis, disent les uns. Originaire de la Martinique et obligé de l'Impératrice Joséphine, prétendent les autres. Certains même ont vu en lui un Auvergnat du Cantal. Et bien que M. Loliée déclare que l'énigme est maintenant dégagée de ses voiles, l'identité de ce mystérieux personnage reste encore à établir. On a dit également qu'il avait reçu, pour le service rendu, une pension annuelle de 6,000 francs, et moins de trois ans après, le 5 avril 1814, il mourait à l'hospice de Versailles. Contradictions, incertitudes. Mais il n'importe; la seule identité qu'il était intéressant de fixer, en cette histoire, c'est celle de Morny. C'est fait.

IV

Enfance et jeunesse

« Pendant les guerres de l'Empire, tandis que les maris et les frères étaient en Allemagne, les mères inquiètes avaient mis au monde une génération ardente, pâle, nerveuse. Conçus entre deux batailles, élevés dans les collèges aux roulements des tambours, des milliers d'enfants se regardaient entre eux d'un œil sombre, en essayant leurs muscles chétifs. De temps en temps, leurs pères ensanglantés apparaissaient, les soulevaient sur leurs poitrines chamarrées d'or, puis les posaient à terre et remontaient à cheval » (1).

C'est à cette génération ardente, dont Alfred de Musset — qui en était aussi — a dit l'état d'esprit, qu'appartenait le fils naturel de la reine Hortense et du général de Flahaut. Il fut de ces enfants qui, à peine éclos à la vie, « rêvaient déjà des neiges de Moscou et du soleil des Pyramides », et que l'on avait « trempés dans le mépris de la vie comme de jeunes épées ». Il écouta, dès le berceau, le récit de ces batailles épiques, où, suivant l'expression d'Albert Vandal, le soldat français se plaçait au-dessus de l'homme ; il entendit ce cri si souvent répété de « Vive l'Empereur ! » qui s'échappait des rangs électrisés, et qui rappelle trop peut-être le salut du gladiateur antique, car, dans la bouche des vétérans qui partaient pour les grandes hécatombes, c'était bien souvent, en effet, l'adieu suprême à César. Dans ses yeux éblouis s'étaient fixées des visions d'apothéoses ; à ses oreilles avaient retenti les mots de gloire et de liberté. Mais comme l'observe l'auteur de la *Confession d'un enfant du siècle*, lorsque, un peu plus tard, à toute cette agitation succéda un pro-

(1) Alfred de Musset, *Confession d'un enfant du siècle*.

fond silence, ces jeunes gens se prirent à réfléchir ; ils regardèrent autour d'eux, et ils aperçurent d'un côté le passé qui n'était plus, de l'autre l'avenir qui n'était pas encore, et, à chaque pas qu'ils faisaient, ils se demandaient s'ils marchaient sur une semence ou sur un débris. Il leur fallut s'orienter dans ce chaos, chercher dans le sol mouvant des idées une base solide pour y édifier des théories nouvelles, et, afin de jalonner la route, discerner ce qui était resté debout après ces deux secousses formidables, la Révolution et l'Empire (1). La tâche, on le reconnaîtra, était peu aisée. Aussi ne sera-t-on pas surpris de trouver dans les esprits de ce siècle beaucoup de scepticisme, voire quelques lacunes morales, — ne s'en rencontre-t-il pas, d'ailleurs, plus ou moins dans tous les temps ? — et comment refuserait-on de rendre hommage à ceux qui, après avoir vu chanceler tant de trônes et tomber tant de couronnes, s'ils n'ont pas toujours montré une conception socratique de la légalité, se sont faits néanmoins les grands serviteurs du pays dans la paix comme dans la guerre ?

Plus que tout autre, le petit-fils de Mme de Souza s'était frotté de bonne heure aux hommes d'Etat ; encore enfant, il

---

(1) Tandis qu'en Allemagne Fichte relevait le sentiment patriotique par ses *Lettres à la nation allemande*, en attendant qu'Hégel vînt épaissir les brouillards où cherchait vainement à s'orienter son esprit, et que Schopenhauer mît à la mode le pessimisme ; pendant qu'en Angleterre Stuart Mill n'arrive pas à se dégager de l'empirisme, et qu'Herbert Spencer donne la théorie de l'évolutionisme, — en France, parmi les penseurs de ce temps, Victor Cousin fonde l'école éclectique et pose comme base de la morale le principe du Vrai, du Beau, du Bien ; Th. Jouffroy étudie en tremblant le problème de la destinée humaine ; Auguste Comte crée l'école positiviste et rêve sa « Religion de l'humanité » ; Châteaubriand découvre le sublime chrétien ; Alphonse de Lamartine, qui substitue le sentiment au devoir, s'incline pieusement devant la religion de ses pères et accorde sa lyre devant le temple universel ; Frédéric Ozanam trace aux chrétiens leurs devoirs en écrivant leur propre histoire ; enfin, Charles de Montalembert, qui était né, comme Alfred de Musset, en 1810, après avoir erré avec Lamartine à la recherche d'un catholicisme libéral, revient de son erreur, se fait avec Lacordaire le champion de la *liberté*, et montre à la foule des esprits égarés que le christianisme est la seule lumière qui éclaire la marche de l'humanité.

avait vu fonctionner les ressorts cachés de la politique et s'agiter dans l'ombre ces intrigues de coulisses qui n'ont souvent pour mobiles que des intérêts individuels ou dynastiques et dont l'enjeu ordinaire n'est rien moins que le sort des peuples. Le prince de Bénévent avait pu lui montrer comment on fait litière de tous les principes ; mais, par une heureuse compensation, il trouvait dans le vaillant soldat qui lui servait de père une leçon vivante des plus hautes vertus militaires. C'est à lui qu'il devra ces deux traits de son caractère, si communs aux époques d'indifférence religieuse et de désespérance, une très haute idée de l'honneur et un très grand dédain de la vie. On les reconnaîtra plus d'une fois dans le cours de sa carrière.

Sans aller jusqu'à admettre avec H. Taine que le vice et la vertu sont des produits comme le vitriol et le sucre, même en qualifiant respectivement de *psychologiques* et de *chimiques* ces deux sortes de « produits », comme le propose Paul Bourget (1); sans adopter dans son intégralité la thèse matérialiste de l'illustre normalien de la « grande promotion » (2), thèse formulée par Montesquieu et développée par Stendhal, et qui consiste à trouver dans la vie d'un homme comme l'aboutissement logique des facteurs premiers de sa nature, il faut reconnaître cependant, sans porter la moindre atteinte au principe intangible du libre arbitre, que les procédés scientifiques de l'analyse expérimentale, qui mettent dans la balance l'influence de la race et celle du milieu, ne laissent pas de jeter parfois une vive lumière sur le développement de la personnalité humaine et d'expliquer dans une certaine mesure l'évolution de l'individu. Nous avons vu dans le chapitre précédent à quelle noble souche appartenait le fils de Flahaut, héritier du sang des comtes de Périgord ; il nous reste maintenant à examiner, pour mieux comprendre

(1) *Essais de psychologie contemporaine.*
(2) About, Taine, Sarcey.

le rôle qu'il jouera plus tard, le milieu dans lequel il reçut sa formation morale et intellectuelle. Nous allons donc parcourir les trois stades de son éducation : l'enfance, jusque vers neuf ou dix ans, les années d'études, de dix à vingt ans, enfin le service militaire de vingt à vingt-cinq ans.

*
* *

Ainsi que la vieillesse, l'enfance n'a pas d'histoire. Si l'une vit de souvenirs, qui s'égrènent au cours des années, l'autre reçoit des impressions qui demeurent, s'accumulent lentement et donnent à l'esprit sa forme particulière et définitive. Impressions diverses, plus ou moins vives, d'apparence parfois subtile et fugitive, mais dont la multiplicité finit par créer une mentalité propre, qui se manifestera un jour par des actes adéquats, — comme ces fossiles microscopiques, qui rassemblent leurs innombrables unités pour former, au bord des mers, les vastes plages où s'épanouiront plus tard d'abondantes végétations. C'est pourquoi l'hypothèse des relations de l'âme humaine avec son milieu prend, à l'égard de l'enfance, un intérêt tout particulier.

Lorsque, à la suite des circonstances que nous avons relatées, le berceau d'Auguste vint se dresser dans son logis, Mme de Souza avait doublé le cap de la cinquantaine. Mariée depuis neuf ans à l'ambassadeur de Portugal, qui depuis avait résigné ses fonctions, aucun fruit n'était issu de cette nouvelle union. Rien d'étonnant dès lors à ce que son cœur d'aïeule s'ouvrît avec complaisance devant le nouveau devoir qui s'imposait à sa sollicitude. Libérée maintenant des passions qui avaient pu troubler sa jeunesse, instruite par son expérience personnelle des secrets du cœur humain et trouvant dans ses propres fautes des motifs d'indulgence pour celles d'autrui, elle avait toute sorte de raisons pour s'exécuter de bonne grâce et ne pas chercher à se persuader par de vaines arguties, comme beaucoup peut-être l'eussent fait à sa place, qu'elle pouvait, sans démériter, éluder une tâche qui n'irait pas évidemment sans quelque gêne, ni même sans une sérieuse responsabilité. Son parti était pris d'avance, et c'est sans hésitation qu'elle accueillit à son foyer, presque aussitôt après ses premiers vagissements, ce nouveau venu qu'elle savait être son petit-fils. Avec une tendresse toute maternelle, elle va l'élever comme son propre enfant ; avec une sollicitude constante et éclairée, elle dirigera son éducation. Il l'appellera « bonne mère » et elle sera assez digne de ce nom pour qu'il ne s'aperçoive pas, dans l'atmosphère de chaude affection qu'elle entretiendra autour de lui, de l'absence de celle à qui incombait de veiller sur cette vie naissante, mais que les convenances sociales tenaient impitoyablement éloignée.

Le mystère qui avait enveloppé la naissance d'Auguste devait continuer à régner autour de son berceau ; il protégera longtemps encore son énigmatique personne. Comme si l'enfant eût été déclaré *tabou*, il y avait autour de lui une sorte de « conjuration du silence ». Les très rares personnes qui étaient dans le secret le gardèrent scrupuleusement ; celles qui n'y étaient pas ne cherchèrent pas à le percer. Chez les uns, mutisme absolu ; chez les autres, réserve respectueuse. Dans la société du xviiie siècle, une semblable discrétion ne se serait pas rencontrée ; ç'eût été un miracle. Mais les temps sont changés. On a vu tant de choses depuis, et l'on en voit encore de si extraordinaires, que les jeux de l'amour n'ont plus le don d'intéresser personne. Chez Mme de Souza, cette attitude se conçoit ; elle a conscience de sa responsabilité, car elle sait pertinemment que dans le chapitre de ce que l'on a appelé par un indulgent euphémisme les faiblesses maternelles, elle a été un peu loin. Aussi évite-t-elle, dans ses conversations, un sujet qui serait pour le moins embarrassant ; sa correspondance n'y fait pas la moindre allusion. Bien mieux, dans une lettre du 7 novembre 1811 à Mme d'Albany (1), elle mande à son amie que « son pen-

(1) La comtesse d'Albany, de la famille noble des Stolberg, née à

chant » vient d'être malade ; « mais j'espère, ajoute-t-elle, que ce sera un mal pour un bien, et il paraît que l'humeur s'est déplacée de la poitrine pour se jeter dans un lumbago qui lui a fait jeter les hauts cris ; mais on ne meurt pas d'un lumbago, et depuis qu'il la tient, elle ne tousse plus. Cependant elle est toujours d'une maigreur affreuse. Dieu veuille la conserver, car c'est un ange. » C'est ainsi qu'avec son imagination fertile de romancière, elle expliquait l'indisposition d'Hortense. Heureusement cette indisposition malencontreuse ne fut pas de longue durée. Le 10 novembre, l'*Officiel* annonçait le retour de la reine à Paris ; cela voulait dire qu'elle allait reprendre dans les fêtes impériales la place que lui assignait le désir du maître, place brillante et d'honneur, où, sans doute, sa santé était bien souvent exposée, mais qui convenait à ses goûts et aux exigences de laquelle elle avait de bonnes raisons de se résigner, surtout depuis que par sénatus-consulte du 15 décembre 1810, l'Empereur lui avait attribué, comme apanage autour de sa terre de Saint-Leu, en dédommagement de la perte de la couronne de Hollande, une liste civile de deux millions. C'est grâce à cette attribution qu'elle avait pu, aussitôt après la naissance de l'enfant, assurer à celui-ci une rente dont le banquier Gabriel Delessert était chargé de servir les annuités. Et c'est par ce même banquier, ami de la famille et tuteur du jeune Auguste, qu'elle saura ce qui se passe autour d'un berceau qui lui est cher et où, sous l'impulsion du cœur, ses pas durent, comme par hasard, l'entraîner bien des fois. Essayons, à notre tour, de pénétrer dans cette discrète demeure.

A peine est-on entré, à la suite du baron de Maricourt,

Mons en 1753, avait épousé le dernier des Stuart, Charles dit le Prétendant, puis le poète Alfiéry, qui l'avait connue à Florence et à qui elle avait inspiré une vive passion, puis le peintre François-Xavier Fabre. Elle résidait à Florence, où elle exerçait, grâce à l'ascendant de son esprit, une véritable royauté mondaine. Un séjour qu'elle fit en 1809, à Paris, où elle avait été mandée par l'Empereur, lui avait permis de renouer avec Mme de Souza le fil d'une amitié ancienne qui se traduisit, dans la suite, par une correspondance suivie entre les deux femmes.

dans l'hôtel de Souza qu'une remarque s'impose, et l'on se demande aussitôt s'il était possible de souhaiter pour le jeune Auguste un nid familial plus convenable, et, disons le mot, qui n'a rien d'exagéré, plus exemplaire. Nous y trouvons un couple uni par une similitude de goûts parfaite et vivant dans le plus harmonieux accord. Les époux ne sont plus jeunes ; mais il semble que le temps, cet incomparable artiste, ait affiné en eux une délicatesse native exceptionnelle. Une assez large opulence (1) leur permet encore de faire face aux exigences de la vie mondaine et de tenir avec honneur le rang que leur imposent le souvenir des hautes situations occupées, les relations établies, et, plus encore que les blasons héréditaires, tous ces titres de noblesse que l'on ne doit qu'à soi-même et qu'apportent les succès littéraires unis aux qualités de l'esprit et du cœur.

Maîtresse de maison charmante, au dire de Mme d'Abrantès, donnant une âme à une conversation qu'elle savait rendre intime, allant peu dans le monde, Mme de Souza incarne dans sa personne les pures traditions d'élégance du XVIIIe siècle ; non seulement elle en donne l'exemple, mais dans tous ses romans, empreints d'une saine morale, elle les fait revivre et en perpétue le souvenir. Fin lettré et d'une grande distinction est, lui aussi, le chef de la famille. « Portugais dans l'âme, épris des gloires de son pays et fier des exploits de ses ancêtres », M. de Souza, d'une haute respectabilité, est vraiment un grand seigneur, un preux. C'est un homme méthodique, réglé dans ses habitudes, et qui, sous le rapport de la ponctualité, pouvait rivaliser avec le philosophe de Königsberg (2). Quoique de santé fort modeste, il travaille avec

(1) M. de Souza jouissait d'au moins cinquante mille livres de revenus personnels. (A. de Maricourt, *op. cit.*)

(2) Il s'en aperçut bien certain jour où, sortant de chez lui pour se rendre à son cercle, il fut arrêté par une petite scène de la rue. Un jeune bambin que sa mère admonestait assez vivement sous prétexte qu'il se rendait trop tard à l'école, protestait avec conviction, et, s'appuyant sur un argument péremptoire, déclarait qu'il ne pouvait pas être en retard, *puisque M. de Souza n'avait pas encore passé.* Sortant aussitôt son

assiduité, et c'est passionnément qu'il va s'attacher pendant plusieurs années à cette fameuse édition des *Luisiades*, de Camoëns, à laquelle outre son temps et ses peines, il consacrera de grosses sommes d'argent, ne s'interrompant dans ses travaux littéraires que pour chercher dans les causeries familières d'une société d'amis fidèles le délassement nécessaire (1).

L'hôtel de la rue verte (2) ne recevait plus, dans les dernières années de l'Empire, les visites protocolaires du corps diplomatique. Ce n'était plus *l'ambassade ;* c'était simplement *la casa,* comme le désignait familièrement par ce vocable italien Mme d'Albany. Mais en perdant son caractère officiel, la maison, toujours aussi accueillante, avait gagné une allure plus intime, et, des personnes qui y fréquentaient, le nombre seul, non la qualité, avait baissé. Dans le cercle restreint de ses relations, qui malheureusement devait s'éclaircir encore dans la suite, Mme de Souza comptait toujours Joséphine et Hortense, les deux filles de Mme de Vergennes, Mme de Rémusat et Mme de Nansouty, Mme Ney, Mme d'Arberg, sœur de de Mme d'Albany, Mmes de Rumford et La Bédoyère, le marquis et la marquise de la Valette, la baronne de Trumilly et ses deux filles. Parmi les intimes, le savant Gallois, Bertrand, Le Roi. Et si les brillants *mercredis* de l'ex-ambassadrice n'existaient plus qu'à l'état de souvenir, de fréquents petits déjeuners égayaient encore, paraît-il, l'humble et chaste maison.

Telle est l'ambiance où, dans une pénombre discrète, se développe, presque insoupçonné, ce petit être fragile qui, un jour, sera assez grand pour changer les destinées de son pays. Ambiance heureuse encore, mais où l'on sent déjà que, sur

chronomètre, l'ancien diplomate dut avouer, après avoir donné raison à la mère et à l'enfant, que pour la première fois de sa vie il était en effet en retard.   (A. de Maricourt, *op. cit.*, p. 330).

(1) Tous ces détails et ceux qui suivent sont empruntés à l'excellent ouvrage du baron A. de Maricourt.

(2) Aujourd'hui rue de la Pépinière.

l'écliptique du bonheur, on a passé le solstice. La fidélité des amitiés anciennes, qui se font rares, y apporte elle-même une mélancolie, mélancolie douce des jours d'automne annonciateurs de l'hiver qui commence. Par intervalle, des ombres de tristesses traversent la maison. Mme d'Angivillier est morte ; Mme de Ménars, celle qui fut la *belle Julie*, vieillit ; Mme d'Albany vient de partir pour Florence, d'où elle ne reviendra plus ; M. de Souza lui-même, ce bon M. de Souza, de plus en plus hypocondriaque, est atteint de cette *maladie de l'infini* que Chateaubriand a importé des savanes du Nouveau-Monde. Depuis *René*, rien n'est beau comme la mélancolie. Et ce n'est pas tout. A ces chagrins familiaux, à ces ennuis intimes viennent se joindre les malheurs de la patrie. Il ne faut rien moins pour réchauffer les cœurs, dans cet intérieur attristé, que l'entrain et la belle humeur du jeune colonel de Flahaut. De cette tâche, il s'acquitte d'ailleurs à merveille, lorsque, de sa voix ravissante et s'accompagnant lui-même au piano, il calme, tel David devant Saül, les crises d'humeur noire de M. de Souza. Mais la guerre vient l'arracher encore aux hôtes de la rue Verte.

Six mois à peine sont écoulés depuis la venue d'Auguste que des bruits de guerre viennent raviver les inquiétudes de Mme de Souza. Comme si elle eût été averti par un pressentiment secret de ce qui allait arriver, elle avait, dans le roman d'*Eugénie et Mathilde*, paru au cours de l'année 1811, exprimé par avance les angoisses des mères ; elle avait exhalé le cri de douleur de celles à qui l'on arrache leurs enfants, et qui, quelque déchirante que soit la séparation, n'ont d'autre ressource que de se résigner et d'espérer.

« Pauvres mères ! Vos fils dans l'enfance absorbent toutes vos pensées, embrassent tout votre avenir : et lorsque vous croyez obtenir la récompense de tant d'années en les voyant heureux, ils vous échappent. Leur active jeunesse, leurs folles passions les emportent et les égarent. Vous êtes ressaisies tout à coup par vos angoisses, inconnues jusqu'alors.....

Il part pour l'armée !... douleurs inexprimables ; inquiétudes sans

repos, sans relâche ! inquiétude qui s'attache au cœur et le déchire !
Cependant si après sa première campagne, il revient du tumulte des
camps, avide de gloire et pourtant satisfait, dans votre humble demeure ; s'il est encore doux et facile pour ses anciens domestiques,
soigneux et gai avec ses vieux amis ; si son regard serein, son rire
encore enfant, sa tendresse attentive et soumise vous font sentir qu'il
se plaît auprès de vous... oh ! heureuse, heureuse mère ! »

Si Mme de Souza fut cette mère désolée qui voit partir pour
la guerre lointaine un fils bien aimé, elle fut aussi la mère
heureuse qui voit ce fils revenir sain et sauf, et, ce qui est
mieux encore, avec des grades et de la gloire. Elle aura
même cette joie inespérée de reconnaître que le héros dont
elle s'est plu à idéaliser le portrait dans *Eugène de Rothelin* (1) a surpassé son imagination, et elle en concevra une
juste fierté, car, plus encore que le portrait, ce héros est son
œuvre puisqu'il est son fils.

Au mois d'avril, la Grande Armée, tel un fleuve immense,
roulait à travers l'Allemagne ses flots tumultueux. Après
avoir reçu dans un parcours de cinq cents lieues, les contingents de la Westphalie, de la Bavière, de la Saxe, de la
Prusse, de l'Autriche, de la Pologne, elle entasse sur le
Prégel ses bataillons hérissés et menaçants. Le 24 juin, elle
traverse le Niémen et se jette dans l'immensité des steppes,
avec ses approvisionnements, ses impedimenta de toute
sorte, laissant à l'arrière ses services de renforts et de
communications. Flahaut est au grand état-major. Dès le
début des opérations, il se distingue. Le 23 juillet, au
combat de Mohilew, où les 20.000 hommes du prince d'Eck-
mülh arrêtent, sur le Borysthène, les 60.000 hommes de
Barclay de Tolly, il est cité dans le rapport du roi de Naples
pour sa belle conduite. Deux jours plus tard, à Ostrowno,
mêlé à ces charges irrésistibles que Murat conduisait avec
son audace et son impétuosité légendaires, il reçoit une balle
qui déchire sa tunique et endommage ses aiguillettes. On le

(1) Paru en 1807.

voit dans les batailles, quand la fortune est indécise, sortir
de son rôle d'officier d'état-major pour rallier des escadrons
dispersés qu'il ramène à l'ennemi avec le calme et la
maestria du champ de manœuvres. De victoires en victoires,
on arrive à Moscou ; mais avec une sauvagerie dont les
descendants des Scythes étaient seuls capables, la fameuse
capitale est incendiée et presque détruite. L'armée française
n'y peut hiverner. De toute nécessité, il faut qu'elle revienne
à Vilna où se trouvent ses approvisionnements. Flahaut fut
de cette retraite de deux cents lieues au cours de laquelle
divisions, brigades et régiments fondaient comme la neige au
soleil. A la Bérésina, il franchit trois fois la rivière fangeuse,
la troisième fois à la recherche de son ami de Noailles, dont il
retrouva le corps défiguré. Un nouveau grade fut la juste
récompense de ses services. Le 14 décembre, la veille de son
départ de Smorgoni, l'Empereur distribua de généreuses
gratifications à ses aides de camp (1). Il y eut quelque avancement, dit Castellane ; Flahaut fut nommé général de bri-
gade (2) et premier aide de camp du prince de Neufchâtel. Et
pendant que par Varsovie, Dresde et Mayence, Napoléon
regagnait la France, le long des routes glacées, harcelée par
les inévitables Cosaques de Platow, vaincue par la nature,
non par l'ennemi, la Grande Armée, c'est-à-dire ses tristes
débris, bandes sans chefs et sans ordre, repassait ce Niémen
qui avait été six mois auparavant le Rubicon du nouveau
César ; puis elle regagnait le Prégel et se réfugiait dans
Königsberg, où se trouvaient déjà trois cents généraux, ainsi
que le roi de Naples et son état-major. C'est là que Flahaut
reçut, le 20 décembre, l'ordre de pousser jusqu'à Memel un
raid périlleux à travers les pulks de Cosaques pour avoir
des nouvelles du corps de Macdonald dont on avait perdu la
trace et sur lequel on fondait le plus grand espoir. Mais

(1) 30.000 francs pour les aides de camps, 6.000 pour les officiers
d'ordonnance.

(2) Il avait alors 27 ans ; c'est évidemment par erreur que M. F. Loliée le fait général à 23 ans.

comment résister ici à l'envie de jeter un coup d'œil sur ce lever de rideau qui annonce la campagne de 1813, triste intermède de la tragédie *Moscou-Dresde-Paris*, dont le premier acte seulement est rempli ?

Esprit versatile et inconstant, caractère susceptible et ombrageux, aussi prompt au découragement qu'à l'enthousiasme, aussi faible et indécis dans la conduite des affaires que brave et audacieux devant l'ennemi, en un mot, incarnation parfaite du Gaulois, le roi de Naples, qui avait reçu la mission difficile de rallier les débris de la Grande Armée, et, à l'aide de renforts, d'arrêter les Russes, dont les corps n'étaient pas en meilleur état, faisait des efforts sérieux pour réaliser les desseins de Napoléon. Avec les 40.000 hommes de Schwarzenberg et de Reynier, qui, à l'aile droite, couvraient la Pologne, et les 20.000 hommes du prince de Tarente qui, à l'aile gauche, opéraient leur retraite sur Tilsitt, auxquels venaient se réunir les renforts disponibles sur la Vistule, il pouvait rassembler une armée d'environ 80.000 hommes capable de tenir en échec les corps affaiblis de Wittgenstein et de Kutusoff. Mais pour réussir dans cette entreprise, il lui eût fallu un sens qui lui faisait complètement défaut, celui de l'organisation.

« Avec la confiance, sa manie de parader l'avait repris. A l'annonce de chaque échelon des renforts, à la formation des unités reconstituées, il passait des revues... Il se donnait ainsi et croyait donner aux troupes et aux populations l'illusion des anciens jours de gloire, et, dans la vieille cité prussienne, où s'était couronné le premier roi, dans la cité renfrognée, encore toute retentissante des leçons de Kant et des controverses sur la Raison pure et l'Impératif catégorique, les bourgeois compassés, derrière lesquels grondait déjà la révolte populaire, voyaient chevaucher le pompeux état-major : sur un andalou ardent, caparaçonné d'azur et bridé d'or, s'avançait le roi de Naples, tournant vers la foule son beau visage et ses brillants yeux noirs ; sa large culotte amarante s'enfonçait dans des bottes fauves aux éperons

dorés ; un somptueux manteau vert tombait sur ses épaules ;
sur sa tête un shako polonais rouge balançait un panache
de plumes d'autruche, d'où s'élançait une merveilleuse
aigrette de héron. De sa voix musicale, il faisait lui-même
mettre l'arme au bras aux troupes massées, les saluant parfois d'un mot qui lui gagnait les cœurs ; puis les conscrits
fanatisés et les vétérans fidèles, raidissant leurs membres
engourdis, défilaient sur la neige, et, au fur et à mesure
qu'ils passaient, des rangs français, des rangs allemands,
décimés et meurtris, s'élevait encore une fois dans l'air
glacé le cri de : « Vive l'Empereur ! (1) ».

Cependant le 10ᵉ corps, arrivé sur le Niémen, entrait
glorieusement dans Tilsitt après avoir culbuté les Russes. En
même temps que cette nouvelle, Murat recevait du duc de
Tarente celle de la défection d'York. Ce fut une panique, et,
dans cette journée du 1ᵉʳ janvier 1813, on vit le général en
chef rétrograder précipitamment jusqu'à Elbing avec son
quartier général, puis jusqu'à Thorn et à Posen. C'est alors
que, atteint d'une crise aiguë de nostalgie, il ne songea plus
qu'à son royaume et aux moyens d'y retourner. Rien ne put
le détourner de cette idée fixe, et le 16 janvier, malgré les
instances de Berthier et les supplications du prince Eugène à
qui il avait transmis ses pouvoirs, malgré les exhortations
de la reine Caroline, dont les lettres véhémentes auraient dû
le faire réfléchir, il partait, « déserteur couronné », pour le
ciel de Naples. « Ce n'est pas sans tristesse, écrit le commandant F. Reboul, qu'on assiste ici à l'éclipse morale de cet
admirable soldat, cavalier épique, entraîneur prodigieux
d'escadrons, à qui, pour posséder son sang-froid, il fallait le
plein air de la mêlée et le fracas de la charge, paladin
affamé de gloire et d'honneurs, toujours prêt, au bruit du
canon, à sacrifier sa vie, mais dont le regard et la conscience
se laissaient obscurcir dans le travail réfléchi du quartier général et dans les combinaisons de la politique. »

(1) Le Commandant Frédéric Reboul, *Campagne de 1813*, Chapelot,
Paris 1910, t. I, p. 170.

Si Flahaut avait, comme général de cavalerie, la fougue
de Murat, il n'était pas homme à faire taire sa conscience
lorsque le devoir devenait ingrat ou obscur. Mais on
comprendra qu'après le départ scandaleux du roi de Naples,
dans l'état de désagrégation où se trouvait l'armée, une trêve
s'imposait ; le grand état-major n'avait plus sa raison
d'être, et, parmi tous ces hommes « affamés de revoir la
France (1) », ceux qui n'étaient pas retenus s'en allèrent.
Flahaut partit. Et l'on voudra bien maintenant nous accorder
qu'en le suivant un peu dans les événements de 1812, nous
ne sommes pas sortis de notre sujet, car ces événements,
comme l'atteste la correspondance de Mme de Souza, avaient
dans le cœur des hôtes de la rue Verte un écho profond.

Le 10 février, la mère du général de Flahaut pouvait
embrasser son fils ; mais elle n'avait pas l'espoir de le garder
longtemps auprès d'elle. On savait, en effet, que le temple de
Janus restait ouvert, qu'il n'y avait pas à proprement parler
de suspension d'armes, et que si le combat s'était arrêté faute
de combattants, l'Empereur n'était revenu si rapidement en
France que pour lever une nouvelle armée et reprendre la
lutte. En attendant, on allait se refaire, se retremper, et
chercher dans les délices de Capoue comme une compensation aux rudes épreuves que l'on venait de subir. C'est la loi
des réactions, à laquelle nul n'échappe, hors celui que sou-
tient la foi religieuse et qui, grâce à cette force surnaturelle,
peut vivre sur les sommets de l'héroïsme comme dans son
élément. Les héros de la Grande Armée, eux, sans autre
mobile que le patriotisme, le sentiment du devoir, la beauté
et la grandeur du sacrifice, avaient accompli des choses
surhumaines. C'était assez pour leur gloire, et, à ceux qui
avaient risqué cent fois leur vie et qui étaient tout prêts à la
risquer encore, pouvait-on humainement demander d'autres
vertus ? N'était-il pas juste que, pour effacer de leur esprit
l'amer souvenir d'heures tragiques, Paris, heureux de revoir
ses enfants, les conviât à ses fêtes ?

(1) Ségur.

Le 17, bal chez la reine Hortense. Je n'y étais pas le seul, dit Castellane, avec le bras en écharpe. Le 20, bal chez la comtesse Potocka. Le 2 mars, bal à la cour et quadrille des Sauvages de la reine Hortense (1). Dans les théâtres, on joue *Le Ci-devant Jeune Homme*, *Les Deux Magots*, *Un Jour à Paris*, *Les Rendez-vous bourgeois*, *Le Calife de Bagdad*, etc. Mais rapides comme des heures, les semaines passent. Le 15 avril, après trois mois d'un labeur invraisemblable, Napoléon part pour Mayence ; le 26, il est à Francfort, et les hostilités sont reprises. Contre lui, les Prussiens sont unis aux Russes, et à ces deux puissances on verra bientôt se joindre l'Autriche, puis la Saxe, puis la Bavière. Qu'im-

(1) « Hortense ne manque ni un cercle, ni une fête... ; elle est saisie dans l'engrenage, et c'est quelquefois, comme le 1er janvier 1813, de neuf heures du matin à neuf heures du soir qu'elle est prise, changeant quatre fois de toilette, allant deux fois aux Tuileries, une à Malmaison, courant sans poser, toujours debout, en représentation, morte de fatigue. Vent ou pluie, glace ou neige, elle est aux cérémonies, poitrine nue, coiffée en diamants, accompagnant l'Impératrice. Un gros rhume la sauve de la chasse à Grosbois, par suite du voyage à Fontainebleau, fatal aux bronches délicates et dont toutes les femmes reviennent gelées comme d'une retraite de Russie ; mais, le 19 février, la voici en habit de cour de crêpe rose, brodé en plein d'hortensias d'argent, garni, sur la robe et la queue, de roses et de pensées, hortensias de diamants dans les cheveux, montant avec l'Impératrice dans la voiture à huit glaces qu'on ne ferme pas d'un côté, et le cortège s'en vient au pas du Carroussel au Palais du Corps Législatif. Par bonheur, ce jour-là, le thermomètre qui, à six heures, marquait sept degrés au-dessous de zéro, monte à quatorze sur les midi. »

(Frédéric Masson, Napoléon et sa famille, t. VIII, p. 25).

En octobre 1813, Hortense prépare le recueil de ses romances, livret petit in-quarto oblong, qui porte pour titre : Romances mises en musique par S. M. L. R. H., et renferme douze planches gravées, paroles et musique, pour les douze romances : *Le Beau Dunois*, *Complainte d'Héloïse au Paraclet*, *L'Attente*, *Le Bon Chevalier*, *L'Heureuse Solitude*, *Adieux d'une Mère à son Fils*, *Regrets d'Absence*, *Ne m'Oubliez pas*, *Serment d'Amour*, *La Mélancolie*, *La Plainte Inutile*, et, en regard, douze dessins de la reine, gravés en manière noire par Piringer sur un trait de Muller. Efflorescence du genre Troubadour. Si les paroles sont de La Borde, si la musique est de Carbonnel, si les dessins sont de Thiénon, peu importe ; l'écolière dont ces Messieurs ont mis sur pied les vers, les notes et les traits, n'en est pas moins l'auteur responsable, et c'est tout un côté de sa nature, c'est toute sa vocation artistique qui se manifeste.

Frédéric Masson, *ibid.*, t. VIII, p. 315.

porte ? Il est prêt, et malgré les défections, les difficultés croissantes, en dépit de la lassitude générale et même des preuves d'infidélité qu'il surprend jusque dans son entourage, confiant dans son génie, il marche à l'ennemi. Dût le sort lui être fatal, dût son infortune atteindre la hauteur de sa gloire, il s'élance, et de sa main puissante, il va écrire en lettres de feu, dans les annales de la France, ces pages immortelles qui ont pour titres : Lutzen, Bautzen, Dresde, Leipzig, Hanau.

Au mois de mai, le général de Flahaut, qui avait reçu depuis le 26 janvier les aiguillettes d'aide de camp de l'Empereur, est chargé d'une mission auprès du roi de Saxe. « Il avait été choisi comme l'homme le plus qualifié, le survivant de l'ancien régime, qui, ainsi que les Narbonne et les Ségur, comprenait la politique, avait l'usage du monde, et dont l'esprit ouvert ne craignait pas plus un protocole qu'un boulet. »

Il avait ensuite repris ses fonctions d'aide de camp au quartier impérial, fonctions que, sans nous attarder aux détails, nous résumerons en trois traits brefs comme il convient dans les rapports militaires. S'est distingué à Dresde. — A été nommé général de division et comte de l'Empire après Leipzig où il s'est exposé sans mesure. — A fait des prodiges de valeur à Hanau. Les inquiétudes de sa mère étaient donc justifiées. « Je suis bien triste, bien inquiète, écrit-elle à Mme d'Albany, le 7 août, trois semaines avant Dresde..... Si l'on voyait son fils courir sur le bord d'un précipice, les passants, les amis ne s'étonneraient pas des cris et de l'effroi d'une mère ; à la guerre, il est toujours sur le bord d'un affreux précipice ; il est toujours dans un immense danger, et cependant on dit à cette pauvre mère : Ne pleurez pas, ne criez pas, ce n'est rien. Ah ! ma chère, le succès de l'Empereur n'est pas douteux ; sa gloire, son génie répondent de la victoire ; mais ces pauvres petits gringalets d'aides de camp, oh ! qu'ils sont exposés ! »

Si elle avait ouvert à la Grande Armée la route de France,

la victoire d'Hanau n'empêcha pas cependant Blucher de passer le Rhin, deux mois après, le 1er janvier 1814.

1814 ! point culminant de l'histoire où l'on voit la France succomber dans son duel avec l'Europe ; combats de Titans, lutte suprême d'un homme contre la fatalité qu'il a lui-même déchaînée ! Malgré ses « coups de génie », qu'il multiplie, malgré ses victoires d'un contre dix, qui l'épuisent, Napoléon ne peut arrêter la marche des alliés dont le cercle se resserre autour de Paris. Les événements se précipitent. « L'agonie de l'Empire vient de commencer. Les alliés sont maîtres de Paris. Napoléon est à Fontainebleau ; Marie-Louise et le roi de Rome à Blois ; Joséphine, Hortense et ses enfants au château de Navarre. Le Sénat a rappelé les Bourbons. L'Empereur a abdiqué le 6 avril pour lui et pour sa dynastie. Le 11, les puissances ont signé un traité qui confère à Napoléon la souveraineté de l'île d'Elbe, et accorde des avantages pécuniaires aux membres de sa famille, notamment une pension de quatre cent mille francs pour la reine Hortense et ses fils (1). »

Pendant ces tristes jours, Hortense, comme sa mère, trouve chez les princes alliés sympathie et protection. Devenu le courtisan de Joséphine, l'empereur Alexandre multiplie ses visites à la Malmaison, à Saint-Leu, à l'hôtel Cerutti. Il obtient de Louis XVIII que la terre de Saint-Leu soit érigée en duché avec apanage pour l'ex-reine de Hollande et ses enfants. Sur le point de quitter Paris, il se présente, le 28 mai, chez l'impératrice pour sa visite de congé. Souffrante d'une angine, celle-ci ne peut le recevoir ; — le lendemain elle succombait (2). C'est ainsi que disparut presque subite-

---

(1) Imbert de Saint-Amand, *Louis-Napoléon et Mlle de Montijo*, p. 35.

(2) Joséphine Tascher de la Pagerie, née aux Trois-Ilets (Martinique) le 23 janvier 1763, avait alors 51 ans et 4 mois. Mariée le 13 décembre 1779 au vicomte Alexandre de Beauharnais, qui fut général en chef de l'armée du Rhin et périt sur l'échafaud quatre jours avant la chute de Robespierre, elle subit elle-même un internement de 108 jours à la prison des Carmes. Elle venait d'acheter l'hôtel de Talma, rue Chantereine (aujourd'hui rue de la Victoire), lorsqu'elle épousa civilement le

ment, comme si elle n'avait pu survivre à l'Empire, cette femme en qui les esprits les plus pondérés voyaient comme l'Egérie du grand homme, comme l'ange tutélaire du régime, qui fut toujours égale à sa fortune, encore qu'un destin capricieux et impitoyable l'ait conduite aux extrêmes limites de la grandeur et de l'adversité, dont la figure enfin restera dans l'histoire comme celle d'une souveraine bienfaisante, pleine de grâce et de bonté, mondaine sans doute et susceptible de frivolité, mais sympathique quand même parce que son cœur a toujours battu avec celui de la France.

Pour Mme de Souza, ce fut, au milieu des malheurs publics, une grande perte et un grand deuil. Tout s'écroulait autour d'elle. Son fils, devenu suspect, avait été mis en disponibilité. Son salon était déserté. Heureusement Hortense lui restait, et cette princesse, qui décidément devait être aimée de tout le monde, avait gagné, au grand dépit du faubourg Saint-Germain, les sympathies de Louis XVIII. Le vieux roi la déclarait charmante ; et encore que son salon, où les La Valette, les Lawœstine, les Labédoyère se rencontraient avec le *beau Flahaut*, passât pour un foyer de conspiration bonapartiste, comme son loyalisme politique était notoire, elle vécut tranquille et entourée d'égards sous la première Restauration. Mais cette période fut courte comme un songe. Un an ne s'était pas écoulé depuis sa chute, que l'Aigle, abattu sur le rocher de l'île d'Elbe, reprenait son essor, et, « volant de clocher en clocher », atteignait les tours de Notre-Dame. Tous les anciens serviteurs de l'Empire accourent. Flahaut reprend son poste d'aide de camp, et immédiatement il est chargé par son maître de la mission délicate, mais dans laquelle il devait échouer, d'aller négocier avec Talleyrand — rapprochement singulier — le retour de Marie-Louise.

9 mars 1796 le général Bonaparte. Le mariage religieux fut célébré la veille du sacre par le cardinal Fesch. Pendant la première campagne d'Italie, elle résida à Milan. Pendant la campagne d'Égypte, elle resta en France et acheta la Malmaison, où elle mourut. Ses obsèques, à Rueil, furent imposantes ; 20.000 personnes y assistaient et l'empereur de Russie s'y fit représenter.

Le 1ᵉʳ juin, il assiste, au Champ de Mars, à la distribution
des aigles, solennité magnifique à laquelle se trouvent aussi
Hortense et ses enfants. Le lendemain, 2 juin, il est nommé
membre de la Chambre des Pairs. Quinze jours plus tard, il
combat à Waterloo ; après le désastre, il accompagne Napoléon dans la retraite sur Paris. C'est au cours de cette
chevauchée tragique, que, d'après le récit qu'il en a fait
lui-même, il dut soutenir de son bras le héros vaincu, qui,
accablé de fatigue, mais l'esprit libre et sans trouble, cédait
parfois au sommeil. Après la seconde abdication, qui a lieu à
l'Elysée, Napoléon se rend, le 25, à la Malmaison où il est
reçu par Hortense ; le 29, journée des adieux, scène d'une
grandeur antique à laquelle assiste Talma en costume de
garde national. Madame Mère vient la dernière prendre
congé du héros avec lequel elle échange ces laconiques paroles dont la simplicité convient à l'heure tragique : Adieu,
mon fils ! — Ma mère, adieu ! Quelques instants après, sur
la route de Rochefort, première étape de Sainte-Hélène,
l'homme qui avait fait trembler l'Europe roulait, emporté
dans l'abîme de sa destinée.

Comme un arbre que la foudre a frappé, l'Empire est
tombé, entraînant avec lui tout ce qui s'abritait dans sa
vaste ramure. Des trônes sont renversés ; des rois sont en
fuite, — ces rois qui ne « songeaient qu'à leurs chimères de
trônes », et que l'on avait vus « prêts, pour en conserver
l'apparence, à tous les pactes avec les Coalisés (1) ». Le roi
de Westphalie, sous le nom de comte de Survillier, se retire
en Amérique ; le roi d'Espagne devient le prince de Montfort;
le roi de Naples, qui, pour sauver sa couronne, avait lâche-
ment trahi celui à qui il la devait, va tomber bientôt sous les
balles de Ferdinand, à peu près dans le même temps que le
prince de la Moskowa, coupable, au contraire, d'un excès de
fidélité, tombera lui-même, comme Labédoyère, sous les
balles françaises. Le vice-roi d'Italie se réfugie, simple citoyen,

(1) F. Masson, *op. cit.*, t. VIII, p. 281.

chez son beau-père le roi de Bavière. Et dans cet exode de têtes couronnées qu'elle a toujours prévu, Madame Mère, la « génitrice des aigles », va chercher à Rome, avec plusieurs de ses enfants, un refuge que Pie VII, de retour de Fontainebleau, lui accorde avec une générosité digne de son grand caractère.

De son côté, la duchesse de Saint-Leu, — c'est le nom que l'on donnera désormais à l'ex-reine de Hollande, — frappée d'exil, est à la recherche d'une retraite que partout on lui refuse. Elle va à Genève, où sa présence est jugée compromettante, à Aix, où le « comte de Saint-Leu » lui fait enlever l'aîné de ses fils, en vertu d'un jugement du 7 mars 1815, dont l'effet avait été suspendu pendant les Cent-jours; obligée de fuir encore, elle revient en Suisse, où elle obtient enfin, après de longues pérégrinations et de pénibles péripéties, l'autorisation de séjourner. Elle s'arrête sur les bords du Rhin, à Constance, habite deux ans à Augsbourg, où son fils, le futur Napoléon III, commence ses études, et, en 1819, elle se fixe définitivement dans le canton suisse de Thurgovie, au petit château d'Arenenberg dont elle avait fait l'acquisition en 1817 et où elle résidera jusqu'à sa mort (1).

Errant aussi, Flahaut, pendant cette malheureuse année 1815. Ayant été nommé, après Waterloo, commandant de la 9e division de cavalerie, il avait dû suivre l'armée dans sa retraite au sud de la Loire, et il s'était arrêté à Riom avec Labédoyère, au mois de juillet. C'est alors que Talleyrand l'avait rayé de la liste des suspects qui devaient être exilés sans jugement, et c'est aussi sur le conseil de son tout puissant protecteur qu'il s'éloigna, cherchant dans l'est de la France une retraite discrète qu'il ne pouvait guère trouver avec le train de serviteurs et de chevaux qui l'accompagnait. Au mois d'août, on le voit à Aix, en même temps que la duchesse de Saint-Leu, et cette rencontre, qui ne peut être

---

(1) Le petit château d'Arenenberg est bâti sur le versant d'une colline qui domine le lac de Constance, près du village d'Ermatingen. Il vient d'être donné par l'impératrice Eugénie au canton de Thurgovie.

fortuite, n'est pas sans alarmer l'autorité, non pas tant à cause de la sûreté de l'Etat que pour « l'intérèt de la décence des mœurs » (1) ; invité à se retirer, il passe en Suisse, puis au pays de Gex, à Lyon, à Besançon, toujours pourchassé par la police ombrageuse du duc d'Otrante, jusqu'à ce qu'il soit autorisé, après mille tracasseries, à gagner l'Allemagne, d'où il passe en Angleterre. Reconnut-il le pays qu'il avait visité autrefois, tout enfant, et, comme aujourd'hui, en fugitif ? Ce qui est certain, c'est qu'il s'en rappela la langue, car il n'y perdit pas son temps. Se souvenant qu'il était soldat, il poursuivit, avec des armes qui ne l'abandonnaient pas, la série de ses conquêtes, et, moins d'un an après son arrivée dans les Iles Britanniques, il régnait sur le cœur d'une belle Ecossaise, miss Mercy Elphinston, fille de l'amiral lord Keith of Banheast, qui, malgré la résistance paternelle, préféra aux plus brillants partis de l'Angleterre « un étranger malheureux ». Et en dépit de l'opposition des cabinets de Londres et de Paris, le général proscrit, qui n'avait pour lui que l'ascendant de ses titres et, il faut le dire aussi, la séduction irrésistible de sa personne, épousait en juillet 1817, à Drummond Castle, l'héritière d'un grand nom et d'une immense fortune.

Cet heureux mariage, qui fixait en Ecosse le général de Flahaut, marquait le point final au chapitre des inquiétudes maternelles de Mme de Souza. Dans le roman réel de sa vie, un nouveau chapitre va s'ouvrir dans lequel cette femme distinguée prouvera que le cœur ne vieillit point, car avec la même ardeur que par le passé, elle va reporter sur une autre tête ses facultés affectives. Au premier rang de ses préoccutions, nous trouverons désormais Auguste de Morny.

Si ce préambule, un peu long peut-être, avait besoin de justification, nous nous permettrions de faire observer ici qu'après avoir fait la lumière sur les origines obscures de notre héros, il était nécessaire de rappeler les derniers événements

(1) A. de Maricourt, *op. cit.*

du cycle napoléonien, non seulement à cause de la réper•
cussion qu'ils eurent autour de son berceau, mais encore et
surtout pour marquer la forte empreinte impérialiste qu'en
dut recevoir son esprit et sans laquelle sa vie resterait une
incompréhensible énigme.

*
* *

Pendant que se déroulaient les graves événements que
nous venons de rapporter, comme aussi durant les premières
années de la Restauration, le jeune enfant que les amis de la
famille désignaient sous le nom de « bambin charmant »
grandissait et laissait son esprit s'ouvrir aux douces leçons
de M. de Souza, qui, naturellement, fut son premier maître
et celui qui l'initia aux mystères de la langue latine. Vers
l'âge de neuf ou dix ans, sur le désir exprimé par Flahaut,
on le mit à la pension Muron, d'où il suivit les cours du
collège Bourbon. La contrainte que lui imposait ce nouveau
genre de vie ne convenait guère à sa nature exubérante et
impressionnable ; et sa « bonne mère » qui, malgré les
atteintes de l'âge et de la maladie, continuait d'écrire pour
remplir le vide d'une âme désabusée, ne laissait pas de
s'apitoyer sur les « tribulations » scolaires de « ce petit
qu'elle aime comme un fils » et qu'elle suit d'un regard
attentif et jaloux. Dans ses lettres à Le Roi, le Petit Père,
comme elle l'appelle familièrement à cause de son grand âge,
les traces de cette préoccupation apparaissent pour ainsi
dire à chaque page. « Il fait le plus beau temps de la nature,
cher Petit Père, lui mande-t-elle en août 1820, et comme je
serais contente de vous avoir ici pour aller promener ensemble, mais puisque vous restez dans vos bois, je vais
m'éloigner encore plus de vous et partir pour Le Hàvre, les
bains de mer étant ordonné à Mons. Auguste. Il maigrit, il
est triste. On dit que cela lui fera du bien, et comme je le
sais très nageur et fort aventureux je mourrais d'inquiétude ici, si je le savais sans moi s'exposant à ce perfide

élément. Une vague m'emporterait peut-être cette légère personne, au lieu que, moi là, je suis bien sûre qu'il ne mettra pas le pied dans l'eau sans avoir avec lui quelque vieux matelot pour l'attraper par une patte s'il voulait aller trop loin... Nous n'avons eu ni prix ni accessit, mais lui n'a gagné qu'un affreux mal de tête en allant au concours assister au triomphe des autres. »

De cette dernière phrase, on peut inférer que les débuts du jeune collégien ne furent pas des plus brillants ; ils n'attestaient pas du moins un phénomène de précocité, et, comme Alfred de Musset, qui aimait à dire que, dans sa jeunesse, « il avait été aussi bête qu'un autre », comme tant d'autres à qui paraît s'appliquer le dicton italien *Chi va piano va sano*, Auguste devait-il prouver que la loi de l'évolution physique s'affirme aussi dans le développement de l'intelligence ? Il ne semble guère, cependant, si l'on se rappelle l'anecdote suivante rapportée par le Dr Véron : Flahaut, qui, en 1820, avait obtenu du Gouvernement l'autorisation de faire quelques séjours en France, conduisait souvent l'enfant chez Talleyrand. Un jour, alors qu'il sortait de l'hôtel du vieux diplomate, celui-ci s'adressant à M. Martin, gouverneur des enfants de M. de Dino, lui dit :

— N'avez-vous pas remarqué dans l'escalier un petit bonhomme que M. de Flahaut tenait par la main ?

— Oui, prince.

— Eh bien, souvenez-vous de ce que je vais vous dire. Cet enfant-là sera un jour ministre.

Le prince de Bénévent ne savait pas, quelque conviction qu'il en eût, si, un jour, l'événement viendrait justifier sa prédiction, et son âge, qui pouvait être encore celui des vastes pensées, mais non des longs espoirs, ne lui permettait pas de compter le voir jamais se produire. Mais Flahaut, qui survécut à Morny, put, constater, une trentaine d'années plus tard, que, cette fois, le *Tu Marcellus eris* s'était réalisé.

En attendant qu'il devînt ministre, le « petit bonhomme »

émerveillait son entourage par la vivacité de son esprit; il
travaillait avec ténacité, et ses progrès étaient sérieux.
Parmi ses professeurs, on cite Casimir Bonjour, qui lui en-
seigna le grec et l'anglais, et, dans le groupe peu nombreux
des amis qui, fréquentant à l'hôtel de Souza, lui témoignaient
de l'intérêt, il y avait les deux Delessert et un certain Carbonnel, futur général de la garde nationale, qui paraissait
s'occuper de son éducation militaire. Lorsqu'on songe, dit
M. de Maricourt, à qui nous empruntons ces détails, que ce
Carbonnel était frère d'un maître de harpe de la reine Hortense, on se demande s'il n'était point pour elle un agent
d'informations susceptible de lui donner de fréquentes nouvelles d'un enfant qui lui fut toujours cher.

Plus cher encore assurément il était à Mme de Souza, qui,
de plus en plus, s'attachait à lui comme à la plus douce joie
de ses dernières années, exerçant sur cette frêle personne sa
« protection enveloppante et câline » de bonne grand'mère.

A Le Roi, vieil ami toujours fidèle, elle mande, en
juillet 1823 : « Auguste est dans les tribulations du latin. De
là, il passera au grec, à l'algèbre, et puis, Dieu sait ! Jusqu'à
ce que l'étude soit devenue pour lui le plus grand des plaisirs, il a en perspective bien des chagrins, bien des pensums.
Quand je pense que j'ai fait des livres *imprimés,* moi qui sais
à peine combien il y a de lettres dans l'alphabet, je lui envoie
des gâteaux lorsque son maître lui impose des pénitences.
Cependant je crois bien que si j'avais eu une éducation plus
forte, mon esprit en vaudrait beaucoup plus. Enfin, le pauvre
enfant travaille, gémit, et je le console ; mais au fait on en
est content. »

Mais celle qui consolait si bien ces gros chagrins d'enfant
n'avait-t-elle pas elle-même grand besoin de consolation ?
Les « tribulations » d'Auguste étaient, en effet, de purs en-
fantillages, comparées aux siennes. Durant cette période de
1820 à 1830, elle fut éprouvée à la fois dans ses amitiés et
dans ses biens. La Révolution qui avait éclaté à Porto,
en 1820, avait compromis les intérêts de son mari, et, dans

son style coloré, elle pouvait écrire à Mme d'Albany que les *oranges* du Portugal (lisez les douros) devenaient rares. En 1822, elle perdit sa sœur, Mme de Ménars, celle qui avait été la « belle Julie », fille présumée de Louis XV et grand'tante du fils de la reine Hortense. En février 1824, elle apprit « avec une tristesse profonde » la mort de Mme d'Albany, et tandis que M. de Souza s'éteignait doucement, « comme une lampe », sa santé à elle était sérieusement ébranlée. « Je n'ai de consolation et de distraction que par le petit Auguste, qui vient très bien, écrit-elle en avril 1824. Il a beaucoup d'esprit naturel. En tout la nature l'a bien doué. » Et comme, malgré tout, elle se préoccupe déjà de son avenir, elle ajoute ces considérations curieuses : « Mais je ne lui vois pas de dispositions pour entrer dans la Compagnie de Jésus, et c'est cependant la seule route ouverte aujourd'hui. Les avocats sont encombrés et quel est le Français qui ne croit pas devoir parler ? L'avancement dans l'armée est si lent que j'en connais un des meilleurs officiers, qui, depuis dix ans, est officier sans espoir d'avancement. Cependant toutes les notes de ses chefs sont pleines d'éloges de sa bonne conduite et de sa capacité, mais il faut un nom plus brillant que le sien pour parvenir actuellement. Je ferai comme en Suisse, je crois qu'il sera bon de le livrer à un cours d'agriculture rurale, et si je puis transformer sa petite rente en une bonne petite ferme, je lui dirai de chercher quelque *dindonnière* et de vivre ses pauvres jours sans les compter et du moins sans avoir à en rendre compte à personne... »

Peu après, cédant à un de ces caprices si communs chez les valétudinaires, M. de Souza résolut de quitter l'hôtel de la rue Verte pour aller habiter la maison entre cour et jardin qu'il possédait rue de la Ville-l'Evêque. Ce projet était loin de sourire à Mme de Souza, très attachée, au contraire, à la *casa* ; elle s'y résigna cependant, et, au mois de juillet, on déménagea. « On emmena rue de la Ville-l'Evêque la femme de chambre de Mme de Souza, la vieille *Polly*, à laquelle trente années d'attachement dans l'exil comme dans la prospérité donnaient des privautés de servante maîtresse, le vieux portier André, à son service depuis vingt-cinq ans, le valet de chambre de M. de Souza, un despote depuis longtemps en charge, une cuisinière, une fille de cuisine et un cocher chargés du soin d'entretenir deux chevaux hors d'âge qui, faute de services, mouraient de gras fondu dans l'écurie » (1).

Discrètement, dans une lettre à Le Roy, Mme de Souza laisse percer ses petites contrariétés. Mais les vacances ramenèrent bientôt auprès d'elle le jeune Auguste, et, avec lui, un rayon de joie pénétra dans le logis. C'est à cette époque qu'elle écrit : « Auguste en est à sa troisième leçon de vers latins. Je vous les envoie. Il les a faits devant moi sans dictionnaire, car vous savez que, pendant les vacances, il reste chez moi, mais il va tous les jours chercher des devoirs à la pension, et il revient ensuite travailler sur ma table ronde. Je vois avec plaisir qu'il se donne de la peine et, lorsqu'il a réussi, il a une joie, une effervescence qui sont de bon augure pour ses succès à venir. »

Heureuse compensation. ce plaisir, aux chagrins, aux revers qui l'assiégeaient, et surtout au deuil cruel qui allait bientôt assombrir ses jours. Le 1er juin 1825, après six mois d'une douloureuse maladie au cours de laquelle elle l'avait soigné « avec le dévouement qu'on pouvait attendre d'une nature telle que la sienne », M. de Souza rendait le dernier soupir. Ce fut pour elle une perte irréparable, et sa douleur fut réelle et profonde. « Mes regrets dureront autant que ma vie, écrivait-elle quelques jours après à la comtesse Tagoaki. Mon mari avait veillé sur moi avec une affection si tendre, si éclairée, que je le regardais comme ma Providence sur la terre. »

Auguste est lui-même si vivement affecté que sa santé en éprouve une véritable commotion. Sur les conseils de son

(1) A. de Maricourt, *op. cit.*

médecin, Mme de Souza l'emmène, au mois de septembre, prendre les bains de mer au Havre, et dans les nouvelles qu'elle adresse à son ami durant cette période balnéaire, on constate le grand émoi que lui causaient les audaces de son petit-fils devant *l'élément perfide.*

Au mois d'octobre, Auguste est retourné « sous le joug de fer ». Et en même temps que cette triste nouvelle, sa grand'mère mande qu'il a écrit, de son chef, à M. de Lessert pour le complimenter sur la naissance d'une petite fille « qu'il félicita surtout parce qu'elle n'apprendra ni le grec ni le latin ». Et M. de Lessert a trouvé la lettre si charmante qu'il l'a lue à toute sa famille. « Ce qu'a cet enfant, c'est le naturel que laisse de n'avoir jamais éprouvé de crainte chez moi. Il est *lui*, tel que Dieu l'a fait, sans honte comme sans vanité..................................
Il est dans un moment d'effervescence, de gaîté, d'envie de rire, de jouer, qui ne va pas trop avec le grec et le latin ; mais cette bonne disposition passera, et le froid de la vie se fera sentir plus tôt qu'il ne pense. Pauvre enfant ! Que ne m'est-il permis de le laisser évaporer son enfance, cette folie de jeunesse qui passe si vite, et pour ne plus revenir ! Mais il faut le laisser pâlir et piocher sur les dictionnaires. J'en demanderais volontiers pardon à Dieu ! »

Elle ne tarda pas à s'apercevoir que ce qu'elle devait adresser à Dieu, ce n'était pas une demande de pardon, mais plutôt des remerciements, car les efforts de l'élève studieux étaient couronnés de succès qui lui causaient, à elle, autant de joie peut-être qu'à lui-même. Au mois de décembre 1826, son professeur, Casimir Bonjour, lui ayant demandé des vers à l'occasion de la fête du proviseur, Auguste s'en tira assez bien pour que, sans qu'il le sût, sa grand'mère, enchantée, s'empressât de communiquer sa petite pièce au vieux confident de ses pensées. « Voilà, mon bon petit Père, des vers d'Auguste que son professeur lui avait demandés pour le proviseur, et, ce qu'il y a de mieux, c'est qu'après les avoir faits, il n'a pas voulu les donner, pour, m'a-t-il dit, ne point passer pour *capon*. Je vous prie, cher ami, de me dire ce que vous pensez de ces vers, quoique je ne lui dirai jamais que je vous les ai envoyés. Moi, j'en ai été enchantée, et j'ai eu bien de la peine à contenir ma joie. N'est-ce pas que ce sera un talent ? N'est-ce pas qu'il est né poëte ? Car il faut avoir le feu sacré, si l'on aspire à briller ! »

Deux mois après, en février 1827, Auguste, ayant été deux fois premier dans sa classe, fut invité au banquet de la Saint-Charlemagne qu'offrait alors l'Université aux élèves les plus méritants. Et Mme de Souza d'écrire : « Il sera plus fier qu'un maréchal de France ! » Au fond, elle est encore plus fière que lui, car les triomphes de son petit-fils sont maintenant les seules satisfactions qui fassent contre-poids aux chagrins dont son âme est accablée. Dans toutes ses lettres à Le Roi, on trouve l'accent de sa tristesse. « Quand donc viendrez-vous avec moi passer l'été de la Saint-Martin ? Ce sont les beaux jours de mon âge, soit dit entre nous, et quand on me félicite sur mon bon visage, je suis toujours prête à dire : « L'été de la Saint-Martin, voilà notre printemps ! Il y a toujours un peu de feuilles mortes sur mon bonnet, mais laissons ces tristes pensées... » Une parente de son mari, la jeune comtesse de Penafiel, Gallois, le vieil ami de tous les jours, Mme Devaisnes, disparaissent successivement au cours des années 1827, 1828 et 1829. C'est le vide qui se fait autour d'elle, et elle a eu raison d'écrire : « Vieillir, c'est voir mourir. »

Dans l'entrefaite, Charles de Flahaut avait débarqué en France avec toute sa famille, sans oublier, en bon Anglais qu'il était devenu, les *impedimenta*. « Ils arrivent tous, mon fils, ma bru, leurs filles, leur gouvernante, leurs gens! C'est une vraie tribu, — je dirai même une vraie tribulation ! » Cela fait au moins diversion à la monotone existence qui est celle de Mme de Souza et de son petit-fils. Le général, père de cinq filles, songe alors au seul fils qu'il doit aux aventures de sa jeunesse orageuse; et craignant que l'éducation du jeune Auguste n'ait été jusque-là conduite avec un peu trop de faiblesse, il va la diriger désormais d'une main ferme et sévère. Ce changement de régime n'était pas, paraît-il, du goût du jeune homme, si l'on s'en rapporte à une petite pièce de vers que Mme de Souza envoyait à Le Roi en 1829, et dans laquelle se décèle « une liberté d'allures singulière et frondeuse ».

« Voici des vers, écrivait-elle, qu'Auguste a faits en deux heures et demie de temps, à la montre. Ainsi, cher ami, vous voyez qu'ils ne peuvent être bien soignés. Cependant j'en ai trouvé d'assez jolis, et je vous les envoie, mais n'en parlez pas à Auguste, car lui, qui en est mécontent, m'a défendu de les montrer. C'est pour mon fils, qui le gronde tout le jour, tantôt sur une chose, tantôt sur une autre, et l'appelle sans cesse flâneur, lambin, etc. Vous les brûlerez, ainsi que ma lettre, après les avoir lus. »

Elle transcrit ici ces vers (1), puis elle reprend : « Voilà

---

(1) Les voici :

> Oui, plus j'avance dans la vie,
> Plus je rencontre de censeurs.
> Les hommes réglant tout d'après leur fantaisie
> Voient les défauts d'autrui sans connaître les leurs,
> Et chacun ici-bas, aveugle sur soi-même
> N'a des yeux que pour voir le mal chez son voisin.
> Si je ris je suis fou, si je suis pâle, blême,
> Si je tarde un instant votre joie est extrême,
> Vous pouvez m'appeler et flâneur et bambin !
> Et bien souvent, après dix heures du matin,
>   Vous me tancez sur ma paresse
> Les yeux à peine ouverts et vos rideaux fermés.
> Encore est-ce un effort, hélas, quand vous parlez !
> Votre bouche s'oppose au désir qui vous presse.
> Mais bientôt ce dernier devient victorieux.
> Sur vos sens engourdis l'habitude l'emporte,
> Le plaisir de gronder ! Ah ! l'amorce est trop forte !
> De grâce, avouez-le, je suis bien malheureux.
> Mais vous qui contrôlez mes actions sans cesse
>   Dites-moi, dans votre jeunesse,
>   Fûtes-vous toujours un Caton ?
>   L'écho dit ; Non.
> C'est aujourd'hui votre fête.
> C'est aujourd'hui la Saint Charles, je crois,
> On dit qu'on peut blâmer et louer à la fois.
> J'ai voulu commencer par vous laver la tête,

cher ami, ce qu'il a tiré de son cerveau sans peine, sans travail, presque sans y penser. Cela ne vous promet-il pas un poète?... Malgré ce que dit le sévère Gallois sur les éducations publiques, la chose qui prouve que les fréquentes visites dans la maison, je dirais volontiers maternelle (car j'aime cet enfant comme s'il était le mien), valent mieux que la poussière des classes, c'est que dans tout ce qu'a fait Auguste, il n'y a pas une faute de goût. Ces sages ne sentent pas combien cela est remarquable. »

On voit par cette lettre que Flahaut entendait s'acquitter désormais des devoirs que lui imposait, non pas aux yeux du monde, qui l'ignorait, mais en face de sa conscience, sa qualité de père d'Auguste Demorny. Quant à Mme de Souza, son admiration pour les moindres écrits du jeune étudiant est naturelle, et dans ses exagérations mêmes, elle est excusable, puisqu'elle est d'une grand'mère. Elle ne rêve pas pour lui la gloire militaire d'un *Eugène de Rothelin,* car on ne fait plus la guerre ; mais avec son cœur de femme de lettres, elle voit dans son petit-fils un futur poète, grand poète. Pure illusion. Mme de Souza pour Chimène a les yeux de Rodrigue. Les vers qui l'enchantent révèlent assurément chez un jeune homme de dix-huit ans une certaine aptitude littéraire. De la facilité, oui ; du sens poétique, non. Morny sera un esprit

Et, ma foi j'ai trouvé cela fort amusant.
Le passe-temps est doux, certes, il doit vous plaire ;
Je vous excuse alors, et pour vous satisfaire,
   Je vous livre ample carrière.
Oh ! vous aurez de quoi vous amuser souvent,
C'est plaisanter assez. Retournons la médaille.
   A présent donc, prenons le bon côté.
Jusqu'ici je n'ai rien fait qui vaille
   Et je vais dire enfin la vérité.
   A vos amis toujours fidèle,
   Fidèle à votre opinion
Vous devancez l'honneur quand il appelle.
   La gloire est votre passion,
   Mais écoutez l'écho du monde.
Sur lui, confiant, je me fonde.
Or, écoutez ce qu'il dit aujourd'hui :
   L'écho dit : Oui.

pénétrant, sagace, subtil, froid, exact, mathématique ; mais poète, jamais. Aussi bien, est-ce avec un juste discernement de ses facultés, que Flahaut décide, au risque de contrarier sa mère, qu'il sera mathématicien.

Mais avant de mettre ce projet à exécution, avant de cantonner Auguste dans une spécialité, il va, en vue de développer son instruction générale et son éducation mondaine, l'emmener avec lui, au cours de cette année 1829, dans un voyage en Allemagne et en Ecosse. Vers la fin de juin, ils sont à Aix-la-Chapelle, alors que par une coïncidence vraiment touchante (?) la duchesse de Saint-Leu y pérégrine aussi d'aventure (1). D'aventure ? Sa majesté le Hasard, comme disait Frédéric II, ferait-elle si bien les choses, et les cœurs qui désirent se rapprocher n'auraient-ils qu'à s'en remettre à elle ? Il n'y paraît guère ; mais ce qu'il y a de certain, c'est que de cette rencontre, dont l'un des personnages ignorait absolument le pathétique, Racine eût tiré des effets scéniques merveilleux.

Tandis qu'après s'être mutuellement congratulés dans la vieille cité de Charlemagne, nos trois voyageurs se séparent, le jeune étudiant quittant une mère insoupçonnée pour suivre jusqu'au fond de la « verte Ecosse » un père inavoué, Mme de Souza, de son côté, entreprenait un voyage beaucoup moins séduisant, encore qu'il fût de bien moins long cours, pour transporter de la rue de la Ville-l'Evêque à la rue Saint-Florentin ses pénates errants. Et ce n'est peut-être pas le moins curieux des caprices du sort que celui qui obligeait cette femme presque septuagénaire à aller vivre ses derniers jours dans une maison voisine du somptueux hôtel où résidait son ancien ami, le prince de Talleyrand (2).

« Je ne sais où aller, disait-elle. Sans Auguste, je me retirerais à la campagne ; je dis adieu à cette maison où j'ai

(1) F. Loliée, *op. cit.*

(2) Un peu plus tard, elle déménageait encore pour aller s'installer plus modestement rue Saint-Honoré.

éprouvé tant de chagrin, mais .. plus de roses ! plus de
petit jardin !... »

Et en même temps qu'elle confiait à Le Roi ces mélancoliques réflexions, elle lui annonçait le voyage d'Auguste. « A
son retour, ajoutait-elle, il entrera chez le professeur Guérard
pour étudier les mathématiques et n'en jamais sortir. Je
doute qu'il puisse se faire à cette vie studieuse et retirée
après avoir goûté des plaisirs du monde. On a mis toutes
choses à l'envers pour ce pauvre enfant. Ce n'a pas été ma
faute. J'en souffre d'avance pour lui. D'Alembert disait :
« Qu'on me donne un bœuf, j'en ferai un mathématicien. »
Mais encore faut-il être un animal ruminant, et pauvre Auguste n'est rien moins que cela. »

Mais la tristesse est de nature essentiellement subjective.
« Pauvre Auguste » ne méritait pas tant de compassion.
Bientôt, dans quelques mois, il reviendra du pays de Morven,
et il apportera de la joie au foyer de sa grand'mère, une joie
atténuée toutefois, pour lui comme pour elle, non par la
froide perspective des prochaines mathématiques, mais par
la séparation qui en sera la conséquence. Ce foyer, en effet,
ne sera plus le sien. Tout au plus l'y verra-t-on apparaître,
par intervalles, en des visites trop rares et trop courtes,
où, poussé par la piété filiale, il viendra offrir à celle qui
lui a servi de mère l'hommage de ses succès et le sourire
affectueux de sa jeunesse.

*
* *

Mme de Souza s'était préoccupée de bonne heure de la
carrière de son petit-fils. On se souvient qu'exposant un
jour à son vieux confident Le Roi ses vues sur ce sujet, elle
avait conclu à une exploitation rurale, où, avec quelque
« dindonnière », Auguste « vivrait ses pauvres jours sans
les compter ». Mais ce jour-là, il y avait du noir à son
pinceau... et très peu de conviction dans son esprit,
puisque, un peu plus tard, elle s'était sentie transportée de

joie en croyant découvrir chez le jeune étudiant la flamme du
poète. L'obstination d'ailleurs était son moindre défaut, car
une expérience déjà longue lui avait appris que le mieux,
pour réussir, était de se plier aux circonstances; et, en
attendant que celles-ci vinssent seconder ses ambitieux desseins, elle avait fait donner à Auguste une instruction solide.
Dans l'enseignement classique du collège Bourbon, le jeune
homme avait reçu la forte culture des anciens; il devait à
Le Roi ce goût des lettres et des arts dont il donnera des
preuves toute sa vie, et, tandis que le « vieux girondin »
Gallois l'initiait aux mystères de la politique, son aïeule
s'appliquait à son éducation mondaine, en lui inculquant des
idées, des sentiments, des manières, des dehors où la morale
n'entrait, paraît-il, qu'à faible dose, pour la raison bien
simple qu'elle la réservait toute pour le monde idéal de ses
romans. Guérard, nous l'avons vu, l'orientait dans les
arcanes ténébreuses des mathématiques, et ses connaissances
commençaient à être assez étendues pour qu'il pût se considérer comme prêt à toute éventualité, lorsque brusquement
survint un nouveau maître, de tous le plus impérieux, l'événement. L'idée en marche avait fait son chemin, et sans que
rien l'eût révélée, elle venait de sonner au cadran de l'Histoire la dernière heure de la monarchie légitime.

En portant sur le trône de Charles X le fils de Philippe-
Egalité, les *Trois-Glorieuses* ramenaient au premier plan de
la scène politique les anciens serviteurs de l'Empire, qui,
depuis quinze ans, avaient dû rester dans l'ombre. Flahaut,
rappelé, fut nommé lieutenant-général des armées du roi et
membre de la Chambre des Pairs. En 1832, il accompagna
au siège d'Anvers le duc d'Orléans, et cinq ans après, lorsque
à l'occasion de son mariage, ce prince eut à se créer une
maison militaire, il fut choisi par lui comme grand écuyer.
Nommé ambassadeur à Vienne en 1841, il occupa ces hautes
fonctions jusqu'en 1848.

Pendant que son père reprenait brillamment une carrière
interrompue depuis la chute de l'Empire, Auguste de Morny

commençait la sienne, et l'on devine aisément que le fils du général de Flahaut devait être militaire. Le 19 décembre 1830, à l'âge de dix-neuf ans, sur la proposition de la Commission des récompenses nationales, il est nommé sous-lieutenant à l'Ecole de cavalerie. Trois mois après, il est officier-élève à l'Ecole d'application d'Etat-Major et deux ans plus tard, en février 1833, ayant renoncé au service d'Etat-Major, il passe au 1er régiment de lanciers, en garnison à Fontainebleau. Le temps qu'il vécut dans cette ville fut pour le jeune officier une période de laborieuses études. Abandonnant pour un temps la vie mondaine, ou lui faisant du moins une part aussi restreinte que possible, il consacrait à la bibliothèque les loisirs que lui laissait un service peu chargé d'ordinaire. L'étonnement de Mme de Souza était grand : « Vous voyez bien, disait-elle à Sainte-Beuve, ce jeune homme dont l'avenir me préoccupe et m'intéresse. Quels livres pensez-vous qu'il choisisse pour ses lectures ? Vous pensez qu'il lit des romans, des poésies légères, des mémoires agréables, des *contes* de Voltaire ? A tout cela il préfère des livres de métaphysique, de théologie. Et savez-vous la raison qu'il m'en donne ? J'étudie les livres de religion, dit-il, parce que je veux tout de suite couler à fond cette question-là. »

« Couler à fond » était sans doute prétentieux ; mais peut-être n'était-ce qu'un mot en l'air, et, sans ergoter sur le mot, à ne considérer que la chose, on est bien obligé de reconnaître qu'elle révélait un esprit curieux, avide de connaissances et impatient de s'instruire *de omni re scibili.*

Au reste, l'officier de lanciers donnait à son aïeule bien des satisfactions d'un autre genre. Il était déjà un homme, et tel qu'elle avait toujours désiré qu'il fût, c'est-à-dire distingué et « possédant, comme son père, ces qualités exquises de l'homme du monde du xviiie siècle, qui contribuèrent à le rendre toujours si séduisant. Il composait des romances, paroles et musique, que, dans l'intimité, il chantait d'une voix de ténor timbrée et légère. Et ce jeune homme, d'une courtoisie charmante, habile aux causeries galantes comme aux jeux de paume, était déjà cité pour ses succès de salons et de boudoir (1). » Et Mme de Souza était heureuse, pour elle et pour les siens, de ce retour inespéré de l'inconstante fortune. Elle écrit à Le Roi : « Auguste est à son régiment ; c'est important pour lui ; c'est une carrière ! Mais quelle oisiveté dans la paix, que de dangers à la guerre ! J'ai passé ma vie dans ces anxiétés. Ninon disait : « On croit que j'ai été heureuse. Eh bien, si l'on m'avait montré ma vie tout d'une vue, je n'aurais pas voulu naître. » Je crois bien que tout le monde en serait là ». Plus tard, le 4 janvier 1834, elle mande à son vieil ami qu'Auguste est revenu de sa garnison pour lui souhaiter la bonne année, au milieu de ses petites-filles, du bruit des étrennes, et qu'il lui a offert un présent — son portrait — qui lui a causé « un vrai battement de cœur ».

Mais à quels battements de cœur moins réjouissants ne va-t-elle pas être bientôt exposée ? C'est au cours de cette année 1834, en effet, que Morny, sur sa demande, partit pour l'armée d'Afrique. Homme d'action avant tout, caractère aventureux et impatient de se montrer, il n'hésita pas à rompre avec les salons et les boudoirs parisiens, et il fit ce que firent alors d'autres fils de famille pour qui la vie ne compte qu'avec des grades, des croix, de la gloire, un nom enfin.

Entreprise avant la chute de Charles X, poursuivie mollement et comme à contre-cœur par la monarchie de Juillet, acceptée sans enthousiasme par l'opinion publique, la guerre d'Afrique, avec ses alternatives de succès et de revers, ne laissait pas cependant d'exercer sur l'esprit de la jeunesse une véritable fascination. Ce n'était pas la grande guerre du Rhin ou du Danube, avec ses énormes effectifs dans lesquels l'individu était noyé, confondu comme un atome dans l'univers, mais les combats acharnés de surprises et d'embus-

____

(1) A. de Maricourt, *op. cit.* p. 376.

cades, dans un cercle restreint, où l'initiative intelligente et
l'audace téméraire pouvaient permettre à chacun de se distinguer. Et cette terre de l'Islam, aux mirages mystérieux et
séducteurs, avec son soleil de feu, sa population étrange, sa
civilisation inconnue, ses magnifiques oasis et ses immenses
solitudes, n'avait-elle pas pour les imaginations ardentes une
attirance irrésistible? Les courses dans le désert, la vie
errante des tribus nomades, les razzias tumultueuses, et
jusqu'au lourd silence des nuits de bivouac que troublait
seul le cri de la hyène ou celui du chacal, n'était-ce pas là
une vie de rêve? Qu'y a-t-il de plus séduisant que le danger,
quand il est accompagné de l'imprévu et du merveilleux?
Des prouesses héroïques n'avaient-elles pas déjà mis des noms
en vedette? De malheureux échecs n'étaient-ils pas venus,
par intervalle, ternir la gloire de nos armes et réclamer de
promptes revanches? N'avait-on pas vu de nouveau les
légions de Métellus et de Marius se heurter aux embûches de
Jurgutha? A ce spectacle peu banal, des jeunes gens énergiques accoururent, heureux de combattre sous les ordres de
ces chefs prestigieux, vétérans de la Grande Armée, qui
avaient vu Moscou et les Pyramides, et de se former à leur
école pour devenir plus tard ceux que l'on a appelés *les généraux d'Afrique*. C'est de là que sortirent les Lamoricière, les
Changarnier, les Mac-Mahon, les Fleury, les Bourbaki. les
Bosquet, les Pélissier, les Baraguey-d'Illier, les Canrobert, les
Saint-Arnaud, et tant d'autres glorieux soldats à côté desquels
étaient venus se ranger fièrement les fils du roi. Et l'émulation était telle, chez tous ces héros, que l'on ne saurait dire quel
est celui qui méritait le mieux cet *instantané* que le général
du Barrail, dans ses Souvenirs, appliquait à l'un d'eux:
« Tête de flamme et cœur d'or, aussi ardent au combat qu'au
plaisir, aussi disposé à aller sur le pré qu'au bal (1). » Et
l'on ne voit pas davantage celui d'entre eux qui n'aurait pu
s'approprier la fière réponse de ce commandant Gardereins

(1) *Souvenirs du général du Barrail*, t. I, p. 305.

à qui Lamoricière ordonnait de choisir les deux plus braves soldats de sa compagnie pour aller, la nuit, reconnaître la brèche : « Mon colonel, le plus brave soldat de ma compagnie, c'est moi ; c'est donc à moi d'abord que revient la mission. » L'honneur de marcher à la tête des premières colonnes d'assaut était revendiqué hautement, mais sans que jamais toutefois l'esprit de camaraderie eût à en souffrir. C'est dans ces admirables troupes que Morny va servir ; c'est parmi ces braves qu'il va se distinguer.

Il y arriva au commencement de l'année 1834 ; malheureusement sa santé délicate fut éprouvée durement dès le début par le climat, et, le 3 septembre, Mme de Souza, inquiète, mandait à Le Roi : « J'aime cet enfant comme le dernier bien que j'ai pu faire, comme la dernière feuille sur laquelle j'appuyais mes frêles espérances..... Auguste est mieux, mais il a toujours de la fièvre quoiqu'elle diminue. Sa cholérine et son ancienne gastrite vont toujours leur train. C'est bien de la faiblesse à ajouter à de terribles saignées pour le sauver de la fluxion de poitrine..... Pourvu qu'Auguste me revienne. Voilà tout ce que je demande à Dieu et à la médecine..... » Le jeune officier obtint un congé de convalescence pour revenir en France se rétablir. Il y recouvra promptement la santé, et, au milieu de l'année 1835, nous le trouvons en garnison à Nevers, où il mena, paraît-il, assez joyeuse vie. C'est dans cette ville qu'il apprit l'attentat de Fieschi, qui eut lieu le 28 juillet, et qui faillit coûter la vie à son père. On peut juger de son inquiétude par celle de son aïeule, qui écrivait le lendemain à son vieux confident : « Ah ! cher ami, quelle journée j'ai passée le jour de cet affreux événement ! Je savais que mon fils avait été convoqué comme lieutenant-général pour accompagner le roi à la revue. A une heure, un voisin qui l'ignorait vient me dire qu'on a tiré sur le roi, que le maréchal Mortier est mort et qu'il y a quinze généraux très grièvement blessés près de lui, et je passe toute seule depuis une heure jusqu'à cinq heures sans avoir de nouvelles de mon fils..... Du reste, mon fils n'a rien eu, mais son cheval a reçu deux balles dont une a traversé l'oreille de part en part, ce qui est assez près du maître, comme vous jugerez..... Auguste est à sa garnison de Nevers, bien inquiet de nous tous..... »

Cependant son séjour à Nevers ne se prolongea pas. Quelque vif qu'il fût, son amour pour le plaisir ne résistait pas devant l'ambition qui le tourmentait. Il repartit bientôt pour l'Afrique, où il prit part, comme officier d'ordonnance du général Oudinot (1), à l'expédition de Mascara, qui eut lieu en novembre-décembre 1835.

On connaît les causes de cette expédition. Pour venger le désastre de la Macta, on avait décidé d'aller châtier Abd el Kader dans sa capitale même. Mascara était située à cent kilomètres au sud-est d'Oran, dans une région montagneuse et d'un accès difficile. Une petite armée de onze mille hommes fut rassemblée au camp du Figuier; elle comprenait quatre brigades placées sous les ordres des maréchaux de camp Oudinot, Perregaux et d'Arlanges, et du colonel Combes ; le colonel de Beaufort commandait la réserve. Le commandement en chef en fut confié au maréchal Clausel, gouverneur général, qui venait de succéder au comte d'Erlon ; et pour que l'expédition eût plus d'importance, le duc d'Orléans vint de France pour en faire partie. Le 26 novembre, précédée par les Turcs du caïd Ibrahim, l'armée se mit en marche, avec la formation en carré, qui n'était pas précisément une nouveauté de l'art militaire, puisque Xénophon l'avait pratiquée dans la retraite des Dix-Mille, mais qui répondait si bien aux exigences de la guerre d'Afrique qu'elle fût, par la suite, toujours considérée comme la plus sûre. Le 1er décembre, on atteignit les gorges du Sig, que l'on franchit après un vif combat ; le lendemain et le surlendemain, nouveaux combats, nouveaux succès ; le camp d'Abd el Kader fut enlevé, les Arabes repoussés avec pertes. Le 5, au passage de l'Habra, le général Oudinot fut blessé,

(1) Fils du maréchal de l'Empire.

le prince royal reçut à la cuisse une balle morte ; mais
l'émir était en fuite, abandonné de ses troupes dispersées ;
le 7, la colonne, un peu lourde et embarrassée de ses bagages,
faisait son entrée dans Mascara. La ville était déserte, l'émir
l'ayant fait évacuer et démanteler. Il fallut revenir, raconte
le général du Barrail, et le retour fut presque désastreux. Le
temps devint mauvais et les troupes, sans abri, sans bois
pour faire du feu, couchant dans la boue, furent bientôt dans
un pitoyable état. Harcelé par les innombrables cavaliers
d'Abd el Kader, la colonne marchait toujours, en carré ;
tout homme qui s'éloignait était impitoyablement décapité
par les Arabes. Le service des subsistances était mal assuré,
et l'on racontait que le prince royal lui-même avait dû vivre
de figues sèches, tandis que les soldats du train nourrissaient
leurs chevaux avec du pain blanc qui moisissait dans les
fourgons. L'état sanitaire était si pitoyable que le duc d'Orléans, atteint d'une violente attaque de dysenterie, dut
rentrer en France. Pour le même motif, le lieutenant de
Morny revint, lui aussi, et s'il apportait de cette rude expédition le souvenir des privations et des souffrances endurées,
il avait, par contre, la satisfaction intime de s'y être fait
remarquer du lieutenant-général duc de Mortemart, dont il
avait conquis l'estime et reçu les éloges. Le 29 décembre,
Mme de Souza, qui l'attendait impatiemment, écrivait à Le
Roy : « Je suis dans la joie de mon cœur parce que j'attends
Auguste après-demain. Ce pauvre enfant a cruellement souffert, dans cette triste et courte campagne, d'une dysenterie
affreuse. Ce n'est pas commode quand on bivouaque dans la
boue. Enfin je le verrai, et votre cœur comprendra ma
félicité. Si je savais un mot plus fort qui exprimerait mieux
les délices du troisième ciel, je m'en servirais. »

Mais ces délices, cette joie furent de courte durée. Le jeune
officier ne se doutait pas, en venant, au commencement de
cette année 1836, souhaiter la bonne année à son aïeule, que
c'était pour la dernière fois qu'il accomplissait ce devoir de
piété filiale. Le 5 janvier, la seconde fille du général de

Flahaut, Hortense, mourait à l'âge de quinze ans, après une courte maladie. Son père en éprouva un vif chagrin ; pour Mme de Souza ce fut un choc qui hâta sa fin. Trois mois plus tard, le 19 avril 1836, s'éteignait à l'âge de soixante-quinze ans, cette femme remarquable « qui avait vu passer sur la France treize gouvernements ». Doucement elle s'en alla, comme si elle avait voulu montrer jusque devant la mort cette politesse réservée et discrète qu'elle avait apprise, dans sa jeunesse, au couvent.

Que ce fut pour le jeune officier le sujet d'une immense douleur, on le conçoit aisément ; mais ce fut aussi pour lui, l'occasion de faire un retour vers le passé et de sonder le problème délicat de son origine. Depuis longtemps, sans doute, des révélations voilées, des aveux entourés de réticences avaient dû l'éclairer, lui dessiller peu à peu les yeux. « Quand il sut juger ceux qu'il avait aveuglément aimés, on conçoit quel put être son désenchantement en matière de morale, quel dut être son scepticisme précoce sur les vertus domestiques. On comprend ce que fut cet homme. Et ce que fut cet homme, avec ses qualités rares et ses défauts notoires, on le comprend mieux encore, si on attache quelque importance aux phénomènes de l'hérédité, lorsque l'on songe au génie des affaires qui caractérisait les Bouret, aux qualités d'homme d'Etat de M. de Talleyrand, à la grâce de M. de Flahaut, à la séduction de la reine Hortense, aux mœurs et à l'esprit de Mme de Souza (1). »

C'est au cours de cette même année 1836 que nous trouvons le lieutenant de Morny à Clermont-Ferrand, avec l'escadron de lanciers auquel il était attaché. Son séjour dans cette ville, on en verra plus tard la preuve, ne passa pas inaperçu ; dans la haute société, le gentilhomme qu'il était fit sensation. Il s'y créa des relations, y noua des amitiés. Mais quelque joyeuse qu'il sût la rendre, la vie de garnison ne le séduisait pas. La nostalgie de l'Afrique le reprit, et il obtint

____

(1) Baron de Maricourt, *op. cit.*, p. 336.

d'y retourner pour prendre part à l'expédition de Constantine (1).

On sait que la possession de cette place faisait partie du plan du maréchal Clausel. Bâtie sur un rocher entouré de trois côtés par l'oued Rummel, qui coule au fond d'un ravin de soixante mètres de largeur, l'ancienne Cirta des Numides était dans une position formidable, difficile à prendre, et comme la distance qui la séparait de Bône, point de départ de l'expédition projetée, dépassait deux cents kilomètres, il était facile de concevoir que, pour l'atteindre et s'en emparer, il fallait rassembler une colonne plus forte que toutes celles qui avaient été organisées jusqu'alors, et surtout mieux pourvue en artillerie, munitions, vivres, matériel d'ambulance et services divers. Le maréchal était bien convaincu de ces difficultés, et il ne voulait pas s'engager dans cette expédition avant d'avoir obtenu du gouvernement les renforts qu'il jugeait nécessaires. Mais ces renforts lui étant refusés, comme il tenait beaucoup à son projet, il se laissa ébranler par le commandant Yusuf, qui lui représentait l'expédition comme une simple promenade militaire au cours de laquelle Constantine serait prise sans coup férir, et il se décida, après bien des hésitations, à tenter, avec des moyens qu'il trouvait cependant insuffisants, cette périlleuse entreprise. Ce fut une faute.

Le corps expéditionnaire, qui comprenait 8800 hommes, partit de Bône le 8 novembre. Le duc de Nemours l'accompagnait. Après une dizaine de jours de marche dans les plaines de la basse Seybouse, où tout semblait justifier l'optimisme de Yusuf, qui paradait à l'avant-garde, avec son goum, sa bannière et ses tams-tams, la pluie se mit à tomber, chassée par un vent glacial (2). Puis se déchaîna une

(1) M. de Maricourt a commis un anachronisme à propos de cette expédition de Constantine, qu'il met en 1835, alors qu'elle a eu lieu réellement en novembre 1836, six mois après la mort de Mme de Souza. M. F. Loliée est tombé dans la même erreur.

(2) Cf. G. Quesnel, *Conquête de l'Algérie.*

véritable tempête de neige, qui rendit la marche de la colonne extrèmement pénible. Le 21, la tête arriva devant Constantine ; elle franchissait le Rummel lorsqu'un coup de canon, tiré de la place, annonça que celle-ci était résolue à se défendre. Le maréchal comprit qu'avec son artillerie insuffisante, une attaque de vive force avait seule des chances de succès. Il prit aussitôt ses dispositions pour bombarder les deux portes opposées du Coudiat-Aty et d'El-Kantara. Avec cette dernière, le plateau de Mansourah était relié par un pont étroit, bien défendu. Le général Trézel y avait disposé, dans la soirée du 23, les compagnies du 59e et du 63e qui devaient donner l'assaut pendant la nuit. Se trouvant lui-même, au moment de l'action, au plus fort du feu, il fut renversé par un coup de feu au travers du cou (1). Que se passa-t-il alors, et que fit dans cette minute tragique le lieutenant de Morny son officier d'ordonnance ? Tout ce que l'on peut dire, c'est que le jeune officier fut cité pour sa belle conduite et qu'il reçut la croix de la Légion d'honneur pour avoir sauvé la vie à son général. Il avait été lui-même atteint de quatre balles arabes : dans son képi, dans sa capote, dans sa botte ; la quatrième s'était écrasée sur un pistolet qu'il portait à la poitrine.

L'assaut ayant échoué, la retraite avait été immédiatement ordonnée. Elle faillit être désastreuse. L'énergie de Changarnier empêcha qu'elle ne se transformât en une véritable déroute (2).

L'insuffisance des moyens était évidemment la cause principale de ces tristes résultats ; mais le maréchal Clausel était

(1) Ce sont les propres expressions du maréchal Clauzel dans son rapport daté de Bône, le 1er décembre 1836, dont nous avons le texte sous les yeux.

(2) Changarnier commandait l'arrière-garde, qui comprenait 300 hommes, lorsqu'il fut assailli par 6000 cavaliers arabes, Sans se troubler, il fait front et harangue ses hommes : « Ils sont six mille, et vous êtes trois cents, donc la partie est égale ; que personne ne tire avant mon commandement. » Une nuée innombrable s'avançait à l'allure de la charge. Lorsque l'ennemi fut à bonne portée, une salve rompit son élan ; de nombreux cavaliers tombèrent, le reste se débanda et fut tenu en respect.

trop soucieux de sa dignité pour se laisser aller à de vaines
récriminations sur ce sujet. Dans son rapport, il constata
simplement que le corps expéditionnaire avait rencontré en
Kabylie les « rigueurs d'un hiver de Saint-Pétersbourg »,
et les « boues de Varsovie », et, après le compte-rendu sommaire des événements, il terminait en donnant les noms des
officiers qui s'étaient le plus distingués. Parmi eux figuraient
les capitaines Sarragossa et de Lavaucoupet et le lieutenant
de Morny (1).

L'échec de l'expédition de Constantine causa dans le pays
une émotion assez vive, qui eut naturellement son écho dans
la presse, où deux courants d'opinions se manifestèrent in-
continent. Les organes de l'opposition, exagérant les insuc-
cès, réclamaient d'énergiques représailles. « Une patriotique
tristesse, disait le *Journal des Débats*, doit imposer silence
aux passions de parti, et tous doivent se réunir dans une commune pensée ; celle d'une réparation éclatante. » Les feuilles
gourvernementales, au contraire, affectaient l'indifférence, et
en attribuant aux seules causes climatériques les revers de
nos troupes, elles déclaraient que, dans ces circonstances, le
prestige de nos armes ne pouvait être atteint. « Constantine
est un malheur ; ce n'est pas une humiliation. Notre gloire
militaire n'est pas de celles que peut submerger le déborde-
ment d'une rivière..... Si la gloire, l'intérêt de la France
commandent que nous prenions Constantine, c'est ce qu'il
faut voir avant de nous donner la satisfaction puérile de montrer que l'armée française peut entrer par la brèche dans la
ville d'Achmet-bey, et planter de vive force sur une bicoque
un drapeau qui a flotté sur presque toutes les capitales de
l'Europe (2). » Un poète du temps traduisait ce sentiment
par ces vers faciles :

(1) « Parmi les officiers qui se sont le plus distingués, le maréchal
Clauzel cite MM. les capitaines d'Etat-Major Sarragossa et de Lavaucoupet et le lieutenant de Morny, que nous avons vus longtemps dans notre
ville, l'un attaché à la division, aide de camp du brave et malheureux général Trézel, le troisième officier dans l'escadron de Lanciers qui est
encore en garnison à Clermont. » (*L'Ami de la Charte*, 21 décembre 1836).

(2) *L'Ami de la Charte*, 21 décembre 1836.

> Nous venger ! et qui donc souffleta notre joue ?
> Faut-il battre la pluie et châtier la boue,
> Et d'un bras puéril, pour laver un affront,
> Imiter ce Xerxès qui fouetta l'Hellespont ?

Mais cette thèse ne fut pas celle qui prévalut. L'année suivante Constantine était prise de haute lutte, et le général Damrémont, successeur de Clausel, payait de sa vie cette fameuse victoire.

Morny n'assista pas à la revanche. Dès le commencement de 1837, il était rentré en France, précédé par la réputation de bravoure qu'il s'était acquise pendant son séjour en Algérie. Trouvant sans doute que l'avancement dans l'armée ne marcherait pas, pour lui, au gré de son ambition, estimant d'autre part qu'il n'avait pas d'intérêt à prolonger, dans ces conditions, une carrière dont il avait tiré tout ce qu'il fallait pour paraître avec avantage dans la société, il décida de se pousser sur des champs d'aventure moins périlleux, et, l'année suivante, il donna sa démission (1).

(1) Voici, d'ailleurs, à titre de document authentique, la copie fidèle de la *Notice de services* que nous a communiquée le Bureau des Archives administratives du Ministère de la Guerre :

» De Morny (Charles Auguste-Louis-Joseph), fils d'Auguste-Marie-Hyacinthe et de Louise-Emilie-Coralie Fleury, né le 21 octobre 1811, à Paris (Seine).

» Nommé sous-lieutenant à l'Ecole de Cavalerie sur la proposition de la Commission des Récompenses Nationales, le.	19 décembre 1830
» Sous-Lieutenant élève à l'Ecole d'application d'Etat-Major, le.	11 mars 1831
» Classé définitivement comme sous-lieutenant de Cavalerie, ayant renoncé au Service d'Etat-Major, le . . . . et placé à la suite du 2e régiment de Dragons.	4 février 1833.
» Passé à la suite du 1er régiment de Lanciers, le	7 février 1833
» Mis à la disposition du duc d'Orléans pour servir auprès de lui, en Afrique, le.	23 octobre 1835
» Lieutenant le.	31 juillet 1836
» Mis à la disposition du Maréchal Gouverneur des possessions françaises dans le Nord de l'Afrique, le.	13 octobre 1836

D'ailleurs, en même temps que sa boutonnière son nom patronymique s'était orné. Une légère entorse en avait désarticulé la première syllabe, et la particule, détachée, était venue abréger la distance

De son prénom romain à son nom romantique.

Et comme le mystère de son origine commençait à piquer la curiosité, il coupa court aux hypothèses en se créant un blason significatif où s'étalait, symbolique et révélateur, l'hortensia barré, avec cette devise brève mais éloquente : *Tacé, sed memento.*

» Rentré aux Lanciers, le.................... 1ᵉʳ mai 1837
» Démissionnaire, le..... .... 4 juin 1838

Campagnes :

» 1835. Expédition de Mascara.
» 1836. Expédition de Constantine, en qualité d'officier d'ordonnance du général Trézel.

Décorations :

» Chevalier de la Légion d'Honneur, le......... 13 janvier 1837.

V

Morny homme de plaisir et homme d'action. La comtesse Lehon. — La sucrerie de Bourdon.

Le retour du lieutenant de Morny dans la société parisienne fut un événement mondain, un événement dont on saisira mieux peut-être le caractère si l'on se reporte à la lettre que trois ans auparavant le duc d'Orléans écrivait à son frère le duc de Nemours et dans laquelle on lisait : « A propos de femmes éplorées, Morny part pour l'Afrique. » Cette plaisanterie anodine mais suggestive du prince royal, montre de quelle attention le jeune officier était l'objet, et si son départ avait eu de l'écho jusqu'à la cour, alors qu'aucun fait éclatant n'était encore venu mettre en relief sa personnalité, on juge de ce que dut être son retour après ces deux rudes campagnes où il avait véritablement montré de la vaillance.

On savait que sous les yeux mêmes des princes il s'était distingué. Sous la pierre de touche du péril, son âme avait révélé des qualités de race : sang-froid, mépris du danger, intelligente et magnifique audace. Autant que lui avaient permis ses modestes fonctions d'officier d'ordonnance, il s'était conduit en héros, et maintenant il rentrait avec une auréole. Naguère on avait vu partir un jeune homme, presque un enfant ; on voyait soudain revenir un homme. Blond, de taille élancée et d'élégante tournure, il avait le don de plaire. Le cachet de décision militaire et d'énergique fierté qui caractérisait sa physionomie, s'alliait heureusement à une fine pointe d'ironie et de scepticisme. Au revers d'un habit d'impeccable coupe, le ruban de la Légion d'honneur s'étalait, ajoutant à la distinction et à l'ascendant de sa personne. On découvrait chez lui, au premier contact, le sens

de l'action et le dégoût instinctif des inutiles palabres. Il fut
entouré, recherché, admiré, imité. Dans les cercles où il fréquentait, il donna le ton, régla l'allure, et, parmi ses com-
pagnons de vie joyeuse, nul n'excellait comme lui à chasser
la mélancolie sans s'écarter des règles de la plus exquise
urbanité et des plus nobles manières. Membre du Jockey-
Club, propriétaire de chevaux de course, habitué du turf et
courant lui-même les handicaps, il dépensait sur toutes les
scènes de la vie mondaine ses talents, ses aptitudes et son
activité débordante. Tous les salons à la mode lui étaient ou-
verts, et, par son esprit où la hauteur britannique s'unissait
à la délicatesse française, il y brillait à l'égal d'un Mortemart.
C'était l'Alcibiade de ce temps-là, et sans aucun doute Alfred
de Musset pensait à lui lorsqu'il écrivait ces vers :

> Son orgueil indolent, du palais au ruisseau,
> Traînait derrière lui comme un royal manteau.

« Aimable et lettré, il avait, au gré de l'opinion féminine,
« les manières et la parole bien engageantes. Il ne donnait
« pas l'idée sans doute qu'il eût jamais été un disciple fervent
« des longues études. Ses multiples désirs en l'en-dehors fri-
« vole de ses goûts n'étaient pas de nature à en imprimer la
« conviction. Mais avec son sens affiné, sa mémoire heu-
« reuse, sa compréhension claire des choses, on ne sentait
« pas qu'il eût besoin d'en avoir appris davantage. Il compo-
« sait des pièces de vers où les jeunes femmes trouvaient de
« l'esprit parce qu'il en dépensait auprès d'elles et pour elles.
« On disait aussi qu'il façonnait des romances, paroles et
« musique, et qu'il ténorisait avec agrément. Ces menus
« talents avaient leur prix dans l'intimité (1). »

Le groupe de brillante jeunesse qu'il formait avec les ducs
d'Orléans et de Nemours, le marquis de La Valette, Fernand
de Montguyon, d'Alton-Shée, et quelques élégants viveurs

____

(1) Cf. F. Loliée, *op. cit.*, p. 67.

également bien nés, arrivait d'ailleurs assez à propos pour faire passer un courant d'oxygène dans l'atmosphère épaisse où les habitués de l'*Œil-de-Bœuf* étalaient leur morgue aristocratique, et pour secouer la torpeur d'une société et d'une cour mal en point, que les séditions, les complots et les troubles civils tenaient depuis une vingtaine d'années dans l'équilibre le plus instable. Que d'anecdotes affriolantes les contemporains n'ont-ils pas transmises, sous le manteau, à leurs héritiers, sans jamais songer, bien entendu, à en faire la suite des œuvres de Berquin, — telle cette fameuse histoire de gilet déboutonné que Mme Judith a relatée dans ses *Mémoires* et qui démontre péremptoirement que les caprices de la mode ne sont pas toujours voulus ni prémédités. C'est chez Tortoni, sur le coup de cinq heures, qu'il fallait aller pour en avoir la primeur, ou un peu plus tard au Café de Paris, où, attirée par le rire de Mlle Malaga, la jeunesse dorée se donnait rendez-vous (1).

A Clermont, où il s'était acquis beaucoup de sympathies, le comte de Morny aimait à revenir souvent, attiré par ses intérêts et aussi par le charme de ces montagnes que le comte de Montlosier ne croyait pas déshonorer en les regardant, disait-il, comme une miniature des Alpes. Notre ville lui avait plu ; il s'y était, paraît-il, pas mal diverti, et les paisibles bourgeois de la rue de l'Eclache racontèrent longtemps, en les corsant un peu, sans doute, les scènes de la vie de Bohème qui avaient eu pour théâtre l'ancien couvent des Dames nobles de l'Eclache *(proh pudor !)* et dont leurs oreilles scandalisées avaient recueilli bien souvent les nocturnes échos. Mais ils étaient quelquefois surpris de la courtoisie de ce gentilhomme qui, à sa manière, savait piquer leur curiosité, ainsi que le prouve le trait suivant que nous nous permettons de rapporter ici parce que nous pouvons en garantir l'authenticité.

(1) C'est pendant cette période qu'un duel dont on ignore le motif eut lieu entre Auguste de Morny et le duc d'Orléans. Deux balles furent échangées sans résultat et surtout sans conséquence pour leurs relations.

Le comte de Morny habitait alors le bel immeuble de la rue de l'Eclache qui porte actuellement le nº 5 (rue Bardoux), et il y avait ses chevaux. De l'autre côté de la rue, en face du nº 11, demeurait en ce temps-là une dame de G..., fort respectable et appartenant à cette aristocratie locale très sévère pour les étrangers, et dont l'officier de lanciers, à cause de sa vie un peu dissipée, ne réussissait pas toujours à vaincre la froideur. Or, il advint que la noble dame fut atteinte d'une maladie qui lui rendait le bruit fort pénible. En cette occurrence, chevaux et cavaliers étaient pour elle de désagréables voisins. Faire appel à la courtoisie d'un homme que l'on avait tenu systématiquement à l'écart, cela ne se pouvait. Mais celui-ci, à qui rien d'humain n'était étranger, et qui était trop avisé pour ignorer ce qui se passait autour de lui, avait eu vent de la chose, si bien qu'un beau matin les gens qui se trouvaient dans la rue virent avec stupéfaction sortir de l'immeuble habituellement bruyant un cavalier qui s'avançait sans bruit, comme si son cheval eût marché sur l'herbe ou sur un tapis de velours. Le pavé muet ne retentissait plus sous le choc du fer : le cheval avait les quatre pieds enveloppés dans des chaussons de toile... Comment, avec de pareilles délicatesses, ne pas conquérir l'estime et la sympathie ? (1).

Au sujet du séjour de M. de Morny dans la rue de l'Eclache (aujourd'hui rue Bardoux), nous trouvons dans *Le Gaulois*, nº du 20 décembre 1895, l'intéressante note qui suit et qui est due à la plume de M. le Dr Albert Deschamps :

« *Une rue historique.* — C'est une rue de province où, très différents d'allures, d'esprit et de destinées, trois hommes passèrent une phase de leur vie avant de devenir les Parisiens qu'ils furent à des titres et à des degrés divers.

« Parisien..... Qui le fut plus que le duc de Morny ? Son nom, synonyme de distinction suprême et d'élégance raffinée, évoque-t-il un

(1) C'est de notre aimable confrère M. Henri du R., petit-fils de Mme de G., que nous tenons le fait. Nous l'en remercions ici sincèrement.

autre souvenir que celui de ce merveilleux cadre mondain que fut le Second Empire ?

« Ce Parisien par excellence fut provincial à son heure et habita Clermont-Ferrand. C'était peu de temps après son retour d'Afrique, où il avait fait à Mascara et au siège de Constantine quelque peu figure de héros, et d'où il rapportait, l'ayant gagné à la pointe de l'épée, le ruban de la Légion d'Honneur.

« Officier d'ordonnance du général Oudinot, en passe de fournir dans l'armée une belle carrière, la nostalgie du monde où sa fringante jeunesse avait brillé d'un si vif éclat le ramène en France. Il donne sa démission, mais après un court passage à Paris, il songe à donner à son ambition naissante l'assiette d'une solide fortune, se tourne vers l'industrie et achète aux environs de Clermont une vaste usine pour la fabrication du sucre de betteraves.

« Il occupait en ville le premier étage de la maison située au nᵒ 7 de la rue de l'Eclache (aujourd'hui nᵒ 5). Son logement donnait sur une vaste terrasse précédant un grand et beau jardin, morcelé depuis et qui, à cette époque, s'étendait jusqu'au boulevard (1).

« De cette terrasse, la vue était superbe ; la plaine, les vignobles de Beaumont, puis Gergovia, les ruines de Montrognon, et la chaîne des Dômes. Cette maison, le jardin et les maisons voisines, formaient avant la Révolution le couvent des Dames de l'Eclache, ordre moitié religieux, moitié mondain, qui se recrutait parmi les filles de noble maison. Et c'est précisément le salon où se réunissait le chapitre des Dames chanoinesses qui servait au comte de cabinet de travail et de pièce de réception. Et Dieu sait quelles réceptions ! Car le comte de Morny, officier de la veille, avait toute la fougue et toutes les ardeurs de son âge, et ne se piquait pas d'austérité.

« Il organisait chez lui de petites réceptions. On chantait, on buvait, on cassait quelque chose; tout cela à la grande terreur des voisins, que ces joyeusetés ne réjouissaient guère. Mais à cette époque, on était jeune, et la génération qui vivait de 1830 à 1840 s'amusait follement. Morny avait pour lui un beau nom, une jolie tournure, de l'esprit, de la gaieté, tout ce qu'il fallait pour plaire. Il plaisait. Il se liait avec la bourgeoisie, c'est exact; mais toujours grand seigneur, il gardait les distances. Son accueil était aimable, mais restait un peu hautain, sans toutefois être dédaigneux.

---

(1) Et l'établissement de bains que l'on voit encore aujourd'hui dans cet immeuble, avait déjà, en ce temps-là, « des cabinets élégamment décorés et meublés, des bains de vapeur, d'eaux minérales factices, l'eau chauffée par des chaudières à vapeur, *à l'instar* de Paris.

« Il resta environ six ans rue de l'Eclache. C'est en 1842 qu'il se présenta à la députation. Son propriétaire était un industriel, M. Deschamps, mort il y a de longues années, qui était alors à la tête d'une usine de salpêtre, et en même temps, comme tous les bourgeois de ce temps, appartenait à la garde nationale où il avait rang de capitaine. Il faisait très bon ménage avec son locataire et contribua puissamment à son élection.

. . . .

« Dans cette même rue et dans la maison voisine (celle qui porte actuellement le n° 7), habitait alors la famille Bardoux. M. Agénor Bardoux, l'ancien ministre de l'Instruction publique, le tendre et délicat historien de Mme de Beaumont, qui est né vers 1826, je crois, était donc un enfant à cette époque. Se souvient-il du brillant cavalier, son voisin, qu'il croisait fréquemment alors qu'il gaminait et jouait à saute-mouton dans la rue deserte, suivant la coutume des enfants de son âge ? Curieuse coïncidence, qui réunissait dans ce même coin de province deux hommes qui devaient jouer dans l'histoire de leur pays un rôle brillant quoique d'éclat inégal ?

« Enfin dans cette même rue, M. Paul Bourget a passé une partie de son enfance. Il a d'ailleurs décrit ce quartier dans le *Disciple :* l'église des Capucins, qui touche l'ancien jardin de l'Eclache, les rues avoisinant le lycée où allait le héros du livre, Robert Greslou, etc.

« N'y a-t-il pas dans cette chronique d'une calme rue provinciale, toute ou presque toute l'histoire morale d'un siècle et comme le symbole des idées en marche ? »

Et cette période de dandysme, comme on l'a appelée, a été décrite avec complaisance par des écrivains plus soucieux d'exciter la curiosité des lecteurs que de se renfermer fidèlement dans les limites de la vérité. On a peint sous des couleurs aussi vives que fantaisistes la vie en apparence insouciante et joyeuse de ce patricien ennuyé qui regardait tout avec un profond dédain. Inspirée par les passions politiques, la calomnie odieuse a tenté de lui faire la réputation d'un Don Juan sans scrupules, d'un joueur effréné, cynique et corrompu, d'un frère de Rolla. Vains efforts, pure légende. La vérité est que Morny ne savait rien faire à demi, ni se contenter de succès partiels. A l'assaut du plaisir, il allait comme à celui de Constantine, et l'on ne saurait dire qu'il eût jamais cherché à faire vie qui dure. Mais dans tous ses actes, il y avait de la noblesse ; dans sa conduite, de la réserve, et, à défaut des principes sévères qu'on ne lui avait pas enseignés, le sentiment très vif de sa dignité ne l'abandonnait jamais. Avec Nicomède, il aurait pu déclarer sans forfanterie :

> Le maître qui prit soin d'instruire ma jeunesse
> Ne m'a jamais appris à faire une bassesse.

Mais cette déclaration, eût-il pu jamais la formuler, cet homme d'esprit à qui répugnait le genre poncif, sentencieux et déclamatoire ?

Jeunesse orageuse, assurément, mais pas plus que beaucoup d'autres qui furent cependant, comme celles de Fleury et de Saint-Arnaud, le prélude d'honorables carrières. Il y a des printemps troublés qui sont suivis d'étés riches et luxuriants. Pourquoi donc s'arrêter à ces périodes de transition et insister sur des historiettes puériles ? Que prouveraient-elles ? Que sous la monarchie de Juillet un lieutenant de lanciers ne vivait pas comme un trappiste ? On s'en doutait un peu. Homme de plaisir, certes, Morny le fut toute sa vie ; et pourquoi hésiterait-on à le déclarer lorsque Fontenelle, le prudent Fontenelle, observe qu'il y a à cela un vrai mérite, pourvu, dit-il, que l'on soit en même temps quelque chose d'opposé. Or, ce quelque chose d'opposé, nous allons voir bientôt que notre héros le fut, et même beaucoup, et, à ce double caractère, nous reconnaîtrons qu'il ne démentait point son illustre origine.

Chez le comte de Flahaut où il avait habité jusqu'alors, dans ce magnifique hôtel de la rue d'Angoulême (1), construit par l'architecte Chalgrin et que le comte d'Artois avait offert jadis à Louise Contat, Morny trouvait un milieu social on ne peut plus favorable à son avenir et dont il ne pouvait manquer de tirer le meilleur parti. *L'ouragan des trois jours* avait

(1) Sous l'empire, rue Morny, et depuis, rue de la Boëtie.

mis, nous l'avons vu, le général en bonne posture, et la comtesse, avec son immense fortune, pouvait augmenter le nombre et l'éclat de ses réceptions, où se rencontraient les personnages les plus considérables du monde militaire et diplomatique (1). On y voyait entres autres, lord Granville, le « Wellington des joueurs », célèbre par sa passion du whist,

(1) Le *18 septembre 1819*, le général comte de Flahaut était arrivé d'Angleterre à Paris, pour la première fois, semble-t-il, depuis les événements de 1815. Mais ce n'est qu'à partir de 1827 qu'il s'y fixa d'une manière définitive. On ne lira pas sans intérêt, sans doute, ces curieuses notes extraites du *Journal du Maréchal de Castellane :*

1er novembre 1827. Dîner chez Mme de Flahaut. J'y ai vu pour la première fois un jeune M. Walewski, fils de Mme Walewska et de l'empereur Napoléon ; il a les yeux et le son de voix de son père ; il est plus grand que lui et fort bien tourné.

10 novembre 1827. Dîner chez le fameux banquier Rotschild. Il y avait Rossini..., le comte de Flahaut, toujours fort à la mode ; il a été nommé lieutenant-général sous l'empereur ; il a une figure agréable et les plus nobles manières ; il a épousé une anglaise énormément riche ; elle a l'air d'une grande dame, ce qu'elle est effectivement. Après avoir eu de grands succès auprès des dames, Flahaut est un bon mari...

10 janvier 1828. Lord Granville est arrivé à 11 heures du soir chez Mme de Flahaut.

7 mars 1829. J'ai dîné chez le lieutenant-général duc de Plaisance, autrefois aide de camp de l'empereur, maintenant pair de France. Il y avait à ce dîner trois autres aides de camp de Napoléon : le lieutenant-général Reille, actuellement pair, le lieutenant-général comte de Lobau, député, le lieutenant général comte de Flahaut, qui n'est plus rien.

15 mars 1830. Le dimanche du comte et de la comtesse de Flahaut était peu nombreux.

Novembre 1831. Le roi par une ordonnance du 19 novembre a nommé 36 pairs à vie... (C'est dans cette liste que figurait Flahaut.)

3 Février 1833. Aujourd'hui dimanche a eu lieu le raout du comte et de la comtesse de Flahaut, qui ont certainement une des plus belles maisons de Paris,... rue d'Angoulême, au coin des Champs-Elysées.

Mai 1833. M. le duc d'Orléans est fort bien reçu en Angleterre. Il est fort lié avec le général de Flahaut, qui l'a accompagné au siège d'Anvers. Le prince de Talleyrand a protégé pendant toute sa vie le comte de Flahaut, parce qu'il a été longtemps fort bien avec sa mère, la comtesse de Souza. La comtesse de Flahaut est écossaise ; elle s'est brouillée pour je ne sais quelle querelle d'amour-propre avec la duchesse de Dino, nièce du prince de Talleyrand, qui dirige la maison de notre ambassadeur à Londres. L'amitié du prince de Talleyrand pour le comte de Flahaut s'est changée en une haine prononcée et d'autant plus vive qu'il parait que cet officier-général n'aurait pas été fâché de le remplacer dans son ambassade. Le prince de Talleyrand, qui ne voulait pas que M. de Flahaut accompa-

sa haute stature et son silence britannique, le comte Pozzo di Borgo, ancien adversaire de Napoléon, et qui, malgré son origine corse, était devenu l'ambassadeur de Russie. Metternich, le grand ministre inamovible de l'Autriche, Benjamin Delessert, l'un des créateurs de l'industrie du sucre de betterave, Walewski, avec sa belle prestance et sa tête de médaille romaine.

C'était, dans le ciel du jeune officier, que bien des comètes déjà avaient dépeuplé, comme de nouvelles étoiles qui répandaient sur lui leur éclat. Car à l'époque où nous sommes arrivés, en ce milieu de l'année 1838, les principaux personnages que nous avons vu évoluer autour du fils de Flahaut ont quitté la scène du monde : Gallois, le savant ami de Cabanis, depuis dix ans ; Mme de Souza, depuis deux ans. La duchesse de Saint-Leu vient de s'éteindre, en octobre dernier, en son château d'Arenenberg (1). Talleyrand, qui

gnât le duc d'Orléans à Londres, a trouvé moyen de lui donner un croc en jambe qui a mis en même temps obstacle à sa venue et à sa future ambassade.

17 juin 1838. Le maréchal duc de Dalmatie est nommé ambassadeur extraordinaire à Londres pour le couronnement de la reine Victoria. Le maréchal est enchanté et la duchesse aussi. Mais le comte de Flahaut est contrarié ; le duc d'Orléans avait demandé au roi cette ambassade pour lui.

(1) Voici, au sujet de la mort de la reine Hortense, quelques détails que nous empruntons à M. Imbert de Saint-Amand (Louis-Napoléon et Mlle de Montijo).

« La reine Hortense conserva jusque sur son lit de mort le charme et la séduction dont elle avait eu, toute sa vie, le secret. Elle ne s'aperçut de son état que peu d'heures avant son agonie, et, ne manifestant ni craintes, ni regrets, elle fit à tous les siens les plus touchants adieux. Dans la nuit du 4 au 5 octobre, elle appela son fils, lui donna sa bénédiction et l'embrassa tendrement. Elle lui exprima ensuite toute sa satisfaction pour sa vie privée et tout son amour maternel. Voyant ses larmes. elle lui recommanda le calme et le courage. Puis, en paroles entrecoupées, elle insista sur son affection pour ses compatriotes, qu'elle qualifia d'ingrats ; elle parla de ses souffrances de 1815, quand sa patrie fut envahie, et de la rudesse avec laquelle le gouvernement l'avait renvoyée de France, lorsqu'en 1836, elle était venue demander la grâce de son fils. Vers quatre heures du matin, elle fit appeler ses amis et ses serviteurs : « Etes-vous tous là, leur dit-elle, et chacun ayant répondu : oui, elle reprit : « Adieu ! Adieu, mes amis ! » Elle demanda au docteur Conneau

semblait immortel, termine, en son beau palais de la rue Saint-Florentin, sa longue et curieuse carrière. Il n'est pas jusqu'au vieil épicurien Le Roi, le « Petit Père Eternel », qui, devenu centenaire et ne se décidant pas à mourir, ne se croie obligé de se retirer à la campagne (1).

Mais au milieu de ces pertes d'autant plus sensibles qu'elles venaient aviver, dans l'intime de son âme, le sentiment de son isolement familial, un être très cher, le plus cher, lui restait : ce père à qui il en voulait cependant un peu de ne pas le reconnaître plus ouvertement ; car il n'ignorait plus les liens qui l'attachaient à celui qu'il savait être lui-même le fils du prince de Talleyrand. Pair de France, grand écuyer du duc d'Orléans, le général de Flahaut, que la fortune comble maintenant de ses faveurs, n'a plus d'ambition personnelle. Depuis la mort du duc de Reichstadt, survenue en juin 1832, tout espoir de restauration napoléonienne est évanoui, et c'est loyalement et sans arrière-pensée qu'il a voué à la

---

de lui promettre de ne jamais quitter Louis-Napoléon, et l'on sait avec quel pieux dévouement le docteur a tenu sa promesse. D'une voix éteinte, la reine murmura ces paroles : « Mes amis, priez pour moi. Je n'ai jamais fait de mal à personne, et j'espère que Dieu aura pitié de moi. Adieu, Louis ! » Son fils se jeta dans ses bras. Elle le pressa sur son cœur, et s'écria encore une fois : « Adieu ! Adieu ! » Alors, elle retomba épuisée, ses traits prirent une sérénité angélique, et ses paupières se fermèrent. Louis-Napoléon se pencha vers elle, et, d'une voix qu'il essayait en vain de rendre calme, il lui dit : Ma mère, me reconnaissez-vous ? C'est votre fils, votre Louis ! ma mère. » La mourante fit un suprême effort pour parler et pour ouvrir les yeux, mais ses lèvres déjà froides et ses paupières paralysées ne purent répondre au cri de son fils que par un mouvement imperceptible. Un instant après, elle rendit le dernier soupir. Il était cinq heures et un quart du matin. L'agonie avait duré cinq heures.

« Tous les habitants du château d'Arenenberg et des campagnes voisines considéraient la reine Hortense comme leur souveraine. Sa mort excita d'unanimes regrets. Ses funérailles eurent lieu le 11 octobre dans l'église du village d'Ermatingen. Une foule immense y assista...

« La mort de la reine Hortense produisit de l'impression en France où cette grande charmeuse avait laissé beaucoup d'amis, même parmi les adversaires les plus acharnés de l'Empire... »

(Plus tard, suivant le vœu qu'elle avait exprimé, ses restes furent transférés à Rueil, près de ceux de sa mère, l'impératrice Joséphine).

(1) Il s'était retiré au château des Mesnuls, chez son petit-neveu, le comte Charles de Nugent, pour y vivre encore six années.

7

monarchie constitutionnelle de juillet, dont les principes répondent d'ailleurs aux aspirations libérales de son esprit (1), une fidélité que la piteuse aventure de Strasbourg ne risquait pas d'ébranler. Comme lui, de Morny est orléaniste, et c'est grâce à lui que l'accès de la cour lui est ouvert, qu'il a ses grandes et ses petites entrées au château, et qu'il a pu se lier d'une étroite amitié avec le duc d'Orléans, qui est sensiblement du même âge que lui ; comme c'est sans doute aussi au général et au prince qu'il doit d'être admis depuis longtemps dans la société d'une grande dame qui va jouer dans sa vie un rôle considérable.

Il y avait alors à Paris, une femme remarquable par la distinction de son esprit et par sa beauté, que sa grande fortune et la situation de son mari plaçaient au premier rang dans le monde officiel et aristocratique, et à qui sa nationalité même et des circonstances politiques récentes donnaient une notoriété sympathique. La comtesse Lehon, femme du premier ambassadeur de Belgique, tenait à cette époque le sceptre de la royauté mondaine. On se rappelle le rôle de la France dans la lutte que la Belgique soutint contre la Hollande pour son indépendance, et comment, sur un vote du Congrès, une délégation était venue offrir au duc de Nemours, en 1831, la couronne du nouveau royaume. Le comte Lehon avait fait partie de cette délégation, et comme il s'y était fait remarquer du roi Louis-Philippe, celui-ci l'avait fait nommer, la même année, ministre plénipotentiaire de Belgique. L'année suivante, en 1832, il négociait le mariage du roi Léopold Ier avec la princesse Louise d'Orléans, fille aînée du roi des Français. A la fin de la même année, la lutte contre Guillaume d'Orange se terminait par le siège d'Anvers que dirigeait le maréchal Gérard et auquel assistait le général de Flahaut en qualité d'aide de camp du duc d'Orléans. On com-

---

(1) Il était du petit nombre des membres de la Chambre des pairs qui votaient constamment contre les lois restrictives des libertés publiques. C'était un *libéral anglais* dans toute l'acception du terme. (Maricourt, *op. cit.*)

prend, après cela, l'intérêt sympathique qui devait entourer, en France, le jeune ambassadeur et sa femme.

D'un pinceau tendre et délicat, M. F. Loliée a tracé le portrait de cette créature de rêve (1). Très blonde et fort jolie, Mlle Mosselmann, fille d'un banquier de Bruxelles, qui était en même temps le plus riche propriétaire de houillères de Belgique, s'était mariée fort jeune au député de Tournay, Joseph Lehon. Les premières années de son séjour à Paris furent pour elle un triomphe. Dans sa loge, à l'Opéra, elle fixait tous les regards. Elle avait le goût de la mise en scène, du faste et du décor. Douée d'un sens artistique très développé, elle peignait, sculptait, gravait des eaux-fortes, transformait son salon en théâtre. Ses dîners du samedi, qui comprenaient invariablement quatorze invités, étaient recherchés. L' « ambassadrice aux cheveux d'or », l' « Iris aux yeux bleus » de Vatout enchaînait dans ses cheveux blonds, selon le mot d'Arsène Houssaye, les dieux et les hommes du jour. Parmi les plus assidus de son salon, il y avait Walewski, de Morny, Thiers, Vatout (2), et surtout le duc d'Orléans dont elle avait captivé le cœur (3). Mais depuis que le prince royal avait épousé la princesse Hélène de Mecklembourg,

(1) Cf. Frédéric Loliée, *Les Femmes du Second Empire*, Félix Juven, Paris 1906.

(2) De l'Académie Française, fils naturel de Philippe-Egalité et par conséquent frère du roi Louis-Philippe.

(3) *6 février 1833.* A la Porte-Saint-Martin, on a applaudi à outrance un passage qui disait qu'on ne pouvait se fier à la parole des rois. M. le duc d'Orléans qui était dans une loge d'avant-scène et qui s'avançait pour lorgner Mme Lehon, a rougi beaucoup et ne s'est retiré dans sa loge qu'après que les applaudissements eurent cessé, ce qui fait qu'il est resté longtemps dans cette position. On a parlé du goût du prince royal pour Mme Lehon.

27 mars 1833. Le lieutenant général comte et la comtesse Reille, née Masséna, ont donné une fête dans leur belle maison de la rue Saint-Dominique ; il y avait une loterie au profit de je ne sais quels orphelins. On dansait dans un salon ; on tirait la loterie dans un autre. La jolie Mme Lehon a inventé de se mettre une grande émeraude à l'endroit où les femmes placent ordinairement leur tournure ; c'était ridicule. Comme elle est à la mode, celle-là prendra peut-être.

(Journal du Maréchal Castellane).

c'est-à-dire depuis le mois de mai 1837, Auguste de Morny avait pris auprès de la belle ambassadrice la première place. Depuis plusieurs années, d'ailleurs, elle avait voué au jeune sous-lieutenant une tendre affection, douce flamme de l'amitié d'abord, qu'entretenait une correspondance discrète avec la duchesse de Saint-Leu, mais qui ne devait pas tarder à devenir peu à peu plus brûlante. C'est par elle que la mère exilée avait des nouvelles de son fils. En octobre 1836, elle était allée en Thurgovie lui rendre visite, et elle y avait vu le prince Louis-Napoléon (1). Les lettres qu'a publiées M. F. Loliée dans son bel ouvrage *Les Femmes du Second Empire*, auquel nous empruntons une partie de ces renseignements, se rapportent aux années 1835, 1836 et 1837, les trois dernières de la vie de la malheureuse reine. Dans l'une d'elles, datée d'Arenenberg le 6 décembre 1836, on lit ceci : « Je compte aller en Angleterre au printemps ; je vous écrirai de là. Et là seulement je pourrai voir *votre sœur Augustine* et lui dire adieu. » On devine aisément quel est le personnage qui se cache derrière la pseudo sœur *Augustine*.

L'intimité, la confiance réciproque furent si grandes entre la belle ambassadrice et le jeune officier qu'ils ne s'en tinrent pas aux affaires de cœur ; ils associèrent leurs intérêts et se livrèrent en commun à de grosses affaires de spéculations et d'acquisitions, que dirigeait naturellement M. de Morny, le rôle de son aimable associée consistant simplement à fournir les capitaux lorsqu'il était nécessaire. Il paraît probable que la première affaire importante traitée dans ces conditions fut l'achat de la fabrique de sucre de Bourdon, qui eut lieu en 1837 (2). De sorte que le jeune officier — il n'avait pas

(1) C'était quelques jours seulement avant la tentative malheureuse de Strasbourg.

(2) A propos de cette acquisition, M. F. Loliée écrit ceci : « C'est loin de Paris, en Auvergne, où la comtesse Lehon..... *possédait des biens considérables*, qu'il (Morny) alla tracer le cercle de ses premières opérations. » Or, nous devons avouer que nous n'avons pu découvrir en quelle partie de l'Auvergne se trouvaient ces biens de la comtesse Lehon. Nos recherches à cet effet sont restées sans résultat. Bien plus, nous avons

encore démissionné — pouvait, dans cette circonstance, lui qui avait aussi sa *Dame Blanche*, s'approprier ces paroles du héros de Scribe et de Boïeldieu que le ténor Ponchard chantait alors à l'Opéra-Comique :

> Sous-Lieutenant,
> Douze cents francs d'appointements,
> Et l'on ne dira pas que je fais des folies,
> Car j'achète un château sur mes économies.

On prétend que la comtesse Lehon est venue quelquefois à Bourdon. C'est possible et même très probable. En 1843 notamment, elle a fait une saison à Vichy, et il y a tout lieu de penser qu'elle a profité de son séjour dans cette station balnéaire pour pousser jusqu'à Clermont et venir visiter le bel établissement dont son ami, député du premier collège de cette ville depuis un an, tirait avec raison quelque orgueil. M. de Morny avait alors un pied-à-terre à Clermont, où, de Paris, il se rendait assez fréquemment ; mais lorsqu'il recevait la comtesse, pour éviter les commérages, c'était à Bourdon même, paraît-il, qu'il lui donnait une discrète hospitalité, dans cette vieille maison que surmonte encore aujourd'hui la tour ronde qui abrita sans doute, au XVe siècle, le très noble et très puissant seigneur Jehan de Bousredont, baron d'Herment, sénéchal d'Armagnac.

En 1846, elle fit construire, au rond-point des Champs-Elysées, un somptueux hôtel, tout près du coquet pavillon qu'habitait depuis quelques années son heureux chevalier, et qui devint, dès lors, selon le vocable des mauvaises langues, « la Niche à Fidèle ».

Sept ans plus tard, en 1853, un an à peine après qu'il eût escaladé le pouvoir, M. de Morny achetait la fameuse pro-

acquis la certitude, et nous pouvons affirmer, grâce à la complaisance d'un de nos aimables confrères, M. A. A..., inspecteur des Contributions directes, que Mme Lehon n'a jamais possédé aucun immeuble sur le territoire des communes de Clermont-Ferrand, Aulnat et Lempdes, c'est-à-dire dans le voisinage de la sucrerie de Bourdon.

priété de Nades, « résidence créée tout d'une pièce par ce
comte des Mille et une Nuits, sur un plan choisi par la
comtesse Lehon ». Grâce aux souvenirs vécus de notre
savant et très honoré confrère, M. Marcellin Boudet, à qui
nous empruntons cette phrase de ses « Minimes Souvenirs
du duc de Morny », à l'aide aussi de quelques documents,
nous nous proposons de parler dans un prochain chapitre de
cette magnifique résidence où le « Frère d'Empereur » venait
se délasser des soucis de la politique. Mais revenons d'abord
à cette fabrique de sucre de Bourdon qui mérite mieux
qu'une mention, car de toutes les fondations de l'ancien
député de Clermont, c'est assurément celle qui le recom-
mande le plus à la reconnaissance de ces laborieux cultivateurs de la Limagne dont les pères furent ses électeurs
fidèles et ses plus dévoués partisans.

VI

Morny fabricant de sucre

L'industrie du sucre de betterave et ses origines dans le département du Puy-de-Dôme. — Antagonisme entre le sucre de betterave et le sucre de canne. — Historique de la Sucrerie de Bourdon.

C'est le 30 avril 1837 que, par acte reçu en l'étude de Mᵉ Mage, notaire à Clermont-Ferrand, M. de Morny, officier de cavalerie, domicilié à Clermont, rue Ballainvilliers, hôtel Forestier, et à Paris, rue de la Charte, se rendait acquéreur des propriétés de Bourdon appartenant aux héritiers Dumay, d'une superficie de vingt-trois hectares soixante-dix-neuf ares et quarante-cinq centiares, comprenant maison de maître, bâtiments d'exploitation, cour, jardin, terres, prés, chènevière, saussaies, vergers, le tout servant à l'exploitation d'une fabrique de sucre.

Les héritiers Dumay étaient :

Jean-Gilbert Dumay, demeurant à Clermont;

Félix Dumay, banquier à Riom;

Claire Dumay, à Clermont;

Joseph Pruneyre, à Cellamine, commune d'Auzat-sur-Allier;

Marie-Thérèse Chassaing, veuve Dumay, à Clermont ;

Anne Dumay, épouse de Joseph Tailhand, avoué près la Cour d'appel de Riom;

Louis Dumay, sous-officier à Carcassonne;

Augustine Dumay, à Clermont, future épouse de Nicolas Chambosredon.

Tous propriétaires de 1/8 dans la succession de Jean-Baptiste Dumay, lequel était propriétaire à la suite d'un partage intervenu entre lui et Joseph Chassaing, suivant acte passé

par devant M⁰ Boutal, notaire à Clermont, le quatorze octobre
mil huit cent vingt.

Ladite terre faisant partie d'une propriété plus considérable
qui avait été acquise le vingt-neuf septembre mil huit cent
douze, par lesdits sieurs Chassaing et Dumay, de Dame Marie
Dauphin, épouse séparée de biens de M. Anne Rodde de Chalagnat.

Cette acquisition était faite pour le prix de cent quatre-
vingt-trois mille francs dont quarante-quatre mille francs
payés comptant.

Peu après, M. de Morny achetait de Anne-Marie-Adélaïde
Farjhon-Descharmes, veuve de Louis-Amable baron Desaix,
et de Jean-Gilbert-Camille Rabusson de Lamothe, propriétaire demeurant à Clermont, la terre de Marmilhat, située à
deux kilomètres au sud-est de Bourdon, d'une superficie
d'environ vingt-cinq hectares, avec bâtiments d'exploitation,
et les trois terres de la Quarteléc, la Crozette des Noyers et la
Carrée.

Sans qu'elle eût rien de bien extraordinaire, puisqu'il
était de mode alors, chez les fils de famille, surtout en Angleterre, de se lancer dans la grande industrie, la décision de
M. de Morny ne laissait pas que d'être assez surprenante et
même audacieuse. Pourquoi, en effet, abandonner une carrière qui commençait sous d'aussi heureux auspices? N'avait-il
pas tout ce qu'il fallait, intelligence, aptitudes et relations,
pour s'élever rapidement aux plus hauts degrés de la hiérarchie militaire ? Est-ce que ses qualités mondaines, la distinction de sa personne, l'élégance de ses manières, eussent
été moins appréciées dans l'armée ? Evidemment non,
puisque ce sont précisément, chez l'officier français, qualités
traditionnelles qui d'ordinaire accompagnent la valeur,
comme si elles en étaient l'ornement nécessaire. Et n'eut-il
pas été, Morny, le digne émule de Changarnier (1), par

(1) Morny et Changarnier s'étaient connus en Afrique. Leur première
entrevue, racontée par le Dʳ Véron, mérite d'être rapportée :

« C'est pendant la campagne de Mascara que M. de Morny vit pour la

exemple, ce brave qui ne touchait son sabre qu'avec des gants beurre frais, et que ses soldats appelaient *le général Bergamote*, à cause du soin extrême qu'il prenait de sa toilette ? Mais avec son ambition des honneurs, avec son désir très vif d'arriver promptement, pouvait-il compter sur un avancement incertain, et se résigner à attendre? Ne lui fallait-il pas forcer la fortune? A vingt-sept ans, Flahaut, son modèle, était général, et lui, qui arrivait à cet âge, n'était encore que lieutenant. Dans sa hâte à se créer une situation solide, à être quelqu'un par lui-même, en un mot à se rendre indépendant, il lui parut sans doute qu'il devait chercher une nouvelle orientation. L'industrie plaisait à son esprit positif; le jeu, la spéculation convenaient à son caractère aventureux. Il s'adonna à l'une, comme il pratiqua les autres, avec la fougue de son tempérament. N'avait-il pas d'ailleurs sous les yeux, dans le cercle même de ses relations de famille, l'exemple séduisant de Benjamin Delessert, qui démontrait avec évidence que la gloire ne se récolte pas seulement sur les champs de bataille? Et voilà que, précisément, dans le vaste champ de l'activité nationale, la jeune industrie sucrière, née d'hier, et à l'allure encore incertaine, appelait à son aide des hommes d'énergie pour soutenir la lutte contre cette vieille douairière indolente, grincheuse et

première fois M. Changarnier, dont il devait plus tard, au 2 décembre, ordonner l'arrestation. Grelottant et souffrant, l'officier d'ordonnance du général Oudinot avait été forcé de se coucher enveloppé dans son manteau, au camp du Sig, sur le bord de la rivière. Un officier qui ne lui était pas connu s'approche de lui : « Monsieur le comte de Morny, lui dit-il, vous avez la fièvre, voulez-vous bien me permettre de vous offrir une orange? — Grand merci ! A qui dois-je cette gracieuseté? — Au capitaine Changarnier. »

» Au siège de Constantine, dans ses inspections de nuit, M. de Morny remarque la bonne tenue, le bon ordre, la régularité de service d'un des bataillons du 2me léger. Il était commandé par M. Changarnier. L'officier d'ordonnance fait alors au général Trézel un si grand éloge du commandant, que son bataillon est chargé de former l'arrière-garde et de protéger la retraite. De cette retraite datent et l'avancement rapide et la réputation du général Changarnier. Singulière rencontre entre ces deux hommes qui devaient se revoir plus tard dans des circonstances si graves et dans des rapports si différents ! »

(Dr Véron, *Mémoires d'un bourgeois de Paris.*)

cacochyme qu'était la sucrerie coloniale. Il y avait là certainement quelque chose à faire, et sans se demander si, cette fois encore, *ceci tuera cela*, le lancier de Constantine se retrouve homme d'action, le dandy de la Chaussée-d'Antin se fait industriel. C'est, paraît-il, par ses relations avec la famille de Lamothe qu'il fut amené à acheter les propriétés de Bourdon et de Marmilhat (1). Décision audacieuse, avons-

(1) C'est évidemment de la famille Rabusson de Lamothe qu'il s'agit. Or, il y avait précisémment, à cette époque, à Clermont, un Rabusson de Lamothe, et le propriétaire des mines du Grosménil, commune de Sainte-Florine (Haute-Loire), était alors M. Auguste Lamothe, membre du Conseil général de la Haute-Loire, auteur de nombreux rapports et études sur l'exploitation et le commerce de la houille, les douancs, le canal projeté de Brassac à Moulins, etc.

Antoine Rabusson-Lamothe, père du précédent, était né à Clermont, le 13 juillet 1756, d'une famille originaire des environs d'Ebreuil ; avocat du roi au présidial de Clermont, lorsque furent convoqués les Etats-Généraux de 1789 ; député du Puy-de-Dôme à l'Assemblée législative (septembre 1791); appelé à remplir les fonctions nouvelles de préfet du département de la Haute-Loire, par Arrêté des Consuls du 16 ventôse, an VIII (7 mars 1800); cessa ses fonctions au commencement de 1810, pour s'occuper des mines de houille de Grosménil et Frugères, qui lui appartenaient. Après une exploitation malheureuse et des procès ruineux, il se retira, vécut dans la gêne, et mourut au Pont de Lempdes, le 26 mai 1821 (Cf. Francisque Mège, *Mémoires de l'Académie de Clermont*, tome XI, 2e semestre 1869).

Auguste Lamothe, fils du précédent et de Félicité-Louise-Joséphine Depons, est décédé en son château de Frugères, le 27 mars 1849, laissant comme unique héritière, sa fille :

Adèle-Louise-Sylvie Rabusson-Lamothe, qui épousa :

François-Clément-Léopold de Faure de Villespassens, marquis de Saint-Maurice.

Madame la marquise de Saint-Maurice est décédée au château de Frugères, le 31 décembre 1878.

M. le marquis de Saint-Maurice est décédé à Paris, le 31 mars 1881.

De leur union, trois enfants :

1° Eléonore-Raymonde-Gabrielle de Faure de Villespassens de Saint-Maurice, épouse de Jean-Auguste-Charles Boscary de Villeplaine ;

2° Arnaud-Raymond-Jules-Olympe-Robert de Faure de Villespassens, marquis de Saint-Maurice ;

3e Vosy-Mathilde-Madeleine de Faure de Villespassens de Saint-Maurice, épouse de Marie-Paul Pons, comte de Fumel.

Actuellement Madame de Villeplaine est veuve, M. Robert de Saint-Maurice est mort, célibataire, M. le comte et madame la comtesse de Fumel habitent leur château de Segoufielle, près l'Isle-Jourdain (Gers).

Auguste Lamothe, fils d'Antoine et de Félicité Depons, avait une sœur, Sylvie-Anne Rabusson-Lamothe, épouse de Irénée Faurot-Lamothe, avocat et notaire à La Chaise-Dieu.

nous dit, car si la nouvelle industrie avait de chauds partisans, elle comptait aussi de violents adversaires, et alors que l'ère des tâtonnements et des difficultés était loin d'être close, elle se trouvait aux prises avec une rivale redoutable, qui, ayant fait ses preuves, l'écrasait de tout le prestige de son ancienneté et de tout le poids d'une situation acquise. Au surplus, les résultats financiers de la fabrication indigène n'étaient pas partout satisfaisants, et dans le département du Puy-de-Dôme en particulier, où cependant en cette même année 1837 six nouvelles fabriques allaient être montées, l'une des quatre qui existaient déjà, celle de Lavort, appartenant à M. Edouard Daubrée, venait d'être mise en vente après déclaration de faillite (1). Mais un aperçu historique est ici nécessaire.

*
* *

Nous ne remonterons pas avec le savant Humboldt jusqu'à cette époque très reculée où les Chinois savaient déjà extraire de la canne le sucre qu'elle renferme. Nous n'invoquerons pas les témoignages de Dioscoride et de Pline le jeune pour prouver qu'au premier siècle de notre ère les Grecs et les Romains recueillaient « une sorte de miel sur les feuilles d'un roseau », et que les médecins de ce temps faisaient usage du « sel indien ». Nous ne rechercherons pas comment, à travers les siècles, cette « nourriture généreuse et fortifiante », dans laquelle la nature a réuni « l'utile à l'agréable », sortit de la pharmacopée pour devenir peu à peu

---

(1) Nicolas-Edouard Daubrée, né en 1780 à Paris, fut élevé au lycée Blaise-Pascal. Officier de Chasseurs en 1830, il démissionne et vient chercher fortune en Auvergne. Il achète ou crée une fabrique de sucre à Lavort, sur les bords de l'Allier, et s'associe avec son cousin Barbier pour construire des appareils de sucrerie. Une crue extraordinaire de l'Allier ayant détruit ses récoltes et sa fabrique, il fut ruiné. C'est alors qu'il vint à Clermont fonder, entre le passage Godefroy-de-Bouillon et la rue des Jocobins, cette industrie du caoutchouc qui devait prendre plus tard, sous le nom de Michelin, une si grande extension et connaitre une si remarquable prospérité.

(Cf. Bonnefoy, Gerber et Accarias, *Le Puy-de-Dôme géog. et économ.*, 1909).

et finalement une denrée de consommation courante et universelle. Nous rappellerons seulement que c'est pendant les Croisades que le sucre a été introduit en Europe, qu'au xviie siècle, en Allemagne, et au xviiie, en France, il y avait des raffineries de sucre de canne, et que, de bonne heure, le sucre avait attiré, chez nous, l'attention du fisc et donné lieu à ce fameux *pacte colonial* dans lequel Colbert avait entrevu un facteur puissant du développement de la marine marchande, sans soupçonner les conflits d'intérêt qu'il devait provoquer, par la suite, entre les colonies et la métropole.

Jusqu'à la fin du xviiie siècle, il ne fut consommé que du sucre de canne. Cependant, en 1747, un chimiste allemand, Marggraf, avait publié le résultat de ses recherches *sur la présence du sucre dans diverses racines et notamment dans la betterave*. Un demi-siècle s'était écoulé sans que cette découverte reçût aucune application pratique. Ce n'est qu'en 1796 qu'un autre chimiste allemand, Achard, réussit, le premier, à obtenir industriellement du sucre de betterave, dans l'usine qu'il avait lui-même montée, au domaine royal de Kunern, sur l'Oder, en Silésie. « L'art de retirer le sucre de la bette-
» rave est donc une découverte du Nord, et particulièrement
» une découverte allemande. Ce n'est pas le fruit d'un hasard
» aveugle, car cette fabrication exigeait des manipulations
» autrement complexes que le traitement de la canne. Tandis
» que la plante indienne mûrie sous le soleil des tropiques,
» aidée par une nature puissante, offrait pour ainsi dire
» d'elle-même et sans frais, à l'homme encore barbare, un
» jus sucré presque pur, il fallut, pour extraire le sucre de
» la betterave, le concours plus lent mais plus assuré de la
» réflexion, du travail soutenu, de la prévoyance éclairée de
» l'homme du Nord luttant contre un climat moins favo-
» risé » (1).

(1) *Traité de fabrication et raffinage du sucre de betterave*, par L. Walkhoff, traduction E. Mérijot, Paris, F. Savy, 24, rue Hautefeuille, 1870.

Vers 1802, plusieurs usines fonctionnaient en Bohème, et la France observait, attentive, ces premières tentatives industrielles. En l'an viii, à une séance de la classe des sciences mathématiques et physiques de l'Institut, Tessier avait donné lecture d'un rapport sur les expériences d'Achard. La Commission qui avait été chargée de ce rapport était composée des savants Cels, Chaptal, d'Arcet, Fourcroy, Guyton, Parmentier, Tessier, Vauquelin et Deyeux. Dix années se passèrent en essais infructueux; les usines de Saint-Ouen et de Chelles n'ayant donné aucun résultat, on s'était rabattu sur le sucre de raisin. Car, coûte que coûte, il fallait aboutir. Pour que le blocus continental devînt une réalité, il fallait arriver à se passer du sucre exotique. Aussi l'Empereur suivait-il avec le plus vif intérêt tous les efforts qui étaient faits dans ce sens et multipliait-il les récompenses et les encouragements. En juin 1810, il accordait aux chimistes Proust et Fouques respectivement cent mille et quarante mille francs, pour leur découverte du sucre de raisin, à la condition que cette découverte serait communiquée aux préfets des départements vignobles et que ces gratifications serviraient à l'établissement de fabriques de sucre de raisin dans des départements méridionaux. Le ministre de l'Intérieur, M. de Montalivet, fut chargé de faire une enquête sur le sucre nouveau; mais, malgré la déclaration favorable du ministre, malgré la croix d'honneur donnée à Proust, le sirop de raisin n'eut pas de succès. Pour décider le consommateur à abandonner le sucre de canne, il fallait lui offrir un autre sucre présentant les mêmes avantages. Ce sucre, on le cherchait, dit M. Frédéric Masson, dans tous les végétaux connus, dans la pomme, la poire, le maïs, la châtaigne, le coing, les mûres la prune, la figue, le noyer, l'érable, le sorgho, mais sans succès, et il fallait toujours revenir à la betterave. Pour les graves raisons de sa politique, l'Empereur supportait mal ces longues hésitations. En mars 1811, il venait de prendre connaissance du rapport de la Commission spéciale nommée *à l'effet d'examiner les moyens proposés pour naturaliser sur le territoire de l'Empire le sucre, l'indigo, le coton et diverses productions des deux Indes ;* il venait de voir la « quantité considérable » de sucre de betterave, raffiné et cristallisé, que ladite Commission lui avait présentée, lorsque, avec cette volonté impérieuse qui semblait dompter les résistances mêmes de la nature, il décida que son armée de savants avait assez manœuvré, et que, pour elle, l'heure de la victoire était venue. Et, à la date du 25 mars 1811, il lançait le fameux décret sur la culture et la fabrication du sucre de betterave, dans lequel il ordonnait la mise en culture, dans le territoire de l'Empire, de 32.000 hectares de betteraves. Dès lors, la nouvelle industrie avait ses lettres de naturalisation, et l'homme de France qui connaît le mieux les choses de l'Empire, M. Frédéric Masson, n'a pas manqué, l'année dernière, de signaler ce centenaire (1).

Quelques jours après, Barruel et Maximin Isnard publiaient un mémoire sur l'extraction en grand du sucre de betterave. Ils avaient eux-mêmes extrait de 5.000 kilos de betteraves 74 kilos de *moscowade* dont le prix de revient était de fr. 3,33 le kilo, et de cette *moscowade* ils avaient tiré du sucre raffiné qui coûtait fr. 4,04 le kilo. De concert avec Deyeux, Barruel avait même obtenu *des pains de sucre cristallisé, brillant, sonore, jouissant de toutes les propriétés du sucre de canne.*

On comptait déjà, à cette époque, dans les départements de la Dyle, du Mont-Tonnerre, du Bas-Rhin, de la Roër, 3.000 hectares ensemencés, qui pouvaient produire 90.000 tonnes de racines, et d'après les calculs de Barruel et Isnard, on évaluait à 444 kilos (?) le produit en sucre d'un hectare. Les départements de la Hollande rivalisent de zèle avec le reste de l'Empire. A Rotterdam, une société se fonde pour l'acquisition de terres à betteraves dans les plaines de la basse Lys ; deux sucreries sont créées à Zwol et à Utrecht. Dans plusieurs départements du nord de la France, dans

(1) V. *L'Echo de Paris*, 11 mars 1911.

l'Isère, l'Ille-et-Vilaine, le Calvados, le Puy-de-Dôme, des fabriques existent déjà. L'élan était donné. Mais il importait de propager les bonnes méthodes, tant pour la culture que pour la fabrication. C'est dans cette vue que l'Empereur ordonnait, le 8 janvier, la mise en culture de cent mille hectares de betteraves, et que, par décret du 15 du même mois (1), il instituait cinq écoles de chimie à la Plaine des Vertus (Seine), Wackenheim (Mont-Tonnerre), Strasbourg, Douay et Castelnaudary, et créait quatre fabriques impériales, dont une à Rambouillet, « aux frais et au profit de la couronne », pouvant produire vingt mille kilos de sucre.

(1) Voici le texte de ce décret :

CRÉATION DES ÉCOLES DE SUCRERIE

Au palais des Tuileries, le 15 janvier 1812.

NAPOLÉON, Empereur des Français, roi d'Italie, protecteur de la Confédération du Rhin, médiateur de la Confédération Suisse, etc., etc., etc.,

Nous avons décrété et décrétons ce qui suit :

TITRE PREMIER. — Ecoles de fabrication pour le sucre de betterave.

Article premier. — La fabrication des sieurs Barruel et Chapelet, plaine des Vertus, et celles établies à Wachenheim, département du Mont-Tonnerre, à Douai, à Strasbourg et à Castelnaudary, sont établies comme écoles spéciales de chimie pour la fabrication du sucre de betterave.

Art. 2. — 100 élèves seront attachés à ces écoles, savoir : 40 à celle des sieurs Barruel et Chapelet, 15 à celle de Wachenheim, 15 à celle de Douai, 15 à celle de Strasbourg, 15 à celle de Castelnaudary.

Art. 3. — Ces élèves seront pris parmi les étudiants en pharmacie, en médecine et en chimie.

Il sera donné à chacun une indemnité de mille francs lorsqu'ils auront suivi l'école pendant plus de trois mois et qu'ils recevront un certificat constatant qu'ils connaissent parfaitement les procédés de la fabrication et qu'ils sont dans le cas de diriger une fabrique.

Les Titres II, III et IV concernaient la culture des betteraves, les licences de fabrication et la création de 4 fabriques impériales.

— Quant aux 100.000 hectares qui devaient être ensemencés en betteraves, le ministre du commerce, comte de Sussy, était chargé d'en indiquer aux Préfets la répartition entre les départements. La France comprenait alors 132 départements. Ceux à qui étaient accordés les plus forts contingents étaient le Mont-Tonnerre avec 6.000 hectares, le Nord avec 4.000 hectares, la Roër avec 4.000 hectares, l'Aisne avec 1.000 hectares, l'Oise 500, la Somme 1.000. L'année précédente, il avait été ensemencé 6.785 hectares, dont le produit, 98.813.095 kilos de betteraves, avait alimenté 40 fabriques disséminées dans 26 départements.

Quelques jours avant, le 2 janvier 1812, il s'était rendu inopinément, accompagné de Daru, à la sucrerie fondée à Passy par Benjamin Delessert, et là, en présence de tout le personnel de l'usine, il avait décoré de sa main l'illustre industriel. C'est au cours de cette même année 1812 que sa munificence s'étendit à Barruel et à Maximin Isnard, qui reçurent chacun quarante mille francs de gratification (1).

Cette fois, l'industrie du sucre de betterave était née, et elle devait vivre, et l'Empereur avait remporté sur l'Angleterre une victoire aussi honorable pour son génie et plus utile peut-être pour la France que beaucoup de celles qu'il gagnait sur les champs de bataille. Il avait doté la France d'une source de richesses incomparable, et s'il est vrai, comme le déclare Fontenelle, que la découverte d'un aliment nouveau est plus précieuse à l'humanité que celle d'une planète, le Français d'aujourd'hui, qui ne saurait se passer d'un morceau de sucre dans sa tasse de café, peut, en considérant le développement qu'a pris la consommation du sucre en un siècle, mesurer sa dette de reconnaissance pour ce souverain extraordinaire qui, dans les quinze années d'un règne qui

(1) Le 15 janvier dernier, le Syndicat des Fabricants de sucre de France a célébré le centenaire des décrets napoléoniens par une assemblée générale suivie d'un banquet à l'Hôtel Continental, et d'une soirée artistique. Un certain nombre de hauts fonctionnaires, assistaient au banquet ; mais deux ministres invités n'avaient pas cru devoir répondre à l'appel du Comité, sous prétexte que le ministère Poincarré, qui venait d'être constitué, n'avait pas encore paru devant le Parlement. Dans son compte rendu, le directeur du journal *La Sucrerie indigène*, déplore cette abstention et fait les réflexions suivantes :

» Nous ne voulons pas faire de commentaires désagréables, mais nous ne pouvons nous empêcher de rapprocher ce fait de la visite de Napoléon à l'usine Delessert, à Passy, le 2 janvier 1812, pour lui remettre la croix de la Légion d'Honneur. Si les circonstances actuelles de la politique empêchent deux ministres d'assister à un banquet de centenaire, que dirait-on de Napoléon qui, à la veille d'entreprendre la campagne où l'Empire devait sombrer, trouvait le temps, malgré les préoccupations qui l'assaillaient, de s'occuper de son pays et d'une industrie naissante, que dans un éclair de génie, il voyait bientôt florissante. Ce simple rapprochement suffit, pensons-nous, à établir la différence entre les hommes d'aujourd'hui et ceux d'autrefois et à constater une fois de plus qu'on ne s'occupe que de ce qui touche la politique. »

semble appartenir aux âges héroïques plutôt qu'aux temps modernes, a marqué de l'empreinte de son génie tous les sillons de la terre de France.

Les difficultés d'ordre industriel ne sont pas les seules qu'il avait fallu vaincre. Une prévention tenace contre le sucre de betterave s'opposait à son adoption. « Ce sucre, disait-on, sucrait beaucoup moins que le sucre de canne ; il pouvait altérer la santé parce qu'il était trop rafraîchissant. Des expériences comparatives démontrèrent que le pouvoir sucrant était égal ; quant à l'accusation d'insalubrité, l'usage ne tarda pas à montrer ce qu'elle avait d'absurde. Des fabricants eurent même l'idée de vendre leurs produits dans des emballages de sucre de canne : de sorte que, parmi les détracteurs du sucre indigène, beaucoup ne se doutaient pas que celui dont il vantait si fort les qualités était précisément le sucre de betterave. » Le préjugé avait fini par disparaître; mais voilà que surviennent les malheureux événements de 1814. Sauf celle de M. Crespel-Delisse, à Arras, toutes les usines sont fermées. Après 1815, la Restauration revient au pacte colonial ; le sucre exotique envahit nos marchés, et la sucrerie indigène, privée de tout encouragement officiel, semble irrévocablement condamnée. Mais l'impulsion impériale avait été si vive que, bientôt, dans le silence, et grâce à l'exemption d'impôt dont elle jouissait encore, la jeune industrie se reprend à la vie. En 1819, Dubrunfant visite toutes les fabriques de sucre de France, et il cite, parmi les plus intéressantes, les quatre fabriques André, à Pont-à-Mousson, celle de Mathieu de Dombasle, à Roville, près de Nancy, celle du comte de Chaptal, en sa terre de Chanteloup, près d'Amboise, celle du duc de Raguse, à Châtillon-sur-Seine, celle de Crespel-Delisse, à Arras, l'usine Oudard, à Villeroter, près de Douai, Caffer à Dorignies, Bernard au château du Petit-Val, à Sussy, près de Charenton. Il n'existait alors

(1) Cf. Dubrunfant, *L'art de fabriquer le sucre de betterave*, 1825.

pas moins d'une centaine de fabriques, et il s'en établissait
toujours de nouvelles (1).

A cette époque, la production était de quatre à cinq millions de livres, la consommation atteignait cent millions, et
le prix du sucre était de vingt à vingt-deux sols la livre. Une
fabrique travaillait de 500 à 1000 tonnes de betteraves en
cent jours. M. Crespel, dont l'usine était partout citée, et qui
exploitait, en 1828, 3.500.000 kilos de racines en 150 jours,
soit 23.500 kilos par jour, évaluait à 300.000 francs le capital
engagé en bâtiments et en ustensiles, et estimait en outre le
capital circulant à 120.000 fr. Sa production était de 175.000
kilos de sucre (1).

Les gratifications impériales n'existaient plus ; mais les
prix que décernaient chaque année la Société d'encouragement
à l'industrie nationale et la Société royale et centrale d'agriculture stimulaient le zèle des chimistes et des constructeurs,
tandis que les bénéfices industriels fortifiaient de plus en
plus la confiance des fabricants. Les procédés de fabrication
faisaient de rapides progrès. Hermstaedt, Lampadius,
Achard, en Allemagne, y contribuaient avec succès, pendant
que, chez nous, les savants travaux de Dubrunfant, de
Chaptal, de Dombasle, permettaient à nos industriels de rat-
traper l'avance que, dans les débuts, nos voisins avaient
prise. Les propriétés décolorantes du noir animal, heureusement découvertes vers 1812, étaient utilisées partout. Les
ateliers Derosne et Cail construisaient les appareils spéciaux.
Dans les premières années du règne de Louis-Philippe, l'élan
fut tel que la sucrerie française se plaça au premier rang,
laissant l'Allemagne loin derrière elle. Chaptal avait dit qu'il
y aurait intérêt à faire du sucre de betterave tant que la
valeur de ce produit ne descendrait pas au-dessous de 60 centimes la livre. Or, le prix de revient qui, en 1830, était de
40 centimes environ, descendait, en 1836, à cinq à six sols,
tandis que la production passait, dans cette période de six

____

(1) Cf. Dubrunfant, *L'Agriculteur manufacturier*, 1831.

années, de 10 millions à 40 millions de kilos, et que la consommation s'élevait à 80 millions de kilos. Le prix de la betterave était alors de quatorze francs les mille kilos.

Le moment approchait où, suivant l'expression de Chaptal, le développement des fabriques de sucre de betterave montrerait à l'Europe qu'elle était en mesure de secouer le joug du Nouveau-Monde. La rivalité des deux sucres, sur les marchés européens, prenait un caractère de plus en plus aigu. Dès les premiers essais de la fabrication betteravière, elle s'était manifestée, mais sans causer beaucoup d'alarmes aux partisans des colonies. Humboldt, du haut de sa science, n'avait-il pas déclaré que la production de l'Europe entière n'atteindrait jamais celle d'une lieue carrée dans les régions équinoxiales ? Mais le temps avait marché, et les progrès de la nouvelle industrie étonnaient les savants eux-mêmes. Les sceptiques se rendaient à l'évidence, et, chez les coloniaux, le dédain avait fait place à l'inquiétude.

Cependant du côté des régnicoles l'horizon n'était pas exempt de nuages. Auprès de la masse des agriculteurs français, le sucre indigène avait cause gagnée, évidemment ; mais le nombre de ses adversaires augmentait. Aux planteurs des colonies s'étaient joints les armateurs, tout le commerce des ports et la marine marchande, tous ceux enfin dont les intérêts étaient menacés. Jusque dans les sphères gouvernementales, il rencontrait de l'hostilité, et cela était naturel, car à mesure qu'il gagnait du terrain, son rival, qui seul payait l'impôt, reculait d'autant, et le Trésor se trouvait en déficit. Cette situation ne pouvait se prolonger. Le gouvernement s'inquiétait. A différentes reprises, il avait proposé d'imposer le sucre de betterave. En février 1836, le Conseil d'agriculture, consulté, répond qu'il « importe aux intérêts de notre agriculture que la fabrication du sucre indigène s'étende et prospère » ; il déclare que les fabricants ont besoin de jouir pendant trois années encore de l'exemption de la taxe pour mettre leur outillage dans l'état de perfectionnement nécessaire ; il demande enfin qu'aucune taxe ne

soit votée avant le 1er octobre, et que, dans aucun cas, le mode
de l'exercice ne soit appliqué à la perception. A l'égard des
sucres coloniaux, il est d'avis que tout dégrèvement doit être
ajourné. Un économiste du temps, Blanqui, l'aîné, écrit :
« L'heure fatale des colonies est près de sonner. Tous vos
efforts retarderaient à peine le moment suprême. Libre de
droits, leur sucre revient en France à 90 fr. les cent kilos;
le nôtre, celui de betterave, on le livre à 45 fr. On cite, pour
exemple, un marché contracté à ce taux pour sept ans. Et
que ne ferons-nous pas dans sept ans? Voyez seulement ce
que nous avons fait depuis un égal nombre d'années. Nous
avons l'ambition de procurer le sucre aux classes laborieuses
à 4 sols la livre, au prix du sel. N'est-ce pas assez de voir
imposer le sel, qui est le sucre de l'homme adulte ; voulez-
vous aussi imposer le sucre, qui est le sel des vieillards, des
enfants et des malades? Considérez que cette industrie donne
l'exemple de tous les perfectionnements à votre agriculture
que vous trouvez si arriérée. »

En avril, le ministre des finances dépose un projet de loi
sur le sucre indigène, projet draconien qui soulève de vives
protestations. La presse se fait l'écho du mécontentement
général :

« Un moyen de tirer partie de la fertilité de nos terres se
présentait ; les capitaux se dirigeaient d'eux-mêmes vers
cette découverte que nous devons au génie de Chaptal ; après
des essais plus ou moins heureux, les préjugés étaient
vaincus ; la conviction des avantages de cette culture se pro-
pageait rapidement ; bientôt la fabrication du sucre allait
s'étendre, se généraliser dans notre Auvergne qui, jusqu'ici,
n'a su que produire des blés, des chanvres et des vins, dont
l'abondance lui est à charge, faute de débouchés ; la betterave, qui convient si bien à la nature de notre sol, pouvait
nous dédommager de la dépréciation qui pèse sur les trois
principaux produits de notre agriculture. Faudra-t-il renoncer
à cultiver la betterave comme il a fallu renoncer à cultiver
le tabac, devenu l'apanage de quelques départements privi-

légiés ? Qu'on ne s'y trompe pas ; le projet de M. d'Argout, s'il n'est pas retiré, est un arrêt de mort pour l'industrie du sucre indigène, dans les départements qui, comme le nôtre, en sont aux premiers essais de fabrication. Les départements du nord où elle est prospère depuis longues années, pourront peut-être supporter la nouvelle taxe, et subir dans un intérêt de monopole les gênes de sa perception ; mais dans les départements du centre que le Gouvernement semble déshériter de sa sollicitude, et où les capitaux sont craintifs et rares, la menace seule de l'impôt détruira le petit nombre des entreprises commencées et arrêtera court celles qui étaient sur le point de s'établir.....

« Un grand propriétaire, une compagnie de capitalistes braveraient peut-être ces inconvenients compensés par l'étendue des bénéfices ; mais le petit propriétaire, le cultivateur laborieux, qui n'ont qu'un domaine borné, seraient complètement exclus de cette branche d'industrie par le prix élevé des constructions et le taux de l'indemnité due aux surveillants du fisc. Cette fabrication, qu'il serait utile de morceler entre un grand nombre de producteurs, deviendrait ainsi une espèce de monopole au profit des grands propriétaires et des riches industriels » (1).

On le voit, la grande industrie, cette revanche de la féodalité, s'avance à grands pas. Trop faible pour la lutte à soutenir, l'agriculteur manufacturier de Dubrunfant va bientôt céder la place à la société capitaliste qui, seule, peut résister à la concurrence. Seule, en effet, la grande usine peut, en opérant sur de grosses quantités, réduire au minimum le prix de revient, et obtenir, avec un outillage perfectionné, des produits de qualité supérieure, — double but que recule sans cesse, devant les efforts de l'industriel, la loi inexorable du progrès.

Et cependant on s'obstinait encore à préconiser et à protéger la petite fabrique agricole. En 1834, la Société d'en-

____

(1) *L'Ami de la Charte.*

couragement à l'industrie nationale avait proposé un prix de 4.000 fr. et un de 1.500 fr. pour favoriser l'établissement de sucreries de betteraves sur des exploitations rurales. En 1836, la Société royale et centrale d'agriculture annonce pour l'année suivante :

1° Un prix de 3.000 fr. pour la meilleure description de procédés simples et économiques, à la portée des petites exploitations et appliqués depuis deux ou trois mois pour fabriquer journellement *douze kilos* de sucre de betterave ;

2° Un prix de 2.000 fr. pour des appareils dont le prix coûtant soit à la portée d'une réunion d'agriculteurs qui voudraient traiter 50 hectolitres de jus par jour ;

3° 1.000 francs pour le perfectionnement le plus notable, et non encore connu, apporté dans l'une des opérations de cette fabrication ;

4° Enfin des médailles et des primes de 100 fr. aux douze premières petites fabriques pouvant produire *300 kilos* de sucre par an.

Aussi ne doit-on pas s'étonner de voir, dans cette période, les usines se multiplier. En 1819, Dubrunfant en avait compté cent en activité ; en 1829-1830, deux cents (1). Six ans après, il en existait plus de cinq cents. Quelle était la répartition géographique de ces établissements ? quelle quantité de betteraves consommaient-ils, et à quel chiffre s'élevait alors la production sucrière française ? C'est ce que va nous apprendre un article du temps, publié dans le *Moniteur industriel* (février 1838) :

PRODUCTION DU SUCRE INDIGÈNE

« Quarante-deux départements possédaient, à la fin de 1836, des fabriques de sucre indigène. Ces fabriques, au nombre

---

(1) Dans la liste des fabriques de sucre ayant travaillé en 1829, ce savant chimiste en notait deux dans le Puy-de-Dôme : celle de M Alfred Daubrée, à Gressin, près d'Issoire, et celle de M. Daubrée, près de *Marthe*(?) Il s'agit évidemment des *Martres*, où se trouvait la sucrerie de Lavort.

de 582, dont 39 en construction, étaient dispersées dans 431 communes. Sur les 42 départements, 28 appartenaient à la région septentrionale et renfermaient 536 établissements sur 582, c'est-à-dire que cette industrie est presque concentrée entièrement dans le nord de la France.

» Quatre départements sur les 28 renferment à eux seuls 439 fabriques ou les quatre cinquièmes du nombre total des fabriques de la région septentrionale : ce sont le Nord, qui contient 226 établissements ; le Pas-de-Calais, qui en possède 138 ; la Somme, 5 ; et l'Aisne, 44. Viennent ensuite : l'Oise, qui en compte 12, Seine-et-Oise, 72, etc. Dans la région méridionale est en tête l'Isère, qui contient 12 fabriques de sucre indigène.

» Sur les 42 départements, il en est trois seulement qui possèdent des fabriques sans produire eux-mêmes la matière première qui alimente la fabrication : ce sont l'Hérault, les Bouches-du-Rhône et le Tarn-et-Garonne. Les 39 autres départements ont produit et mis en fabrication, en 1835, 668.986.762 kilos de betteraves, quantité qui doit s'être élevée par évaluation, en 1836, à 1.012.770.589 kilos. Cette augmentation ne porte pas au surplus, comme on pourrait le croire, sur tous les départements producteurs; au contraire, dans plusieurs départements, tels que Loiret, Moselle, Haut-Rhin, Sarthe, Seine-Inférieure, etc., soit que la récolte ait été mauvaise, soit que la culture ait été restreinte, ce dont le document ne nous instruit pas, le chiffre de 1836 présente une diminution plus ou moins forte sur celui de l'année précédente. Il semble par conséquent de ceci que l'augmentation a dû être très considérable dans d'autres départements : ainsi Meuse, qui figurait en 1835 pour 545.800 kilos, compte en 1836 pour près de 3.000.000 de kilos, la quantité récoltée ou mise en fabrication par Seine-et-Oise s'est élevée de 1.750.000 kilos à 18.000.000, l'accroissement a été plus considérable encore dans le département de Vaucluse où sont quatre fabriques seulement. Là, le produit (c'est de la betterave qu'il s'agit ici), pour 1836, était porté à 21.000.000 de kilos au lieu d'un demi-million de kilos seulement que présentait l'année précédente.

» Quant au produit de la fabrication, il a été en 1835 de 39.349.340 kilos de sucre, et l'on estimait qu'il s'élevait en 1836 à 48.968.805 kilos. Cette augmentation porte, comme de raison, sur les départements où les quantités se sont accrues. Ainsi Meuse, qui n'avait produit en 1835 que 27.200 kilos de sucre en a produit 390.000 kilos en 1836 ; dans Seine-et-Oise, le produit s'est élevé de 87.500 kilos à 898.300 kilos, et dans Vaucluse de 25.000 kilos à 1.061.500 kilos.

» Si l'on recherche le rapport de la production en sucre à la quantité de matière première d'où on l'extrait, on reconnaît qu'il faut en général 20 kilos de betteraves pour produire un kilo de sucre ; cependant, cette quantité a assez considérablement varié en 1835, si les chiffres portés dans le document que nous consultons sont exacts. Ainsi nous voyons que si la quantité a été de 19 à 20 kilos dans le département de l'Aisne, de la Drôme, de la Somme, de la Meuse, elle a été de 22 à 23 kilos dans le Nord et le Pas-de-Calais, de 24 à 25 dans la Meurthe, la Seine, l'Isère, le Gers, et qu'elle s'est élevée jusqu'à 27 dans la Charente-Inférieure ; il est sans doute bien à regretter que les renseignements ne soient pas plus multipliés de manière à ce qu'il soit possible de reconnaître si cette différence tient à la qualité même du produit, à la quantité plus ou moins considérable de matière sucrée qu'il contient ou bien à l'imperfection des moyens de fabrication. Nous émettons le vœu que les tableaux ultérieurs soient conçus de manière à donner la solution de ces intéressantes questions ».

On remarquera qu'il n'est pas question, dans le document qui précède, du département du Puy-de-Dôme, où cependant l'on n'était pas resté inactif, puisque quatre sucreries y étaient en activité en l'an 1836. Dès les premiers essais de fabrication, sous l'Empire, l'Auvergne avait pris sa part de l'enthousiasme général pour la nouvelle industrie.

En 1810, le docteur Pénissat, pharmacien en chef de l'Hôtel-Dieu de Clermont, avait fait une quantité importante de sirop de raisin. En avril 1811, le *Journal du Puy-de-Dôme* publiait les *Instructions sur la manière de cultiver la betterave*, par Tessier, de l'Institut, inspecteur général des bergeries impériales et membre de la Société d'agriculture de la Seine. A la même époque, le même journal reproduisait le *Mémoire sur l'extraction en grand du sucre de betterave*, de Barruel et Maximin Isnard.

En mars 1812, le Ministre du commerce et des manufactures accordait les licences suivantes pour l'établissement de fabriques de sucre de betterave :

A M. Cellier Blumenthal, pour une fabrique établie à Clermont ;

A M. Cellier Starnor, pour une fabrique établie à Beyssat, près de Maringues, arrondissement de Thiers ;

A M. Leymarie, docteur en médecine, pour une fabrique à établir à Clermont ;

Au mois de mai suivant, une quatrième licence était accordée à M. Cellier-Wickmann, pour une fabrique située dans la commune de Lavesne, arrondissement de Thiers (1).

Mais ces fabriques, à supposer qu'elles aient réellement travaillé, ont dû disparaître dans le bouleversement de 1814, car, pendant toute la durée de la Restauration, aucune sucrerie n'a fonctionné dans ce département. Il faut arriver à l'avant-dernière année du règne de Charles X, à 1829, pour y trouver la première usine créée depuis la chute de l'Empire. Cette usine était située à Epinet, près de Saint-Beauzire, et appartenait à M. J. Hugaly des Pradeaux. Une seconde fabrique avait été fondée en 1830, deux en 1835, six en 1837,

---

(1) Les Cellier dont il est question ici étaient d'origine belge et demeuraient à Saint-Josse-Tennoode, hors la porte de Louvain de la ville de Bruxelles. Ils avaient en propriété une maison à Clermont, glacis de la Poterne et rue Saint-Hérem, et le domaine du Puy-Cataroux, dans les dépendances de Montferrand, maison et domaine qui furent vendus par licitation en 1838. Nous croyons que cette famille, qui n'a rien de commun avec les Cellier de Villars, a quitté l'Auvergne depuis cette époque.

l'année même où M. de Morny achetait celle de Bourdon. Enfin deux autres encore ayant été créées l'année suivante, il y avait, en 1838, dans le Puy-de-Dôme, douze sucreries. C'est d'ailleurs le chiffre accusé par le *Bulletin de statistique et de législation comparée*, du ministère des finances, qui indique, en outre, que la production totale de ces établissements a été, en 1838, de 630.000 kilos de sucre. Notre intention était d'identifier avec précision chacune de ces usines, et de donner ici, à l'aide des documents officiels, la date de leur fondation et celle de leur fermeture. Malheureusement ces documents n'existent plus, ni dans les archives départementales, ni dans les archives des administrations financières ; celles même du ministère des finances ont disparu pendant la Commune de 1871, dans l'incendie du pavillon Marsan (1). Les annuaires du temps ne font pas mention des établissements industriels, et il n'existe, que nous sachions, aucun ouvrage sur cette question. Nous sommes parvenus cependant à retrouver les fabriques de sucre qui ont été créées, à cette époque, dans notre département. Nous en donnons ci-après la liste, avec les renseignements plus ou moins importants que nous avons pu nous procurer sur chacune d'elles.

(1) Voici la lettre que nous avons reçue à ce sujet du Ministère des Finances :

Paris, 23 novembre 1911.

Ministère des Finances

—

DIRECTION DU CONTROLE
des Administrations
financières

—

1er BUREAU

N° 3743 CI

—

Monsieur,

Vous m'avez demandé de vous donner la liste des 12 fabriques de sucre qui, d'après les indications du Bulletin de statistique et de législation comparée, existaient, en 1838, dans le département du Puy-de-Dôme.

J'ai l'honneur de vous faire connaître que les Archives du Ministre des Finances ayant été détruites par l'incendie de 1871, il ne m'est pas possible de vous fournir ce renseignement.

Agréez, Monsieur, l'assurance de ma parfaite considération.

Pour le Ministre et par délégation :
Le Sous-Secrétaire d'Etat aux Finances.
Signé : René BESNARD.

1° **Bourdon**, à M. le comte de Morny, direction Garnot.

2° **Aulnat**, au lieu dit Le Grenouiller, rive droite de l'Artier, à M. Rivet, de Cebazat. Cette fabrique a subi un incendie en juin 1837. Elle cessa de travailler en 1843. Plus tard elle fut rasée, et il n'en reste plus aucune trace.

3° **Palport**, dépendances de Montferrand, sur la Tiretaine, direction Lacroix. Propriété de Mme Jeanne Bastier de Meydat, épouse de Jean-François Mozac de Liberty, ladite dame donataire de ses père et mère, M. Bastier de Meydat et Mme Marie-Thérèse Blau, son épouse. Ce domaine fut acquis dans la suite par M. Paret, médecin militaire, décédé il y a quelques années seulement, puis passa à son gendre, M. Casimir Pajot, avocat, qui en est actuellement le propriétaire. Avant 1870, la Société de Bourdon y exploita pendant quelques années une distillerie d'alcool, puis une fabrique de papier d'emballage. Aujourd'hui, il ne reste plus rien des bâtiments de l'ancienne fabrique.

4° **Crouël**, au pied du puy de ce nom, sur l'Artier, à M. Debert-Clerzac, officier municipal (section de Montferrand) et adjoint au Maire de Clermont. Le domaine appartient aujourd'hui à Mme Exbrayat, qui l'a acquis de Mlle Monestier.

5° **Pont-Charroux** (ou Sainte-Anne), sur l'Artier, direction Veyron-Lacroix (Joseph-Marie). Usine mise en vente, après déclaration de faillite, en novembre 1844.

Propriété de Mme du Saray de Vignole.

6° **Lavort**, près des Martres-de-Veyre, au confluent de la Monne et de l'Allier. Etablissement fondé par M. Edouard Daubrée, vendu après faillite en 1836, repris par MM. Johannel et Chauvassaigne, remis en vente en septembre 1841, après le décès de M. Johannel (Louis-Augustin), avoué à Clermont. Il comprenait alors :

1° Une sucrerie entièrement montée à la vapeur, par les

procédés les plus nouveaux (*sic*), pouvant travailler 25.000 kilos de betteraves par jour ;

2° Une raffinerie ;

. 3° Une fabrication de noir animal ;

4° Un révivificateur de noir (procédé Derosne);

5° Une ferme de 42 hectares.

En 1841, cette fabrique absorbait la production de betteraves de 78 hectares. Les immeubles appartenaient alors à M. le marquis de Fontanges. Actuellement propriété de M. Rivet.

7° **Mauzun**, près de Billom. Usine fondée par M. Greliche sur le versant ouest du piton au sommet duquel était bâti le château, dans une propriété de 18 à 20 hectares. Elle tirait de la Limagne la plus grande partie de ses betteraves pour le transport desquelles trente paires de bœufs étaient employées pendant toute la durée de la fabrication. Cette entreprise se termina par une faillite, et, vers 1840, les biens du propriétaire furent vendus judiciairement. Acquis par MM. Adrien Chalus, Voyer-Flat et Chantagrel, cédés dans la suite à divers acheteurs, ils appartiennent actuellement à MM. Gamelon et Chalard, conseillers municipaux, et Jarrige, rentier. La maison d'habitation passa successivement à M. Guillaumont, à M. le docteur Chaudoin, né à Trieste, et enfin à M. Robe Léonce, notaire. Quant aux bâtiments de l'usine, ils furent achetés par un instituteur, M. Gravière, qui y installa une école, et qui les revendit, vers 1860, à la commune de Mauzun, laquelle les fit transformer en un superbe édifice qui sert de groupe scolaire à une localité de 200 habitants ! *Sic transit...*

DANS L'ARRONDISSEMENT DE RIOM

8° **Epinet**, commune de Saint-Beauzire, à M. Jean Hugaly des Pradeaux. Usine créée en 1829. Médaille d'argent du Comice agricole de Riom, en 1840. M. Hugaly des Pradeaux est souvent cité ou récompensé pour la bonne tenue de son exploitation agricole. La propriété appartient actuellement à

M. Victor Rochette de Lempdes, chef des services administratifs à la gare du Nord.

9° **Montauban**, commune de Saint-André-le-Coq, canton de Randan. à MM. de Rochefort (Charles-Hippolyte) et Gerzat (Michel-Marie), de Riom. Créée en 1838, cette usine a fonctionné d'une manière intermittente jusque vers 1876 ou 1877. Vers 1862, elle avait été transformée en distillerie d'alcool. En 1877, M. de Rochefort a mis sa propriété en vente, et aujourd'hui il ne reste plus rien de Montauban, ni l'usine, ni même les bâtiments de l'ancien domaine ; tout a été démoli et le sol rendu à la culture.

10° **Le Chancet**, commune de Saint-Genès-l'Enfant, près Riom, propriété de M. le comte de Chabrol. Il y avait là une double industrie, celle de la fabrication du sucre de betterave et celle de l'emploi du sucre au traitement des fruits et légumes, qui, convertis en gelées ou pâtes, acquéraient une valeur considérable. En septembre 1841, le fermier Guillemin obtenait une récompense du Comice agricole.

DANS L'ARRONDISSEMENT D'ISSOIRE

11° **Grézin**, commune du Broc. Usine fondée par M. Alfred Daubrée, dans un ancien couvent. A subi un incendie le 4 novembre 1832. Le domaine, devenu dans la suite la propriété de M. Tixier-Berger a été exploité longtemps par la Société de Bourdon. Il appartient actuellement à M. Vidal-Pouyet, de Charenton (Seine).

12° **Saint-Blaise**, commune de Beaulieu. Créée par M. Greliche, dans la propriété de M. Rampan, son beau-père, cette fabrique a été en activité pendant plusieurs années, entre 1836 et 1841. Des pertes énormes, couvertes par M. Rampan, furent le triste résultat de l'entreprise. La propriété appartient aujourd'hui à M. Concordet-Hugon.

Tout près de là, au lieu dit actuellement *la Maison blanche*, M. Greliche construisit, en 1852, pour le compte de la Société de Bourdon (Herbet et Cie), une touraille ou sècherie de cossette. Cet établissement fonctionna plusieurs années. Il appartient aujourd'hui à M. Auzat-Martin, constructeur de machines agricoles au Breuil, et l'on y voit encore la grande cheminée, qui est toujours debout (1).

Dans cet arrondissement d'Issoire, à Saint-Germain-Lembron, il y avait alors une fabrique de noir animal dont les produits étaient livrés aux raffineries et à l'agriculture. Les propriétaires, MM. J. Chenna et A. Verny, annonçaient, en 1836, qu'ils avaient l'intention d'annexer à leur établissement une fabrique de sucre. Ce projet ne fut jamais mis à exécution.

Notons aussi qu'il existait également à Menat une fabrique de noir.

Mentionnons ici pour mémoire la fabrique de sucre de **Sarliève**, qui a été créée par M. de Morny plusieurs années après la débâcle qui emporta toutes ces usines.

En 1844 et 1845, à la suite de la faillite de la banque Comitis et Marche, de Clermont, le grand domaine de Sarliève, qui appartenait à M. Comitis et qui comprenait cent onze hectares de terres en exploitation, avec château, vastes bâtiments et usine pour la préparation de la garance, fut vendu aux enchères par jugement du Tribunal civil de Clermont. Le sucre y vint bientôt remplacer la garance, sous la direction de M. B. Dureau, puis de M. Garnot, et, d'une manière intermittente, la fabrique de sucre de Sarliève travailla jusqu'en 1872.

M. B. Dureau est le même qui fonda plus tard, en 1860, le *Journal des Fabricants de sucre* dont il fut longtemps le directeur et où il eut pour successeur son fils, M. Georges Dureau, qui exerce encore aujourd'hui, avec la plus grande distinction, la direction de cet important organe. Par leurs

---

(1) Il existe actuellement, dans la commune de Beaulieu, un robuste vieillard de 85 ans, survivant de cette époque, M. Hugon, qui a été contre-maître de la Sècherie de 1854 à 1856, puis chef de culture d'une exploitation de 800 hectares, de 1856 à 1869.

nombreux travaux sur l'industrie sucrière, MM. B. et G. Dureau se sont placés au premier rang parmi les écrivains qui ont rendu à cette industrie les services les plus précieux.

Le grand domaine de Sarliève est aujourd'hui la propriété de M. le comte de Ribains (1).

A cette liste des premières fabriques de sucre, il ne sera peut-être pas sans intérêt d'ajouter la description de quelques-unes.

Description de l'usine de Lavort

« Des douze fabriques de sucre que nous possédons, six travaillent à feu nu, cinq à la vapeur ; une seule a un appareil à évaporer dans le vide.

» Les plus largement organisés de ces établissements sont, sans contredit, celui de Lavort, appartenant à MM. Johannel et Chauvassaignes, et celui de Bourdon à M. de Morny.

» *Lavort*, composé de vastes bâtiments d'exploitation, disposés de la manière la plus convenable à la fois et la plus élégante, présente à la vue un ensemble séduisant d'architecture et de fabrication.

» Les dispositions de ses machines ne sont pas moins heureuses. Trois générateurs, représentant ensemble une force de 75 à 80 chevaux, donnent le mouvement à une machine de 8 chevaux, et distribuent la vapeur à toutes les parties de la fabrication.

» C'est un spectacle intéressant et qui tient du prodige que de voir, dans une seule salle, douze chaudières en ébullition, sans qu'il paraisse la moindre trace de feu, sans même que les tuyaux qui amènent la vapeur aux chaudières soient visibles ; que de suivre le jus sortant des presses et se rendant de lui-même, à l'aide de pentes habilement ménagées, d'une extrémité de la fabrique à l'autre, à travers tous les appareils nécessaires aux différents travaux ; que d'embrasser d'un coup d'œil toutes ces opérations successives à l'aide

(1) M. Jules-Louis-Emile de Frévol d'Aubignac, comte de Ribains, ancien officier de cavalerie, est décédé le 4 mars 1912.

desquelles une betterave sortant du champ se convertit en quelques heures en sucre cristallisé.

» La fabrique de Lavort est organisée pour travailler quatre millions de kilogrammes de racines ; jusqu'à présent, cependant, elle n'a opéré que sur une moindre échelle ; mais la quantité de betteraves produite par les terres dépendant de l'établissement augmente chaque année, grâce à l'heureuse direction imprimée avec méthode et intelligence par ses propriétaires aux travaux agricoles. Aussi pensons-nous que, l'année prochaine, la fabrication pourra atteindre tout le développement dont elle est susceptible. »

(L'Ami de la Charte, 27 octobre 1838.)

Description de Bourdon et d'Epinay

« *Bourdon*, destiné d'abord à la fabrication sur une petite échelle, a reçu successivement des additions nombreuses ; aussi les dispositions des bâtiments manquent jusqu'à un certain point de cet ensemble qui n'appartient qu'à un établissement conçu d'un seul jet et sur un plan unique. Mais, à part cet inconvénient, il est difficile de trouver une fabrique plus complètement et plus sagement organisée.

» Destinée par le propriétaire actuel à fabriquer de six à sept millions de kilogrammes de racines par campagne, c'est-à-dire au moins 75 mille kilogrammes par jour, pendant les trois mois de travail, il a fallu que les machines et appareils répondissent à ce but colossal, et M. de Morny n'a rien épargné pour qu'il fût atteint.

» La force motrice se compose de deux machines à vapeur de systèmes différents représentant la force de seize chevaux ; quatre générateurs fournissent la vapeur nécessaire à la fois à la production de cette force, à la concentration du sirop et au chauffage de tout l'établissement.

» Dans une salle, on voit réunis deux laveurs, deux râpes, huit presses hydrauliques, huit chaudières à déféquer et un immense appareil à cuire dans le vide, construit d'après le système Desgrand. Toutes ces machines, d'une confection soignée et même luxueuse, présentent le coup d'œil le plus riche et le plus imposant. De vastes étuves, des fours à noir, de nombreux bâtiments d'exploitation agricole, groupés autour de la fabrique, complètent ce bel établissement.

» Si de cette immense fabrique nous passons à celle qui la première a été construite en Auvergne, celle de M. Despradeaux, à Epinay, nous aurons parcouru d'un seul pas toute l'échelle des fabriques de sucre.

» La fabrique d'*Epinay*, conçue sur le plan modeste avec les appareils les plus économiques, a constamment donné de beaux bénéfices à son propriétaire ; pourtant rien de plus simple que les moyens de fabrication.

» La râpe est mise en mouvement par un manège conduit par des chevaux. Les presses sont mues à bras d'homme.

» La concentration et la cuite des sirops se fait dans des chaudières à feu nu. Mais tous ces inconvénients sont rachetés par des avantages que nous énumèrerons plus bas.

» Entre ces deux fabriques, la plus perfectionnée et la plus élémentaire, celle qui produit le plus et celle qui produit le moins, viennent se placer toutes les autres fabriques d'Auvergne. »   (*L'Ami de la Charte*, 21 novembre 1838.)

Veut-on savoir maintenant comment on concevait alors l'exploitation d'une fabrique de sucre ? Citons encore :

« Dans presque toutes les branches d'industrie, la grande fabrication finit par tuer la petite. Quand des perfectionnements notables s'introduisent dans un genre de fabrication, il faut les adopter, sous peine, dans un temps plus ou moins long, de succomber sous la concurrence. Ainsi, les papeteries mécaniques ont presque détruit dans toute la France la fabrication du papier à la main, et finiront-elles par la rendre tout à fait impossible.

» Dans l'industrie sucrière il n'en est point ainsi, et les petits établissements pourront vivre et prospérer à côté des grands. Cette différence tient à la nature même de cette

industrie, qui peut être envisagée ou comme principalement
agricole, ou comme principalement manufacturière.

» Si, en créant une fabrique de sucre, vous n'avez en vue
que la production de cette denrée, formez un grand établissement, achetez les appareils les plus perfectionnés, opérez
sur des masses importantes, ne vous occupez pas de cultiver,
contentez-vous d'acheter vos betteraves; étudiez surtout, et
cette condition est la plus importante de toutes, étudiez bien
les procédés de la fabrication, car les fautes les plus légères
en apparence, les moindres erreurs, ont les conséquences les
plus fâcheuses, quand elles réagissent sur des masses de
produits; de cette manière vous produirez beaucoup et à bon
marché.

» Si, au contraire, vous êtes cultivateur, et que vous vou-
liez améliorer l'assolement de vos terres, utiliser vos produits et nourrir une plus grande quantité de bestiaux, élevez
une fabrique de sucre sur une petite échelle, servez-vous
des appareils les moins coûteux, opérez sur de petites quantités, employez pendant l'hiver à ce travail les domestiques
et les ouvriers de votre ferme, et vous serez sûr d'obtenir des
résultats satisfaisants. Les bénéfices que vous donnera le
sucre seront minimes peut-être, mais les avantages que vous
recueillerez comme cultivateur seront importants.

» Ainsi, dans le premier cas la fabrication du sucre est
le principal; dans le second, elle n'est que l'accessoire. Dans
l'un, il faut être manufacturier et négociant; dans l'autre,
il suffit d'être cultivateur intelligent. L'un et l'autre de ces
deux modes de fabrication nous semblent appelés dans notre
pays à un haut degré de prospérité, si les dispositions législatives n'y viennent mettre obstacle; mais s'il nous était
permis de donner un avis, ce serait plutôt dans la voie de la
petite fabrication que nous voudrions voir les propriétaires
engager leurs capitaux; elle présente, il est vrai, une apparence moins séduisante de bénéfices, mais elle n'exige l'emploi que de peu de fonds et est à peu près exempte de toute
chance de mécomptes et de pertes. »   (*Même source*).

Chose singulière, c'est au moment où les difficultés s'amoncellent que l'engouement pour la fabrication du sucre devient le plus vif.

« Dans le Puy-de-Dôme, malgré les charges fiscales dont elles étaient menacées, les manufactures de sucre de betterave n'avaient pas cessé de se développer. La consommation, qui atteignait alors, dans ce département, 300 milliers de raffiné en pains et une quantité égale de sucre brut ou *terré*, était alimentée par les ports de Bordeaux et de Marseille, lorsque le sucre de betterave, à la faveur de sa franchise de taxe, est venu s'en emparer. En 1837-1838, les fabriques du Puy-de-Dôme expédiaient, même jusqu'à Bordeaux, des sucres claircés pour les mélanger avec les sortes médiocres de l'Inde. Les prix, à Clermont, étaient alors de 46 fr. pour la qualité brute dite *bonne quatrième*, et de 70 fr. pour la qualité brute dite *les terrés*. Les produits qui ne trouvaient pas leur débouché sur les lieux étaient dirigés sur Lyon et Paris.

» Les manufactures du Puy-de-Dôme, encore dans leur enfance, produisent en ce moment 970 milliers de sucre de betterave, mais partout les capitaux affluent, et les personnes les plus considérables du département par leur fortune et par le rang qu'elles y occupent, s'empressent de s'intéresser dans les établissements de sucreries qui se forment sur tous les points ».　　　　(*L'Ami de la Charte*, 14 avril 1838.)

Une semblable émulation régnait, d'ailleurs, dans les autres régions de la France qui possédaient des fabriques de sucre.

Au mois d'avril, la Société d'encouragement à l'industrie nationale avait offert cinq prix en argent dont deux de quatre mille francs et deux de trois mille pour la solution des questions relatives à la dessication de la betterave, à l'extraction du jus, à l'analyse chimique et à l'invention d'un saccharimètre. On sentait que le moment était venu où, pour ne pas disparaître, il fallait faire un effort décisif. Et l'optimisme de la note que nous venons de citer était plutôt destiné à masquer une inquiétude qui n'allait pas tarder à se manifester ouvertement, à tromper des craintes qui n'étaient déjà que trop justifiées.

C'est en cette année 1838, en effet, que le sucre indigène allait être pour la première fois frappé d'un impôt. La loi d'Argout, votée le 18 juillet 1837 et rendue applicable par une ordonnance royale du 4 juillet 1838, avait fixé le taux de cet impôt à 11 fr. à partir du mois de juillet 1838, et à 16 fr. 50 à partir du mois de juillet 1839, par cent kilos de sucre brut (1). Le sucre colonial payait alors une taxe de 49 fr. 50 (2). Les effets de cette loi furent déplorables : plus de cent fabriques disparurent. Sur 547 qui avaient travaillé en 1838, 418 seulement restèrent en activité en 1839, et la production tomba, en un an, de 39 à 23 millions de kilos.

Dans le Puy-de-Dôme, les plaintes furent très vives. La presse s'en fit l'écho. Le 17 octobre, *L'Ami de la Charte* publiait l'article suivant :

« L'introduction de la fabrication du sucre de betteraves en Auvergne ne remonte pas à une époque très reculée.

» C'est en 1829 seulement que la première sucrerie a été créée ; une autre a été fondée en 1830, deux en 1835, six en 1837 et deux en 1838.

» Sans contredit, l'établissement de nouvelles sucreries aurait été en progression toujours croissante, et cette année, notamment, il s'en serait monté sept ou huit, si cette progression n'avait été paralysée par la loi rendue dans la dernière session, qui, comme on le sait, frappe le sucre brut d'un droit de 14 fr. par 100 kilos. Les industriels les plus audacieux ont reculé, non sans raison, devant la crainte des perturbations qu'un pareil impôt et les difficultés de sa perception devaient apporter dans l'industrie sucrière.

» Quoi qu'il en soit, douze établissements sont aujourd'hui en pleine activité. Construits sur des échelles différentes, les

(1 et 2) Décimes compris.

uns se servent encore d'appareils peu compliqués ; mais les autres, pourvus des inventions les plus perfectionnées, peuvent, par leur importance, soutenir le parallèle avec les plus beaux établissements du nord de la France.

» Aujourd'hui nous nous occuperons d'une manière générale de la puissante influence qu'ils exercent sur la prospérité de notre département.

» Des renseignements positifs nous mettent à même de dire que la création de ces fabriques a coûté en constructions et machines une somme totale de 865.000 fr., chiffre dans lequel nous ne comprenons pas les sommes dépensées en tâtonnements, mais seulement celles utilement employées.

» Quant aux résultats de leur travail, voici quels ils seront pendant la campagne qui commence :

» Leur approvisionnement en betteraves a exigé la culture de 470 hectares.

» Elles consommeront en charbon 65 ou 70.000 hectolitres, et en noir entre 180 et 200.000 kilogrammes.

» 800 ouvriers seront employés pendant les mois d'hiver aux travaux de la fabrication du sucre, indépendamment de ceux nécessaires à la culture et à la rentrée des betteraves.

» Les pulpes provenant de la fabrication pourront engraisser 1.266 bêtes à cornes.

» La production du sucre sera environ de 800.000 à un million de kilogrammes.

» Elle donnera pour résidu 395.000 kil. de mélasse qui, si elle est distillée, produira 1.870 hectolitres d'esprit à 36 degrés, ou qui, à défaut de distillation, sera employée, après mélange avec de la paille hachée, à la nourriture des bestiaux.

» Si de ces faits, dont nous garantissons l'exactitude d'après les résultats obtenus l'année dernière et les commencements du travail de cette année, on veut citer des résultats en chiffres, on trouvera que l'introduction de la betterave en Auvergne a augmenté la richesse immobilière du pays en capital de :

1° 865.000 fr., formant la valeur des
établissements qui ont été créés   865.000 fr.

2° 470.000 fr., montant de la plus-
value qu'ont gagnée les terres
aujourd'hui cultivées en belte-
raves......................   470.000 »

Total..... 1.335.000 fr.

» Mais ce serait rester au-dessous de la vérité que de borner à ce chiffre l'augmentation survenue, car :

» 1° La propriété territoriale a considérablement gagné de valeur dans tous les cantons où sont situées les fabriques de sucre ;

» 2° L'établissement de ces dernières a entraîné la création ou l'agrandissement d'une foule d'établissements accessoires, tels que fabriques de noir, fonderies, chaudronneries, distilleries, ateliers de mécaniques, etc.

» On ne se trompera pas en affirmant que la plus-value en capital, produite par toutes ces causes dans notre département, dépasse un million.

» De telle sorte que s'il n'existait pas chez nous de sucreries, ou si celles qui existent disparaissaient, la somme de nos richesses immobilières ou industrielles serait de par ce seul fait immédiatement diminuée :

1° Directement, d'un capital de...   1.335.000 fr.
2° Indirectement, d'un capital de
plus de.... ....   1.000.000 »

Total..... 2.335.000 fr.

» Examinons maintenant quels sont les résultats annuels du mouvement des capitaux de nos douze sucreries.

» D'après les bases posées ci-dessus, la consommation de ces fabriques représente :

En betteraves, à raison de 560 fr.
l'hectare . . . . 263.200 fr.
En charbon . . . . 130.000 »
En noir animal . . . . 45.800 »
En main-d'œuvre. . . . . 96.000 »
En éclairage, réparation de machi-
nes, toiles et dépenses diverses. . 77.000 »

          Total. . . . . 612.000 fr.

» Si à cette somme on ajoute les dépenses qu'entraîne le transport du sucre, les commissions auxquelles sa vente donne droit, etc., on trouve que nos sucreries produisent près de 700.000 fr. de circulation par an, et cette somme se disperse dans la population toute entière depuis le manœuvre de la campagne jusqu'au fermier et au propriétaire, depuis l'ouvrier des villes jusqu'au négociant et au banquier.

» D'un autre côté, en fixant nos regards sur les éléments dont se compose la fabrication du sucre, nous reconnaîtrons qu'ils sortent tous de notre sol. Ce sont :

» Des betteraves, produit nouveau de notre agriculture, entièrement inconnu à ce département il y a dix ans et qui, par un système d'assolement bien entendu, se marie avec la culture des céréales sans que la production totale de ces dernières en soit diminuée.

» De la houille extraite de nos propres mines, et dont la quantité employée par les sucreries égale aujourd'hui la production totale de ces mines en 1825.

» Du noir animal fabriqué avec des os ramassés dans les campagnes, objets sans aucune valeur autrefois et devenus la matière d'un commerce important. De la main-d'œuvre fournie dans les mois d'hiver par la population des campagnes.

» Ainsi, les capitaux qu'emploie la fabrication du sucre ne donnent pas lieu seulement à une circulation importante, mais à une création positive de valeurs nouvelles. S'appuyant entièrement sur les ressources du pays, cette industrie y puise tous ses éléments de succès, et pour cette raison il n'y en a pas d'autre qui puisse à un aussi haut degré influer sur la prospérité de nos contrées, de même qu'il n'y en a pas qui soit plus propre à détruire les préjugés de nos cultivateurs en les initiant à la connaissance des bonnes méthodes agricoles et industrielles. »

Si l'application du nouvel impôt avait condamné au chômage une centaine de fabriques, les douze usines du Puy-de-Dôme restaient cependant encore en activité. La ténacité est le propre de la race auvergnate. Mais les coloniaux, qui s'agitaient de plus en plus, réclamaient avec véhémence l'égalité des charges fiscales pour les sucres des deux origines, et l'antagonisme entre les deux industries, que le développement de la production indigène ne faisait qu'exciter, prenait maintenant le caractère d'une lutte épique. M. de Morny, comme nous l'allons voir, était arrivé à point nommé pour jouer, dans ce conflit, le rôle principal.

Le 29 septembre, les délégués du commerce maritime présentaient au roi une adresse en faveur des sucres exotiques :

« Sire,

« Les délégués du commerce maritime accomplissent un pénible devoir en venant exposer à Votre Majesté la ruine prochaine dont nos colonies et tous les intérêts français qui s'y rattachent sont menacés. Ces intérêts sont nombreux et puissants.

» Vous le savez, Sire, nos rapports avec nos colonies créent une des branches les plus productives de notre revenu public. Ils assurent aux produits de notre agriculture et de nos diverses industries un débouché annuel de 50 à 60 millions. Ils fournissent un grand élément de travail à toutes nos populations maritimes. Ils occupent quatre cents navires qui entretiennent la vie et le mouvement dans nos ports et dans nos chantiers de construction. Ils sont le principal aliment de notre navigation pour la grande pêche. Ils permettent à notre commerce de créer et d'entretenir à ses frais plusieurs milliers de marins toujours prêts pour le service de l'Etat.

» De tels intérêts, Sire, sont trop intimement liés à la prospérité et à la puissance politique de la France pour ne pas être l'objet de votre haute et constante sollicitude. C'est notre confiance dans cette consolante pensée qui nous appelle à l'honneur d'être en ce moment près de Votre Majesté.

» Organes de ces intérêts, ce ne sont point des faveurs que nous venons solliciter en leur nom, mais justice. Oui, Sire, justice et rien que justice, car ce que le commerce demande, c'est l'égalité des charges consacrée dans toutes nos lois. Sans cette égalité tous ces intérêts périssent sous l'effet de circonstances dès longtemps prévues, et cependant restées sans amendement, quoique incessamment signalées par le commerce.

» Par une exception que rien ne motive, les sucres de nos colonies sont frappés de droits trois et quatre fois plus élevés que les sucres de betteraves fabriqués en France. Cependant la loi reconnaît en principe et en fait que si une faveur devait être accordée, ce serait plutôt à celui de ces produits qui donne le plus d'activité aux diverses branches de l'industrie du royaume, à celui qui procure à la France une marine qui ne coûte rien à l'Etat et qui dès lors profite au pays sans aggravation de charges pour les contribuables. Le sucre de betteraves, longtemps affranchi de toute taxe, vient d'être frappé d'un droit de 10 et 15 francs par cent kilogrammes.

» En procédant avec une rigoureuse justice, nous serions fondés à demander pour les sucres de nos colonies l'abaissement aux mêmes chiffres ; mais nous reconnaissons, que l'impôt sur les sucres peut et doit être porté à un taux plus élevé. En attendant qu'une loi vienne consacrer l'application de l'égalité de l'impôt sur les deux sortes de sucre, nous sollicitons un dégrèvement de 20 francs par cent kilo-

grammes de sucre exotique. Cette mesure est de la plus
haute urgence. Elle ne saurait être différée sans consommer
la ruine de notre commerce maritime et de tous les intérêts
qui y sont engagés.

» Sire, la haute raison de Votre Majesté, autant que les
sentiments de son cœur, ne seront point de vains appuis pour
l'immense population dont les intérêts menacés viennent
réclamer justice auprès du trône. Notre envoi par les villes
de commerce les plus importantes du royaume n'est pas un
vain appareil pour affliger le cœur du souverain par un tableau
exagéré de leurs souffrances. Il a fallu un intérêt bien pressant;
le sentiment de grands malheurs, la conviction que de plus
grands malheurs peuvent et doivent être prévenus pour que
le commerce eût recours à un moyen extraordinaire de vous
faire parvenir ces supplications. Nous en sollicitons l'accueil,
Sire, et nous attendons avec confiance et respect la déclaration de Votre Majesté. »

A leur tour, les régnicoles vont porter leurs griefs au roi et
au ministre. Dans toute la France, il s'étaient réunis par
région pour aviser aux moyens de se concerter et d'unir leurs
efforts pour une action commune. Voyons ce qui se passe
dans la Limagne :

« Le samedi 6 octobre 1838, les fabricants de sucre de
betterave du département du Puy-de-Dôme se sont réunis à
Clermont-Ferrand, à l'effet d'aviser au moyen de défendre
les intérêts de leur industrie menacée par les bruyantes réclamations des colonies et des ports de mer. Il a été arrêté
dans cette réunion que deux d'entre eux seraient délégués
pour les représenter à Paris, et qu'une pétition collective
serait adressée au ministre du commerce pour demander qu'il
ne soit pris aucune nouvelle mesure fiscale avant que l'impôt
établi par la loi de 1837 sur le sucre indigène ait reçu son
application et que les résultats en soient connus et appréciés.

« C'est dans cette réunion que le comte de Morny, propriétaire de la sucrerie et raffinerie de Bourdon, a été nommé

délégué pour représenter à Paris les intérêts des négociants, fabricants et cultivateurs du Puy-de-Dôme. M. Chauvassaignes a été adjoint à M. de Morny.

» Dans la même séance, deux pétitions ont été arrêtées, l'une au roi, l'autre au président du conseil des ministres. Cette dernière est signée par tous les négociants, propriétaires, cultivateurs, etc., qui sont intéressés à l'existence des fabriques de sucre. » (*Même source*).

Voici le texte de la pétition adressée au roi :

« Sire,

« Un long cri de détresse parti des départements où la fabrication du sucre de betterave a déjà fait quelques progrès, doit répondre aux plaintes déposées aux pieds de votre trône par MM. les Délégués des ports de la France. Arbitre suprême, Votre Majesté, dans sa haute sagesse, appréciera, sans doute, que sa décision peut être, pour l'une des deux industries, une chance plus ou moins favorable de succès, et pour l'autre un arrêt de mort.

» D'une part, supériorité de la canne à sucre sur la betterave pour la richesse saccharine ; fabrication et culture bien moins coûteuses ; de l'autre, efforts continuels, préjugés à vaincre, déceptions nombreuses, masse énorme de capitaux enfouis, et quelques rares succès à enregistrer.

» Sire, pour tous les fabricants de sucre de la France, c'est un cri d'alarme, c'est une existence actuelle compromise ; mais pour nous, habitants du Puy-de-Dôme, dont le sol est si propre à la culture de la betterave, dont la population pressée a des bras inactifs, pour qui l'impôt sur les vins tarit une source inépuisable de richesses, dont les houilles n'ont d'autre débouché que le débit local, c'est vraiment un avenir anéanti.

» En vain pour une question d'intérêt privé voudrait-on vous faire éprouver la crainte de la perte de nos colonies ! Sire, nos ports ne seront pas moins fréquentés, notre marine marchande moins nombreuse, quand il ne lui resterait à importer que les produits innombrables que notre climat nous refuse; et la France, puisant des leçons dans l'histoire contemporaine, cessera du moins sous ce rapport d'être tributaire de l'étranger.

» Confiants dans la stabilité de faits accomplis et dans la moralité de votre gouvernement, ne pouvant penser qu'il fût possible de déguiser un nouvel impôt sous une autre forme, nous avons fondé de nouveaux établissements et compromis nos fortunes sans aucune crainte, tant nous avons foi dans la sagesse et la haute raison dont Votre Majesté nous a jusqu'à présent donné tant de preuves.

« Permettez donc, Sire, aux fabricants de sucre du département du Puy-de-Dôme de porter au pied du trône de Votre Majesté l'expression de leurs vives inquiétudes et l'assurance de leurs profonds et respectueux hommages. »

La pétition adressée au ministre était ainsi conçue:

MONSIEUR LE MINISTRE,

« Les soussignés, informés des démarches que font auprès du gouvernement MM. les délégués des colonies et quelques villes maritimes à l'effet d'obtenir un dégrèvement sur l'impôt du sucre colonial, viennent vous exposer combien la mesure sollicitée jetterait de perturbation dans leur position et leur fortune.

» Ce n'est qu'après de longues et coûteuses épreuves que l'industrie du sucre indigène est parvenue à obtenir des résultats un peu avantageux; dès lors, il s'est formé des associations qui ont engagé dans cette nouvelle industrie des capitaux considérables; des établissements ont été construits à grands frais; des baux à longs termes ont été passés entre les propriétaires et les fabricants, des mécaniciens, des ouvriers ont quitté leur profession primitive pour se livrer à la confection des machines propres à cette fabrication; enfin, partout où le terrain est propre à la culture de la betterave, un mouvement général a été imprimé, sous la protection du gouvernement.

» Cependant, à peine cette nouvelle richesse territoriale et industrielle a-t-elle mis en perspective quelques dédommagements à ceux qui s'en sont occupés avec persévérance et d'énormes sacrifices, qu'un impôt prématuré est venu détruire leurs espérances ; impôt lourd, dont la perception par exercices ne saurait être qu'une suite d'entraves, d'embarras et, parfois, de vexations. Dès cet instant, tout projet d'établissement nouveau a été suspendu, et, si ceux qui sont encore en mesure de fabriquer, continuent sous l'empire de la loi qui les atteint, ce n'est que dans l'espoir que la pratique apportera dans la fabrication une amélioration qui les mettra à même de le supporter.

» Les colons et quelques armateurs des villes maritimes, encouragés par leur premier succès, demandent maintenant un dégrèvement sur les droits d'entrée. Comme le prix de revient du sucre de cannes est bien au-dessous de celui de betteraves, cette double protection, si elle était accordée, frapperait de mort l'exploitation du sucre indigène, et c'est là le but de tous leurs efforts. Mais, de quoi se plaignent-ils donc? Qu'ils ne peuvent vendre leurs produits qu'à perte. Qu'on fasse une enquête sur la position des exploiteurs du sucre indigène, on se convaincra qu'ils sont dans la même position ; que leurs magasins sont encombrés par la mévente. Il faut conclure de ce fait que la production excède la consommation. Mais ce n'est pas un motif pour favoriser quelques milliers d'individus au préjudice de plus d'un million d'intéressés à la nouvelle industrie.

» Quant aux villes maritimes, leurs doléances ne sont pas fondées ; elles perçoivent les premiers bénéfices et le plus net de tous, les produits territoriaux et industriels des importations et exportations, et, en outre, ne sont-elles pas les mieux dotées dans la répartition des travaux d'art qui s'exécutent aux dépens du budget de l'Etat : amélioration des ports, routes, canaux, chemins de fer, tout est pour elles une source de richesses. Qui pourra contester que Marseille et le Havre ne soient, depuis 1830, les villes les plus florissantes du royaume? C'est aussi depuis cette époque que les fabriques de sucre se sont multipliées en France. Il est donc évident qu'elles n'ont pas nui à la prospérité de nos villes maritimes. Aussi, ce ne sont guère que quelques négociants, grands faiseurs, quelques commissionnaires cupides (véritable cause de la ruine des colons), qui ont parlé haut. Sacrifier à ces hommes le sucre de betteraves, ce serait sacrifier le travail des bras à la spéculation, la manufacture à l'agio, et Dieu sait où un pareil système conduirait!

» On conçoit que des délégués, généreusement rétribués par leurs mandants, cherchent à se rendre utiles à leurs commettants; mais espérer que le gouvernement cédera à leurs sollicitations en sacrifiant les intérêts du trésor et de plus d'un million de Français de toutes les classes, cela n'est pas probable.

» Eh quoi! on exige qu'il prenne sous sa responsabilité de résoudre une question qui porterait la ruine dans un grand nombre de familles, et un coup mortel à une de nos plus importantes industries, sans le concours des Chambres! Ce serait l'exposer à une collision qui aurait des chances tellement fâcheuses, qu'il est impossible, quant à présent, d'en prévoir les conséquences.

» Loin de nous, M. le Ministre, la pensée que le gouvernement ne doive rien faire pour venir au secours des colons; nous faisons des vœux, au contraire, pour qu'ils soient autorisés à vendre leurs produits partout où ils trouveront avantage, et qu'il leur soit accordé des encouragements pour cultiver des produits exotiques que nous achetons des étrangers.

» Il est des innovations qui sont profitables aux uns et défavorables à d'autres, il faut en subir les conséquences et les mettre à profit, lorsqu'elles sont à l'avantage du plus grand nombre.

» Le sucre, par son usage journalier, est devenu, en

quelque sorte, un objet de première nécessité pour toutes les classes de la société. Aussi la culture de la betterave est-elle protégée par la plupart des Etats européens. Dans cette position, qu'arriverait-il si la guerre éclatait entre la France et une puissance maritime qui nous priverait de pouvoir communiquer librement avec nos colonies? N'étant plus alimentés par nos sucreries indigènes, nous deviendrions tributaires de ceux à qui nous fournissons encore pour complément de leurs consommations, position qui serait onéreuse pour le consommateur et occasionnerait au trésor un déficit considérable qu'il faudrait remplacer par de nouveaux impôts.

» L'agriculture s'est jointe à nous pour venir vous demander justice ; elle a senti que la cause nous était commune et qu'une existence nouvelle était attachée pour elle à la culture de la betterave. Le chiffre des signatures des cultivateurs apposées au bas de cette pétition, plaidera, nous osons l'espérer, bien éloquemment.

» Il ne nous appartient pas de toucher les hautes questions gouvernementales, mais il nous semble que l'exemple récemment donné par nos voisins d'outre-mer peut rendre problématique la durée de l'esclavage dans nos possessions ; or, la révolte, la désertion, ou même l'émancipation des noirs tuera le sucre exotique comme les lois dont on nous menace auront tué le sucre indigène. Alors on reviendra par nécessité à la culture de la betterave; alors une génération nouvelle de fabricants, instruits par nos ruineuses expériences, viendra, plus heureuse que nous, s'enrichir sans concurrence là où nos fortunes se seront englouties.

» Par toutes ces considérations et autres qui militent en faveur de la protection qui doit être accordée aux sucres indigènes, et qui vous seront présentées avec plus de force et d'éloquence, mais non avec plus de franchise et de vérité, les soussignés osent espérer, Monsieur le Ministre, qu'il ne sera rien changé à la loi du 18 juillet, avant que vous en ayez connu les effets. »

De son côté, M. Debert-Clerzac, fabricant de sucre à

Crouël, adressait au roi, en son nom personnel, une supplique en faveur de la nouvelle industrie.

Quelques jours plus tard, le Conseil supérieur du commerce se réunit sous la présidence de M. Molé, pour entendre d'abord les délégués des sucreries coloniales et les représentants des ports de Dunkerque, du Havre et de Marseille, puis les délégués des sucreries de betterave. On pressentait que ces derniers avaient peu de chance de succès, car le Conseil comptait à peine un ou deux hommes que leur position rendait favorables aux intérêts agricoles et pas un qui soutînt l'industrie betteravière, tandis qu'il s'y trouvait beaucoup de défenseurs naturels des colonies et des ports. Ses membres étaient : MM. de Broglie, Mollien, Portal, de Fréville, d'Argout, Gautier, Decazes, Odier, Cunin-Gridaine, Jacques Lefebvre, Ganeron, Joseph Périer, Legrand, Reynard, Duchâtel, Boigner, Rondeau, Vustemberg, Charles Dupin, Verner, Legrand (de l'Oise), David, Vincens, Filleau, Saint-Hilaire, Gréterin et Désaugiers.

C'est devant cet aréopage que comparurent, le 18 octobre, MM. de Morny, Castelaint, Blanquet, Crespel et Kolb, ainsi que les représentants de l'agriculture, MM. Ducroquet, Defitte, Lestiboudois et Darblay.

Le lendemain, les délégués des départements producteurs de sucre indigène tenaient une séance définitive au cours de laquelle MM. de Morny et Bourgeois furent élus secrétaires chargés spécialement du soin des affaires qui seraient soumises au comité.

C'est à eux que fut notifiée, le 31 octobre, la décision du gouvernement, qui, moins entachée de partialité que celle du Conseil supérieur du commerce en faveur des colonies, était cependant plus avantageuse pour celles-ci que pour l'industrie métropolitaine. Elle annonçait qu'il serait présenté aux Chambres un projet de loi proposant un dégrèvement de 15 francs sur les sucres coloniaux et l'abaissement du rendement présumé au raffinage, deux mesures qui semblaient vouloir donner satisfaction à chacune des deux parties.

A Clermont, on se félicitait de l'activité de M. de Morny. Voici comment s'exprimait à son endroit la *Gazette d'Auvergne,* organe des aspirations légitimistes :

« Immédiatement après la réception de sa nomination comme délégué des fabricants de sucre de ce département, M. de Morny s'est joint à MM. les délégués des autres départements, et dans une de leurs dernières réunions, il a été nommé membre du comité consultatif, et choisi quatrième pour soutenir devant le conseil supérieur du commerce la cause du sucre indigène. Vendredi dernier, M. de Morny a été aussi nommé, conjointement avec M. Bourgeois, l'un des délégués du nord, secrétaire du comité.

. . . .

« Nous voyons avec plaisir l'un des délégués du Puy-de-Dôme prendre un rang honorable parmi ses collègues des autres départements. Il est certain que MM. les fabricants de sucre de l'Auvergne ne pouvaient faire un choix plus convenable que celui du fondateur du bel établissement de Bourdon ; leurs intérêts trouveront en lui un défenseur aussi actif et zélé qu'éclairé. Nous en dirons autant de la nomination de M. Chauvassaignes, qui, dans cette circonstance, représentera non seulement les intérêts d'une industrie d'une si grande importance pour l'Auvergne, mais encore ceux non moins précieux de l'agriculture, à laquelle M. Chauvassaignes consacre ses soins et sa grande fortune, »

(Gazette d'Auvergne, 24 octobre 1838.)

« Le conseil supérieur du commerce a rendu sa décision et émis l'avis en faveur du dégrèvement du sucre colonial. Nous nous faisons un devoir de signaler à la reconnaissance de ce département et de l'industrie sucrière, la chaleur avec laquelle M. de Morny a soutenu, devant le conseil supérieur et le ministre, la cause du sucre indigène en général, et en particulier celle des intérêts qui se groupent en Auvergne autour de cette industrie. »

(Ibid., 31 octobre 1838.)

10

Mais il ne suffisait pas de solliciter les pouvoirs publics ; il importait surtout, sous le régime constitutionnel issu de la révolution de 1830, de saisir l'opinion, de l'éclairer et de se la rendre favorable. Le délégué du Puy-de-Dôme se souvint à propos qu'il avait des amis au *Messager*. Il s'empressa d'y publier, sur les sucres, une série d'articles que les journaux de Clermont reproduisaient en les accompagnant d'élogieux commentaires, et qui attestaient, au dire de l'un d'eux, « une consciencieuse étude et une vive intelligence de la question ». Nous donnons ci-après, *in extenso*, le premier de ces articles qui parut le 15 octobre :

« La question des sucres qui occupe en ce moment le pays et le gouvernement est d'une importance grave, elle intéresse toutes les industries et au plus haut degré l'agriculture : elle mérite donc d'être étudiée avec soin.

» Je diviserai cette opinion en plusieurs articles; celui-ci ne contiendra que des considérations générales, il n'envisagera; si je puis m'exprimer ainsi, que l'aspect moral. Les articles subséquents entreront plus avant dans le cœur de la question, et auront pour but de prouver, à l'aide de chiffres exacts et de matériaux authentiques, qu'on a cherché à égarer l'opinion publique, soit en attribuant au sucre de betteraves des conditions plus favorables qu'il ne les possède réellement, soit en exagérant les conséquences désastreuses de sa rivalité sur les colonies et notre commerce maritime.

» La Chambre a voté l'année dernière un impôt sur le sucre indigène ; cette nouvelle loi n'a pas même encore été appliquée, et néanmoins les colonies et les ports s'agitent afin d'obtenir des ministres une ordonnance de dégrèvement sur le sucre colonial. Souhaitons que l'on puisse concilier les intérêts de ces deux industries, et que l'une ne soit pas obligée, pour subsister, de dévorer l'autre.

» Avant de savoir si le gouvernement a une préférence, examinons avec autant de bonne foi que possible laquelle des deux a le plus de droits à sa protection, soit par sa conduite passée, soit par sa position actuelle, soit enfin par son avenir probable ; c'est donc un parallèle à établir entre le sucre indigène et le sucre exotique.

» Sous l'empereur, à l'époque de la guerre avec l'Angleterre, lorsqu'il était urgent que la France se suffit à elle-même et pût au besoin se passer des productions coloniales, naquit le sucre de betteraves, infirme et débile, considéré comme une chimère industrielle ; mais néanmoins sollicité par des primes, par des promesses pompeuses, par des dons pécuniaires, enfin par tout ce qui peut développer une industrie naissante et attirer à elle les regards de la spéculation et de la science.

» En 1812 l'Empereur fait remettre 40.000 francs à chacun de MM. Isnard et Barruel, avec obligation de les destiner à une fabrique de sucre de betteraves. En même temps il fonde quatre écoles de sucreries indigènes, avec professeurs, etc., etc. Quatre fabriques, dites impériales, s'élèvent ; une somme de 12.000 fr. est accordée à M. Bonmatin sur un rapport de M. Chaptal. Enfin, mille autres encouragements de cette nature qu'il serait trop long d'énumérer ici, cherchent à frayer une route à cette industrie chancelante.

» L'esprit inventif qui fermente en France s'est bientôt mis à l'œuvre. Le fabricant qui se ruinait alors que le sucre était à six francs la livre, trouvait récemment un bénéfice raisonnable à le vendre moins d'un franc ; mais aussi pour arriver à ce résultat, que d'expériences coûteuses, quelle somme de capitaux absorbés par des essais infructueux !

» L'emploi de la chaux, celui du noir animal, les différents systèmes de filtration, les perfectionnements apportés dans le mécanisme des râpes et des presses hydrauliques, la multiplicité des appareils à cuire, depuis la bascule à feu nu jusqu'à la chaudière à vide ; par combien de tâtonnements ruineux n'a-t-on pas dû passer pour arriver à conquérir un bénéfice quelconque, si l'on songe en outre que pendant la durée de ces efforts, le prix du sucre s'en allait toujours s'abaissant, et que par un mouvement contraire, celui des terres, de la main-d'œuvre et du combustible ne cessait d'augmenter.

» Mettez en regard de cette admirable marche de l'industrie sucrière indigène, l'indolente insouciance des colons. Pendant une longue suite d'années, ils ont perçu des bénéfices considérables ; afin de les augmenter encore, avec une imprévoyance coupable, ils ont arraché les cotonniers, les caféyers, en un mot remplacé toutes les productions de leur sol par la canne à sucre.

» Ils ont constamment méprisé le sucre de betteraves, et quand celui-ci a commencé à lever la tête et à devenir menaçant, au lieu de se replier sur eux-mêmes, de chercher à combattre ce nouvel ennemi par ses propres armes, de se servir de ses découvertes, de remplacer les bras ignorants par des machines, les procédés barbares par les nouvelles inventions, ils ont préféré remplir l'air de leurs cris de détresse, dans l'espoir d'apitoyer le gouvernement. Cependant les avertissements ne leur ont pas manqué. M. Lambert, en 1819, leur a apporté l'usage du noir animal et du sang de bœuf; M. Derosne les a tenus au courant de tous les perfectionnements sanctionnés par l'expérience ; allez voir où ils en sont restés..... Pas une dépense récente, pas un capital nouveau employé à corriger leurs établissements, à y introduire les nouvelles méthodes.

» Le sucre de betteraves, lui, doit son existence au travail, à l'activité, à la persistance, à l'économie, à la science ; il la doit aussi à la protection du gouvernement, et il serait odieux de penser que le gouvernement voulût la lui ravir.

» Un gouvernement a sa moralité comme un particulier. Depuis vingt-cinq ans, ou depuis huit ans seulement, quoique en matière de commerce un gouvernement puisse bien être solidaire des actes de son prédécesseur, il n'a pas ignoré les progrès du sucre de betteraves, il a connu les efforts des industriels, il a vu les capitaux s'engager dans cette voie. Hé bien ! a-t-il jamais tenté de l'arrêter dans sa course ? Lui a-t-il jamais dit ou fait entendre que le jour où il serait assez fort pour inquiéter les colonies, il l'étoufferait impitoyablement ? Loin de là, il l'a laissé vivre, grandir et se fortifier. Dans le rapport de M. Duchâtel, ministre du commerce, présenté au Roi le 19 janvier 1836, je lis ce passage :

» La fabrication du sucre de betteraves a d'immenses avantages ; elle s'unit aux travaux de l'agriculture, à l'assolement des terres, à l'élève du bétail ; elle n'a besoin ni d'esclaves ni de travaux obtenus par la contrainte, elle est à l'abri d'une foule d'éventualités qui menacent toujours nos établissements d'outre-mer. On ne peut vouloir en comprimer l'essor, quoiqu'il apporte, il faut le reconnaître, une perturbation sensible dans tout le système économique et financier qui embrasse les intérêts dont nous venons de parler.

» Une inquiétude exprimée en ces termes par un ministre dont l'opinion était connue comme hostile au sucre indigène, n'était-elle pas de nature plutôt à aider son essor qu'à le comprimer ? et remarquez que cette opinion était émise en 1836, quand déjà cette industrie agricole avait envahi une portion considérable de territoire.

» N'y aurait-il pas, je le répète, immoralité à venir présentement lui porter le coup de la mort ? Donc dans le cas où le gouvernement serait réduit à faire pencher la balance pour l'une ou pour l'autre de ces industries, l'indigène sacrifiée aurait le droit de l'accuser d'injustice, tandis que les colonies ne pourraient s'en prendre qu'à elles-mêmes et aux circonstances.

» Voilà pour le passé. Maintenant, je le demande, est-il, une industrie plus profitable à l'agriculture, plus bienfaisante pour nos campagnes que la fabrication du sucre indigène ? Je laisserai de côté le nombreux cortège des autres industries qui s'y rattachent et qui doivent à cette dernière une partie de leur prospérité. Je la prendrai, elle seule, isolée, venant se placer auprès d'un pauvre village. Une grande fabrique de sucre indigène occupe près de 120 ouvriers, hommes, femmes et enfants ; elle n'exige d'eux aucun travail au-dessus de leurs forces, ni comme dans d'autres fabrications, un repas forcé dans des ateliers où les malheureux respirent un air vicié ou des parcelles de matières nuisibles.

» Le paysan du voisinage est toujours sûr d'écouler le produit de sa terre, par conséquent d'être payé de ses sueurs. Puis voyez quel beau rouage manufacturier. Le jus de la betterave se convertit en sucre, sa pulpe est envoyée dans les étables ou elle sert à engraisser les bestiaux les plus amaigris et les plus fatigués, et ceux-ci fournissent l'engrais qui va de nouveau féconder la terre. Quelle succession d'opérations toutes profitables, se renouvelant d'elles-mêmes, une fois le mouvement imprimé, et répandant autour d'elles dans les campagnes la santé, l'aisance et tous les bienfaits qui s'en suivent.

» Est-ce là une industrie qu'un gouvernement peut désirer voir abattue ? Non, certes ; avouez que s'il ne s'agissait que d'être seule, au lieu de l'imposer, il devrait la soutenir et l'étendre par tous ses efforts. Pour se décider à l'anéantir, il faudrait qu'il cédât à des raisons bien puissantes.

» Or, celles alléguées par les colonies ne contiennent-elles pas de l'exagération, et ont-elles vraiment toute la gravité qu'on veut leur attribuer ? C'est ce qui fera l'objet de nos investigations.

» Notre marine, dit-on, sera perdue : C'est aller un peu vite, car un calcul de contenue très simple, et dont nous donnerons le détail, prouvera que si tous nos vaisseaux n'étaient employés qu'au transport des sucres, il en résulterait qu'il se trouverait expédié pour la France (par an) au moins vingt fois autant que les colonies en produisent. Donc je veux bien que le ralentissement de la production ait quelque effet sur notre marine marchande ; mais je maintiens qu'il est fort loin de pouvoir devenir aussi désastreux qu'on voudrait nous le faire accroire.

» Qu'on ne s'y trompe point ; le remède véritable n'est pas le dégrèvement. Le seul, l'unique, serait celui qui parviendrait à diminuer l'encombrement du marché, en facilitant la réexportation du sucre colonial. Le dégrèvement, c'est la ruine de l'industrie sucrière indigène. Car, remarquez que sa situation n'est point aussi facilement appréciable que celle de son rival. Ses conditions de prospérité ne sont pas homogènes et varient selon les localités. L'impôt seul a déjà fait fermer par avance beaucoup de fabriques ; le dégrèvement le plus minime en ruinera une quantité d'autres auxquelles le fisc, dans les conditions actuelles, laissera à peine l'intérêt raisonnable que tout fabricant doit attendre de son capital. Quelques rares établissements, dans une position toute exceptionnelle, se soutiendront sans doute encore sur ces débris, mais est-ce là le sort que le gouvernement veut réserver à une industrie agricole, et toute nationale ?

» Le remède est aussi entre les mains des colons ; car en supposant la place moins encombrée, la consommation augmentant graduellement, s'ils veulent produire avec plus de mesure, les prix se relèveront et la crise disparaîtra, sensiblement ; et si, en outre, ils consentent à employer quelques capitaux à améliorer leurs procédés de fabrication, ils ne lutteront qu'avec trop d'avantages sur les marchés de la métropole.

» Voilà, je crois, un exposé sincère de la position de ces deux industries ; je dirai un dernier mot sur leur avenir en supposant leurs intérêts mutuels parfaitement conciliés. Le sucre indigène acquiert au sol de la France une production qui la rend indépendante de tout événement maritime ou colonial (ceci est je crois un point capital dans l'économie politique d'une grande nation). Son avenir est immense pour le bien-être et la prospérité du pays ; ses bienfaits sont incommensurables pour l'agriculture et aucune crise politique ne peut lui porter atteinte. Le sucre colonial, même aidé de la protection que le gouvernement peut lui accorder, offret-il des garanties semblables ? Les colonies seront bientôt atteintes par le souffle propagateur de l'émancipation. Ce jour arrivé, qui pourra les tirer de l'abîme ? Les colonies émancipées, ne produisent rien ou peu de chose.

» Si telle était la fin inévitable qui les attend avant peu, et que le gouvernement dût en ce moment se prononcer, ne serait-il pas en présence de ces deux industries, comme un médecin qui aurait à se décider en faveur de l'un ou de l'autre de deux malades également désespérés, entre lesquels cependant il ne serait pas permis de partager ses soins et dont un devrait être nécessairement sacrifié. Or, un de ces malades est vieux et infirme, ses beaux jours sont passés, sa guérison ne fera que l'arrêter un moment sur le bord de sa tombe, où la commune destinée le précipitera bientôt. L'autre, au contraire, est plein d'espérance, la santé le rendra à une carrière longue et brillante ; en conscience, dites si la saine humanité et la véritable philosophie ne lui ordonnent pas de sauver ce dernier ?

» Pour terminer d'une façon moins orientale, j'ajouterai que le gouvernement, dans les mesures qu'il va adopter, doit bien prendre garde qu'elles aient pour effet de tuer l'une des deux industries tout en laissant mourir l'autre. »

» A. DE MORNY,

» Délégué du Puy-de-Dôme ».

Quelques jours après paraissait un nouvel article qui se terminait ainsi :

« ..... L'argument le plus puissant, à mon avis, est celui-ci : Jusqu'à la loi dernière, chacun a pu interpréter à son gré les intentions du gouvernement à l'égard de l'industrie sucrière. Chacun, en prévoyant le combat qui allait se livrer, a pu, suivant son raisonnement particulier, croire à la prépondérance des intérêts coloniaux sur ceux de l'agriculture métropolitaine, ou bien le contraire et baser ses opérations sur cette croyance. Mais depuis que le gouvernement s'est prononcé, depuis qu'il a promulgué une loi à laquelle il a assuré au moins deux années d'existence, à dater de ce jour l'incertitude a dû faire place à la confiance. Cette loi est un contrat passé entre le fabricant et le pouvoir, contrat qui ne peut pas être déchiré au bout de quelques mois, sans le consentement des deux parties.

» Il n'y a qu'un seul cas où le dégrèvement serait profitable aux colonies, c'est dans le cas où il serait assez considérable pour arrêter toute fabrication indigène. Mais je n'ai pu l'admettre, parce que ce serait accepter la ruine complète de cette industrie, et je crois que le gouvernement ne la veut pas plus que les colonies n'osent la désirer ouvertement. En résumé, le dégrèvement est donc injuste et inefficace, deux conditions de trop, ce me semble, pour être accueilli.

» Le ministère est chaque année assailli de pétitions semblables de la part des autres industries, qu'un excédent de production frappe d'une manière analogue : les grains, les soies, les tissus imprimés, les fers, les vins, les esprits, tous ont eu leurs moments de souffrance. Ils ont aussi exprimé leurs plaintes au gouvernement. Qu'a répondu celui-ci ? Rien, et il a bien fait, le trop plein s'est vidé, la production s'est ralentie, parce que le fabricant n'était que lésé, mais non ruiné et remplacé, comme je l'ai fait voir plus haut. C'est à la prudence du producteur qu'il faut s'en remettre.

» A. DE MORNY. »

Enfin, dans un troisième article, M. de Morny s'attache à prouver que la seule mesure qui puisse satisfaire à la fois les producteurs des colonies et les producteurs de la métropole, c'est l'abaissement du rendement des sucres coloniaux. Voici comment il explique la mesure qu'il sollicite dans l'intérêt des deux parties :

« Cent kilogrammes de sucre brut arrivant au port paient un certain droit d'entrée ; soumis au raffinage, en subissant une altération de forme, ils en éprouvent une de poids. — La quantité exacte du sucre raffiné qu'on peut extraire de 100 kilogrammes de sucre brut s'appelle : *le rendement vrai en matière ;* cette quantité varie selon la qualité du sucre et les procédés du raffinage. Le gouvernement, désirant faciliter la réexportation, s'engage à restituer la totalité du droit payé à l'entrée pour 100 kilogrammes de sucre brut, sur la présentation à la sortie d'une quantité de sucre raffiné moindre en poids que le rendement vrai en matière.

» Cette différence est justement ce qui excite l'intérêt du raffineur à réexporter; elle sert à lui payer les frais de ce nouveau transport et ses nouvelles chances; car il est clair que si le gouvernement exigeait la présentation du rendement vrai, l'intérêt à réexporter serait nul, abstraction faite des prix sur les marchés étrangers, dont je parlais tout à l'heure.

» Si cette différence est trop considérable, elle constitue une prime élevée et le gouvernement par le fait (en poussant les choses à l'extrème), pourrait payer à la sortie plus qu'il n'a reçu à l'entrée; mais si on la fait raisonnable, elle aura pour résultat de favoriser un écoulement qui désencombrera le marché, relèvera par conséquent les prix et sauvera instantanément les colons et les fabricants indigènes. On comprend que cette différence augmente ou diminue selon que l'on abaisse ou que l'on élève le chiffre du rendement. »

Nous ne pousserons pas plus loin la citation. Les articles qui précèdent suffisent pour que l'on puisse se rendre compte de la manière de l'auteur et lui reconnaître, si l'on considère le peu de temps qu'il a eu à sa disposition pour s'assimiler ces questions, une sagacité exceptionnelle, un sens intuitif rare. On sait d'ailleurs avec quelle aisance il discutait, plus tard, les questions commerciales, administratives et d'économie politique.

Dans l'accomplissement de sa tâche de défenseur des intérêts de la sucrerie indigène, M. de Morny continuait à montrer une activité inlassable. Il ne s'en tint pas aux articles de journaux. Vers la fin de l'année 1838, il publiait sur « *la question des sucres* » une brochure d'une cinquantaine de pages d'un réel intérêt. L'esprit de généralisation, les vues les plus élevées et les plus claires, la facilité de l'auteur à se mouvoir à travers les chiffres les plus ardus, la pénétration avec laquelle il prévoit toutes les objections et les réfute, l'esprit de conciliation qui le pousse à rechercher des satisfactions pour les intérêts mêmes de l'adversaire, la loyauté de son argumentation qui ôte à son travail le caractère d'un plaidoyer *pro domo*, la connaissance parfaite qu'il a de son sujet, telles sont les qualités qui recommandaient cette étude à l'attention des intéressés. Voici en quels termes le journal de Clermont l'annonçait à ses lecteurs :

« M. de Morny, un des plus intelligents et des plus infatigables défenseurs de l'industrie du sucre indigène, a publié tout récemment une brochure destinée à éclairer l'opinion des hommes impartiaux sur cette question défigurée par les commentaires de passions égoïstes et intéressées. L'écrivain discute, dans la première partie de son ouvrage, la justice du principe du dégrèvement et les résultats probables de l'adoption de ce principe. Il se demande si le sucre indigène est avantageux à la France, s'il est vrai que notre marine et notre dignité nationale soient compromises par le refus d'un dégrèvement, et quelles seraient en réalité les conséquences de ce dégrèvement. Toutes ces questions, posées avec une impartialité pleine de modération, il les résout en faveur du sucre de betterave avec une force de logique qui, malgré la position même de l'écrivain, ne sera accusée par aucun lecteur d'analogie avec les conseils de M. Josse. Comme pour donner une preuve nouvelle du désintéressement personnel de son opinion, M. de Morny s'est même occupé de chercher à ses adversaires un moyen de satisfaction pour leurs intérêts, et il en indique un qui nous paraît la concilier avec la satisfaction due aux nôtres. Ce moyen, c'est l'abaissement du rendement... »   (*L'Ami de la Charte*, 6 février 1839.)

Cette brochure arrivait à son heure, car depuis que les intentions du gouvernement étaient connues, la plus vive inquiétude régnait dans les centres de fabrication, et si ces intentions n'avaient été inspirées par un parti pris évident, irréductible, elle était capable d'en atténuer les effets.

Nous avons vu quels désastres avait causés dans l'industrie indigène l'application de la nouvelle taxe de 16 fr. 50. Que serait-ce si, par un dégrèvement de 15 fr. accordé au sucre colonial, on allait réduire encore l'écart entre les charges fiscales supportées par les deux sucres? Cet écart, qui était alors de 33 fr. (49.50 — 16.50), descendrait à 18 fr. C'étaient de nouveaux désastres en perspective, désastres incalculables, car il est difficile de supputer tous les intérêts agricoles et commerciaux qui gravitent autour d'une fabrique de sucre.

La Chambre de commerce de Clermont s'inquiétait du danger dont les fabriques du pays étaient menacées, et, pour tenter de le conjurer, elle cherchait à en connaître les causes et la gravité. Dans sa réunion du 15 décembre 1838, elle avait arrêté que chaque fabrique lui communiquerait son prix de revient avec chiffres à l'appui. A titre documentaire, nous donnons ci-après le compte fourni par la sucrerie de Lavort :

« J'ai essayé, écrivait l'un des propriétaires de cet établissement, de former le prix de revient de la sucrerie de Lavort pour la campagne de 1837, en faisant le relevé des différents livres tenus avec le plus de soin possible, et voici le résultat de mon travail :

» La fabrication a commencé le 30 octobre 1837, et a été terminée le 31 janvier 1838, après 94 jours de travail, mêlés de quelques suspensions inévitables.

» Dans cet espace de temps, il a été râpé, déduction faite d'une tare de 5 0/0, la quantité de 1.457 000 kilos de betteraves, à 14 fr. les 100 kilos, faisant. . . . . . . 20.398[fr.] »

4.289 journées d'hommes, femmes et
     enfants, s'élevant à . . . . 4.310 »

1.980 kilos de chaux d'Ebreuil, à
     8 fr. le cent. 158 40

14.375 kilos noir neuf fabriqué dans
     l'usine à 20 fr. le cent. . . . . . 2.875 »

            A reporter. . . . . . 27.741[fr.]40

Report.....	27.741ᶠʳ	40
27.145 kilos noir revivifié, à 3 fr. le cent	814	35
50 kilos d'huile d'olive, dite tour- nante, à 1 fr. 80 le kilo.....	90	»
275 kilos huile de quinquet, à 1 fr. 30 le kilo	357	50
15 kilos suif épuré, à 1 fr. 60 le kilo	24	»
42 kilos beurre, à 1 fr. 50 le kilo..	63	»
60 kilos graisse blanche et noire pour les machines	66	»
198 œufs à 5 c.................	9	90
229 litres de lait à 10 c..........	22	90
439 litres de sang de bœuf à 5 c...	21	95
2 voitures de terre glaise à 5 fr...	10	»
3.660 hectares de charbon, ou 183 voies à 23 fr. les 21 hect. ou la voie.................	4.209	»
Entretien ou détérioration du matériel acheté 102.700 fr. à 10 pour 0/0.....	10.270	»
Intérêt de ce capital à 5 pour 0/0.....	5.135	»
Intérêt de 60.000 fr., capital du fonds de roulement à 5 pour 0/0.........	3.000	»
Commission de banque pour faire faire les payements.................	75	»
Total	51.910ᶠʳ	»

Les 1.457.000 kilos de betteraves ont produit 65.625 kilos de sucre, ce qui fait 4 1/2 pour 0/0 à peu près.

Ces 65.625 kilos de sucre ayant coûté 51.910 fr., cela fait 39 fr. 65 les 50 kilos.

» Voilà le prix de revient de la sucrerie de Lavort pour la campagne de 1837 à 1838 ; c'est à peu près celui de la vente, puisque nous en avons vendu une partie à 47 fr. et à 37 fr., ce qui forme un prix commun de 42 fr., et le surplus est dans nos magasins ; encore de ce prix faut-il déduire transports, commissions, escomptes.

» Que serait-ce donc si les propriétaires de la sucrerie de Lavort avaient fait construire les nombreux bâtiments à leurs frais ? Que serait-ce si, cultivateurs en même temps, ils n'avaient rien gagné sur la vente des bestiaux ? Que serait-ce si comme d'autres fabriques moins avantageusement placées, ils avaient payé la houille de 30 fr. à 40 fr. la voie ? Que serait-ce, s'ils avaient emprunté à 6 et à 7 pour cent ? Que serait-ce, enfin, si la loi de l'impôt avait été appliquée à la campagne de 1837 ? Maintenant, je le dis avec une triste conviction, qu'à cette loi pesante vienne se joindre un dégrèvement quelconque en faveur des sucres coloniaux, et notre industrie est subitement frappée de mort.

» Johannel. »

Comme on le voit, la situation n'était pas brillante, quant au présent, et il fallait que les industriels eussent une foi robuste dans l'avenir pour continuer la fabrication avec un bénéfice aussi dérisoire. Or, l'avenir, un avenir tout proche, allait bientôt se manifester à eux par une série de déceptions. Sous la pression des réclamations contradictoires, le gouvernement se décida à agir, et, par une ordonnance en date du 21 août 1839, il réduisit de 49 fr. 50 à 36 fr. 30 la taxe sur le sucre colonial, abaissant ainsi à 19 fr. 80 l'écart en faveur de son concurrent. Cette mesure brutale fit une fâcheuse impression dans les régions betteravières.

« C'est avec douleur, lisait-on dans une feuille de Clermont, que nous avons appris la nouvelle du coup terrible porté à une industrie si intimement liée à la prospérité de notre agriculture. »

Les fabricants de sucre protestèrent avec énergie. M. de Morny, qui, dans l'intervalle, avait été élu président du comité, adressa au maréchal, duc de Dalmatie, président du Conseil des ministres, cette lettre où se trouvaient résumés, dans un style énergique, les griefs de la fabrication indigène :

« Monsieur le Maréchal,

» Les délégués de l'industrie du sucre indigène des différents départements se sont réunis à Paris. Ils protestent tous contre l'ordonnance de dégrèvement du 21 août dernier.

» Cette ordonnance est illégale et injuste.

» M. le ministre du commerce a été obligé, pour la justifier, de fausser l'esprit de la loi de 1814. Car le sucre n'est pas une matière première, n'a jamais été classé comme tel par l'administration elle-même, et, loin de manquer à nos raffineries, c'est au contraire son abondance sur le marché qui a causé la crise qui nous a frappés.

» En outre, M. le Ministre du commerce n'a tenu aucun compte de la loi du 24 avril 1833, qui attribue au seul pouvoir législatif du royaume le droit de régler les relations entre la métropole et les colonies.

» Cette ordonnance rompt arbitrairement un équilibre établi par une loi en 1837, donc elle aggrave indirectement notre impôt. Or, pourquoi cette préférence a-t-elle été accordée à nos rivaux? Le producteur indigène n'a pas moins souffert que le producteur colon. Plus de 160 fabriques françaises se sont fermées depuis un an; le reste des fabriques a réduit considérablement sa production, et le tableau désastreux que M. le Ministre du commerce a présenté de la situation coloniale n'est pas moins applicable à la fabrication indigène.

» Du reste, après nous avoir sacrifiés aux colonies, l'ordonnance sacrifie encore les colonies et nous au sucre étranger qu'elle a dégrevé de 27 fr. 50 sans nécessité.

» Or, il n'y a pas erreur, ignorance de notre situation; il y a mauvais vouloir, intention manifeste de détruire notre industrie.

» C'est aux hommes d'Etat à voir ce que la France gagne à cette solution; quant à nous, nous n'avons plus qu'un seul parti à prendre, une seule conclusion à adopter.

» Notre industrie ne s'est développée qu'à l'aide d'excitations, d'encouragements de toute espèce.

» Maintenant un changement de système a pour but de la détruire.

» La mise à exécution d'un pareil projet par des voies détournées serait indigne du gouvernement ; il n'y a qu'une voie qui soit honnête et loyale, c'est celle de la liquidation de nos fabriques par indemnité. C'est pourquoi, Monsieur le Ministre, nous demandons que le gouvernement veuille bien saisir la Chambre de cette proposition par un projet de loi.

» Nous avons l'honneur d'être, Monsieur le Maréchal, vos très humbles et très obéissants serviteurs.

» Le Président du Comité,
» A de Morny. »

L'allure un peu cavalière de cette protestation attira à son auteur une réplique dans laquelle le ministre dit le regret qu'il avait d'y trouver « des expressions blessantes » pour son collègue du commerce, repoussa « le reproche d'illégalité dirigé contre l'ordonnance du 21 août », et déclara voir dans la réclamation ainsi formulée « l'expression exagérée jusqu'à l'injustice de la souffrance qu'éprouvait l'industrie du sucre indigène ».

M. de Morny dut écrire une nouvelle lettre au maréchal pour atténuer le mauvais effet de la première ; mais ses démarches ne furent pas sans résultat. La question des sucres restait, en effet, à l'ordre du jour, et si le gouvernement ne la solutionnait pas plus rapidement en faveur des colonies, c'était évidemment à cause de l'attitude énergique des délégués de l'industrie indigène.

Au mois de janvier, le ministre du commerce déposait enfin, au bureau de la Chambre des Députés un projet de loi dont l'économie peut se résumer de la façon suivante :

Les dernières dispositions législatives, peu favorables à l'industrie indigène, ont eu pour conséquence de réduire la production du sucre de betterave. Par suite de cette réduction, les ressources ont diminué, et une hausse des cours s'en est suivie. Cette hausse est devenue pour la fabrication indigène un puissant stimulant qui peut la pousser à accroître sa production à un point dangereux pour les colonies. Il y aurait, dans ces conditions, une haute imprudence à maintenir la législation existante. A l'appui de cette thèse, le rapport donne des chiffres ; il prévoit, pour la campagne de 1840, une production de sucre de betterave égale à celle de 1838, soit.......................... 49.000.000 kil.

Celle des colonies sera de....... 88.000.000 »

A ajouter le stock habituel de
fin d'exercice............... 20.000.000 »

Total des ressources... 157.000.000 kil.

La consommation étant seule-
ment de...... .... 113.000.000 »

L'excédent des ressources sera
donc de................... 44.000.000 kil.

De sorte qu'après avoir épuisé le double expédient d'un impôt de 16 fr. 50 sur le sucre indigène et d'une réduction de 13 fr. 20 sur celui du sucre colonial, on allait se trouver dans une situation exactement semblable à celle qui avait causé tant de difficultés.

« Il s'agit donc ou de sacrifier la production coloniale en continuant au sucre de betterave la protection qui lui a permis de lutter avec elle jusqu'à présent, ou de retirer intégralement au sucre indigène celle dont il jouit encore, au risque de frapper d'anéantissement toutes les fabriques qui ne peuvent prospérer qu'à l'aide du système actuel. Tels sont les deux partis extrêmes entre lesquels il y a lieu de choisir. »

Mais en ruinant les colonies, on porterait aux intérêts de notre commerce et du trésor public une grave atteinte, et l'on compromettrait avec ceux de la marine, la question politique et militaire qui s'y rattache étroitement.

Le gouvernement s'est déterminé pour une mesure « touchant des intérêts d'une moindre importance pouvant se concilier d'ailleurs avec la pensée d'un dédommagement ».

« Supprimer la fabrication indigène, remettre au sucre de

canne l'approvisionnement intégral du marché, ce serait couper court à toute difficulté. Mais serait-ce être juste ? Serait-ce tenir compte des principes de liberté qui font la base de notre législation industrielle ? »

On ne supprimera donc pas la fabrication indigène ; mais celle-ci supportera les mêmes charges que la production rivale, et l'on arrivera à cette égalité des charges soit en dégrevant le sucre colonial jusqu'au niveau du droit de 16 fr. 50 que supporte le sucre indigène, soit en élevant la taxe actuelle sur celui-ci jusqu'au taux de 36 fr. 30 que paie le sucre des colonies.

Mais ces deux hypothèses soulèvent des objections graves et ne remédient nullement à la situation. Une troisième paraît préférable, c'est de reprendre l'ancien tarif de 49 fr. 50 et de l'appliquer aux sucres des deux origines, à condition toutefois d'allouer aux fabricants indigènes une indemnité pour le paiement de laquelle le ministre estime qu'un crédit de quarante millions de francs serait nécessaire, ladite indemnité s'appliquant aussi bien à ceux qui fermeraient leurs usines qu'à ceux qui continueraient de fabriquer.

Avec ces dispositions, l'approvisionnement du marché intérieur serait assuré de la manière suivante :

1° Par les sucres de Bourbon....	20.000.000 kil.	
2° — de la Guyanne et des Antilles..	66.000.000	»
3° — de betterave (production indigène)....	8.000.000	»
4° — étrangers......	17.000.000	»
Soit au total.....	111.000.000 kil.	

On remarquera ici que le ministre ne se faisait guère d'illusion sur le sort réservé par son projet à la sucrerie indigène, puisqu'il estimait que sa production tomberait de 49 à 8 millions de kilos. C'était l'extinction de cette industrie à bref délai. L'inquiétude des délégués était donc bien justifiée.

Au mois de février, M. de Morny, président, MM. Blanquet, Giar, Bazin, Casteleyn, délégués, sont invités à s'expliquer devant la commission des sucres. Ils demandent que si l'on veut détruire leur industrie, la question soit tranchée par une indemnité.

En avril, MM. de Morny, de Jouffroy, Crespel sont encore entendus, et finalement le projet de loi du gouvernement est repoussé par la commission des sucres. Celle-ci, par l'organe de son rapporteur, le général Bugeaud, présente à la Chambre, le 18 avril, un nouveau projet comportant un relèvement de la taxe des sucres coloniaux et le maintien de celle des sucres de betterave. C'était le retour pur et simple à la législation de 1837. Les orateurs inscrits pour prendre part à la discussion de ce projet sont nombreux ; la lutte est très vive. Il semble que les deux industries rivales ne peuvent vivre simultanément, et que l'une des deux doit être sacrifiée à l'autre. A la séance du 9 mai, M. Lacave-Laplagne propose un amendement tendant à interdire la fabrication du sucre indigène moyennant une indemnité payable par l'Etat. Cet amendement, soutenu par M. Duchâtel et M. de Lamartine, combattu par le général Bugeaud, est finalement mis aux voix et repoussé.

Enfin le 3 juillet 1840 une nouvelle loi était votée qui soumettait le sucre colonial à l'ancien tarif de 49 fr. 50 et qui portait à 27 fr. 50 le droit sur le sucre indigène. Celui-ci bénéficiait d'une prime de 22 fr. Sous l'influence de ce nouveau régime, l'industrie métropolitaine reprit un peu d'activité ; la production qui, dans l'exercice précédent, était tombée à 23 millions de kilos, se releva, en 1840, à 27 millions ; en 1841, elle atteignit 31 millions de kilos.

Mais ce sont précisément ces progrès qui augmentèrent l'inquiétude des coloniaux, et, à leur tour, ceux-ci manifestèrent un vif mécontentement. La question des sucres demeurait entière, et M. de Morny, plein de vigilance et d'ar-

deur, restait sur la brèche. Le 2 juin 1841, par arrêté du
ministre du commerce (1), il avait été nommé membre du
conseil général d'agriculture. Appelé, dans les derniers jours
de décembre, à défendre devant ce conseil la cause de la sucrerie indigène, il avait réclamé, « non l'égalité des droits,
mais l'égalité des conditions entre les deux sucres », forcé
qu'il était, disait-il, « à ne demander que cela, parce qu'il ne
croyait pas pouvoir obtenir plus » ; mais en même temps il
voulait que l'on accordât au sucre indigène une indemnité.

Cependant les trois conseils des manufactures, du commerce
et de l'agriculture poursuivaient séparément leur enquête, et,
selon les intérêts qui prévalaient dans son sein, chaque
conseil était acquis d'avance soit à l'une soit à l'autre des
deux industries. Ainsi le conseil du commerce était décidé à
se prononcer pour l'abolition du sucre de betterave, tandis
que celui de l'agriculture voulait, au contraire, le conserver.
La commission parlementaire inclinait en faveur de la betterave ; mais la majorité de la Chambre était réfractaire, vu
l'état des finances, à toute indemnité. Comment dénouer le
conflit ? Le gouvernement ne pouvait que chercher à gagner
du temps. Le 23 mars 1842, il dut s'expliquer devant la
Chambre des Députés.

La discussion fut très vive. Quatre ministres y prirent part
M. Humann, ministre des finances, ouvre les débats en déclarant qu'« après avoir consulté les organes naturels des intérêts en jeu, et quoiqu'une dissidence profonde se soit révélée et que les divers systèmes aient rencontré à peu près
autant d'antagonistes que de défenseurs, le gouvernement a
pu se convaincre que l'état actuel des choses ne pouvait être
maintenu ». Mais il s'est convaincu en même temps, ajoute
le ministre, que les opinions étaient encore tellement indéci-
ses et partagées que la question ne pouvait être résolue avec
le degré de maturité et de certitude qu'elle exigeait ; et il pro-
met qu'à l'ouverture de la session prochaine, le parti auquel

(1) Cunin-Gridaine.

le gouvernement croira devoir s'arrêter sera soumis aux délibérations législatives. M. Cunin-Gridaine, ministre du commerce et de l'agriculture, vient, à son tour, appuyer cette déclaration ; il affirme que les intérêts sont tellement compliqués, qu'ils se heurtent à tel point entre eux que leur conciliation est encore un problème à résoudre. Un député de la Loire-Inférieure, M. Dubois, reproche au gouvernement de ne pas tenir ses promesses, d'avoir « donné des espérances, flatté des intérêts, provoqué des spéculations aujourd'hui trompées, et, par suite, déchaîné les colères » ; il attribue à des raisons politiques et au souci de sa propre conservation la conduite du cabinet. M. de Marmier repousse les reproches adressés au ministère ; il dit qu'« il y a des questions qui grossissent à mesure qu'on les regarde de plus près » ; c'est le cas de celle des sucres. « Si la question n'intéressait que trois cents manufacturiers, dit-il, et quelques commerçants des ports de mer, elle me toucherait peu ; mais elle importe à une grande partie de la population continentale, intéressée à la conservation du sucre indigène. » M. Billault, député de Nantes, n'est pas convaincu. Il vient démontrer que le gouvernement n'a pas tenu les promesses qu'il avait faites, qu'il a manqué à son devoir et que la Chambre ne peut accepter les motifs qu'il invoque. Il ne voit dans l'abstention du cabinet que le désir de certains de ses membres de ne pas s'exposer à un échec lors des prochaines élections. Enfin M. Guizot monte à la tribune. Il réfute d'abord les accusations du député nantais ; puis il démontre que la question des sucres, insuffisamment étudiée, doit, dans l'intérêt de tous, être remise à la prochaine session. Il justifie l'ajournement.

« D'ici là, dit-il, des intérêts seront en souffrance ; mais dans un an la question sera plus mûre, et l'on rencontrera alors dans la Chambre comme dans le public une opinion plus arrêtée, plus forte, qui aidera à résoudre la question. Il est naturel que les intérêts spéciaux, les intérêts locaux, les intérêts privés soient très animés, très ardents, qu'ils viennent se faire valoir à la tribune, qu'ils fassent grand bruit de tout ce qui les touche ; je ne m'en plains point ; c'est leur droit, c'est la liberté. Mais c'est le devoir du gouvernement de ne pas se laisser dominer, étourdir, entraîner par cette impétuosité, par ce bruit des intérêts spéciaux ou privés. C'est son devoir de consulter l'intérêt général et de le prendre seul pour guide. » Il conclut en déclarant qu'il faut renvoyer à la session prochaine le projet de loi sur les sucres et résoudre, dans la session actuelle, celui des chemins de fer.

Après divers orateurs qui traitent la question à des points de vue divers, M. Manguin proteste contre la décision du gouvernement et affirme que l'ajournement du projet aura pour effet d'amonceler des ruines et qu'il ne convient pas à la Chambre de partager cette responsabilité.

M. Lestiboudois reconnaît la justesse des reproches adressés au ministère, qui n'a pas tenu ses promesses ; mais il s'élève avec force contre l'idée émise par un précédent orateur de sacrifier la sucrerie indigène.

Enfin l'ordre du jour est mis aux voix et adopté.

Cet atermoiement causa parmi les négociants des ports un vif mécontentement. A Marseille, les membres de la Chambre de commerce se rendent auprès du préfet des Bouches-du-Rhône pour lui faire part de la consternation qu'a répandue sur la place la nouvelle du maintien de la législation en vigueur et des pertes énormes qui doivent en résulter ; ils prient ce magistrat de transmettre au gouvernement, par le télégraphe (*sic*), les doléances du commerce et le vœu général tendant à la suppression immédiate de la fabrication indigène. Au Havre, à Nantes, à Bordeaux, les passions fermentent. Dans cette dernière cité, l'agitation est à son comble et menace de prendre les proportions d'une véritable sédition. Une feuille de l'opposition examine avec complaisance les avantages que la ville trouverait à se réunir à l'Angleterre ; mais, revenant bientôt à des sentiments plus honorables, l'auteur de ce factum donne finalement à ses bouillants compatriotes ces sages conseils : « Bordelais, dit-il, point d'attroupements qui ressemblent à des émeutes ;

point de réunions qui ressemblent à des clubs ; vous avez une Chambre de commerce, qu'elle parle en votre nom ; vous avez des députés, qu'ils portent vos doléances à la tribune ; vous avez des journaux, qu'ils écrivent ; vous avez le droit de pétition au roi et aux Chambres, que des pétitions se couvrent de signatures. — Serrons nos rangs, mais point d'écarts ; ne gâtons pas la plus juste de toutes les causes, et ajoutons à la force du bon droit la force que donnent la modération dans les plaintes et la légalité dans les formes. »

Peu à peu le calme se rétablit. Quelque fâcheuse que fût la situation, tant pour les coloniaux que pour les régnicoles, il fallait bien en prendre son parti, du moins provisoirement, et l'on demeura dans l'expectative.

Vers la fin de l'année (déc. 1842), en prévision de la reprise des travaux législatifs, la Chambre de commerce de Bordeaux adressait aux ministres du commerce, de la marine et des finances un mémoire sur la nécessité de supprimer la fabrication du sucre indigène.

De son côté, M. Timothée Dehay, délégué de l'industrie métropolitaine, remettait à tous les membres du Conseil des ministres une pétition signée de tous les principaux fabricants de sucre de France qui déclaraient vouloir, avant le prochain dépôt d'un nouveau projet de loi, appeler l'attention du gouvernement sur leur pénible et désastreuse situation. Ils exposaient que « la dernière limite d'existence possible pour les fabricants qui n'ont pas encore succombé, ne pouvait être que « dans le *statu quo* de la relation établie par la loi de 1840 entre les deux sucres, mais dans un *statu quo* réel et de longue durée, avec les deux correctifs indispensables d'une élévation de la surtaxe des sucres étrangers et d'une amélioration notable dans le système vexatoire de perception. — Hors de là, disaient-ils, c'est la mort. »

Mais si les nombreux intérêts compromis ne peuvent se concilier que par leur propre ruine, si des raisons d'État, des considérations politiques demandent absolument leur suppression, ils sont prêts à faire le sacrifice de leurs établissements *moyennant remboursement par suite de suppression pour cause d'utilité publique.* Mais il faut que la question des sucres soit enfin résolue d'une manière définitive. « Plus de demi-mesures, plus de palliatifs insignifiants qui ne font que prolonger toutes les souffrances! Mieux vaut la proscription brutale qu'une atténuation de droits, qui ne serait qu'un moyen immoral de provoquer de nouveaux désastres et de nous conduire par une lente agonie au même anéantissement inévitable de notre industrie. »

Dans le Puy-de-Dôme on n'était pas indifférent au sort des fabriques. La Chambre de commerce de Clermont se réunissait le 5 janvier 1843 pour délibérer sur cette question. Les fabricants convoqués à cette séance (1) durent répondre aux questions suivantes :

L'industrie sucrière du Puy-de-Dôme peut-elle se soutenir dans la situation actuelle?

Supporterait-elle une augmentation d'impôt?

Dans ce dernier cas, la suppression, avec indemnité, lui paraîtrait-elle préférable?

Tous répondirent que le *statu quo* leur serait supportable, mais qu'ils préféraient la suppression, avec indemnité, à la surtaxe.

Comme conclusion de cette délibération, la Chambre émit le vœu suivant :

« Considérant que la suppression du sucre indigène serait une calamité pour l'Auvergne, désastreuse pour son agriculture et son industrie, demande que le gouvernement ne prenne aucune mesure tendant à amener directement ou indirectement la destruction de la fabrication indigène, et, dans le cas où cette mesure serait adoptée, elle considère qu'elle aura des conséquences moins funestes pour le département en la conciliant avec une indemnité accordée aux fabricants. »

(1) Avaient répondu à cette convocation MM. Hugaly des Pradeaux, Rivet, Greliche, Veyron-Lacroix, de Vernines, Debert-Clerzac, Dosias, Rochefort, de Marpon et Boulet.

Cependant le cabinet était résolu à recourir à ce parti extrême, et on le savait. C'est à la séance du 10 janvier qu'un de ses membres donna communication à la Chambre des députés de l'exposé des motifs du projet de loi sur les sucres.

D'après ce projet, la fabrication du sucre indigène était interdite à partir du 1er septembre 1844, et une somme de 40 millions de francs serait affectée au paiement d'une indemnité à allouer aux fabricants d'après des bases déterminées. Une commission fut nommée pour étudier le projet, et, fort heureusement, elle s'empressa de le démolir.

Les esprits se ressaisirent. Ce meurtre d'une industrie nationale parut scandaleux. La Chambre de commerce de Paris demandait positivement la conservation des deux industries et l'égalité de l'impôt. Celle de Lille, ainsi que la Société d'agriculture de la même ville, réclamait la conservation de la sucrerie indigène et exprimait l'avis que la solution équitable du conflit devait se trouver dans un système de pondération entre les deux industries. De son côté, la Société d'agriculture du Puy-de-Dôme, de fondation récente, s'était réunie et avait décidé, après une longue délibération, de se prononcer pour le maintien de la sucrerie de betterave et de motiver sa décision. Vers la fin de janvier, la nomination de M. Hippolyte Passy à la présidence de la commission des sucres rendit un peu d'espoir à ceux qui ne voulaient pas voir disparaître une industrie si précieuse pour l'agriculture. En février, M. Debert-Clerzac, fabricant de sucre à Crouël, publiait un éloquent plaidoyer en faveur de cette industrie.

Pendant ce temps, la commission poursuivait ses travaux. Le 26 avril, son rapporteur, M. Gauthier de Rumilly, déposait sur le bureau de la Chambre le projet de loi qu'à son tour elle avait arrêté, et qui, à l'encontre de celui du gouvernement, consacrait le principe de la conservation du sucre de betterave. Les débats commencèrent le 10 mai ; ils furent longs et laborieux. Trois projets y furent discutés, celui du gouvernement, celui de la majorité de la commission et celui de la minorité.

Le projet du gouvernement consistait, comme nous l'avons vu, dans l'interdiction de la fabrication indigène, moyennant une indemnité à payer aux fabricants dépossédés.

La majorité de la commission proposait une combinaison de droits proportionnels variant de 30 à 45 fr. selon l'accroissement ou le décroissement de la production. C'était une imitation du système prussien. La taxe minimum de 30 fr. correspondait à une production de 30 millions de kilos ; elle s'élevait à 35 fr. pour 35 millions, à 40 fr. pour 40 millions, et enfin à 45 fr., chiffre maximum, pour une production de 45 millions de kilos et au-dessus. De sorte que, l'impôt sur le sucre colonial restant fixé à 45 fr., la prime dont bénéficierait le sucre indigène serait de 15 fr. lorsque la production descendrait à 30 millions, et diminuant à mesure que celle-ci se développerait, se réduirait à 10 fr., puis à 5 fr., pour tomber à 0 quand la production atteindrait 45 millions de kilos. C'était un appareil assez semblable au régulateur à boules des vieilles machines à vapeur et dont la force coercitive destinée à arrêter l'essor de la production indigène, était précisément développée par celui-ci.

Quant au projet de la minorité, il consistait dans le principe de l'égalité de l'impôt appliqué aux deux sucres, lequel serait réalisé par 4 surtaxes successives et annuelles de 5 fr. à faire subir au sucre de betterave à partir du 1er août 1844, de telle façon que dès le 1er août 1847, les sucres indigène et colonial payassent l'impôt unique de 45 fr.

C'est entre ces trois systèmes qu'il fallait choisir. La discussion générale commença le 10 mai : elle ne se termina que le 19. Pendant neuf journées, les discours succédèrent aux discours, les amendements aux amendements. Les idées les plus opposées, les plus étranges furent soutenues avec une égale véhémence, et ce n'est pas sans quelque surprise, sans doute, que l'on entendit le ministre des finances justifier l'interdiction par un argument tiré de la Providence : « En s'obstinant à faire du sucre en France, on poursuit, dit-il, un but contraire à la nature des choses. On ne peut vaincre les différences de climats; on ne peut faire que la même étendue de terrain, plantée de cannes sous les tropiques, ne produise trois fois plus que la même étendue de terrain sous un climat tempéré. C'est la Providence qui l'a voulu ainsi. La Providence a voulu que les hommes entretinssent entre eux des relations de bienveillance, et c'est par ce motif qu'elle a fait à chaque contrée des dons spéciaux. L'échange est un besoin et un bonheur pour les sociétés. Il n'est pas un homme en Europe, quelque sobre, quelque modéré qu'il soit, qui ne mette chaque jour à contribution les quatre parties du monde. »

Avant le ministre, M. de Lamartine avait rompu une lance en faveur du sucre colonial. Partisan résolu des colonies, il avait combattu « cette industrie dite nationale, née d'un décret impérial du 12 janvier 1812, cette industrie de guerre à qui le royal château de Rambouillet a été donné pour premier asile, cette industrie enfin à qui l'on a donné trente mille hectares de terres à cultiver, et que, pendant trente ans on a exemptée de tous droits ». Le député de Mâcon explique qu'au point de vue agricole, la culture de la betterave épuise la terre, lui ravit ses forces, sa vigueur, et ne lui fournit aucun moyen de raviver ces forces, cette vigueur par la substance animalisée. Enfin il repousse l'œuvre de la commission ; il se rallie au projet du gouvernement, moins un mot qu'il n'adopte pas ; il ne veut pas qu'on écrive dans la loi l'*interdiction* d'une industrie. En un mot, il veut que l'industrie contre laquelle il s'élève, meure, mais il insiste pour qu'elle meure par la concurrence et non point par le meurtre de la loi. Mélanges poétiques, qui ont dû être écoutés religieusement.....

A la séance du 17, un amendement ayant été présenté par MM. Passy, Dumon et Muret de Bord, à l'effet de porter le droit sur le sucre indigène au même taux que celui des sucres importés des colonies françaises, au moyen d'une surtaxe de 4 fr. répétée pendant quatre années consécutives, M. de Morny combat cet amendement. L'honorable membre (style du temps) commence par déclarer qu'étant intéressé dans la question des sucres, il s'abstiendra de prendre part au vote. Mais il combat le système de l'amendement parce qu'il équivaut à l'interdiction sans indemnité. Il demande que la Chambre se prononce pour le projet du gouvernement, ou bien qu'elle donne au sucre indigène le moyen de soutenir la concurrence. Si on perfectionne les canaux, dit-il, si on facilite tous les moyens de transport, alors le prix de revient diminuera et l'égalité de droits sera possible. Jusque-là, il n'y aurait pas de lutte possible avec l'égalité de droits.

Nombreux furent les orateurs qui intervinrent au cours de ces passionnants débats. Nous ne les suivrons pas, et nous nous bornerons à ces courts extraits, qui suffisent pour montrer l'état d'esprit de cette Chambre de 1843. On comprendra aisément que le bon sens et la modération n'avaient pas grand air dans une telle ambiance, à côté des harangues enflammées de nos modernes Catons dont la conclusion invariable était la mort de la sucrerie indigène : *Delenda Carthago !*

Après la séance du 19 mai, le scrutin fut enfin ouvert sur l'ensemble de la loi, et le projet de la minorité de la commission voté par 286 voix contre 97.

Rappelons brièvement l'économie de cette loi :

A partir du 1er janvier 1844, le sucre indigène subira pendant quatre ans une augmentation d'impôt de 5 fr. par an : de sorte que, le 1er août 1847, il paiera 45 fr., comme le sucre des Antilles françaises, soit, avec les décimes, un impôt de 49 fr. 50. Bourbon continue à jouir d'une immunité, à cause de la distance ; le sucre de cette île ne paiera que 38 fr.

Le sucre étranger, importé sous pavillon français, reste frappé d'une surtaxe de 20 fr., soit, avec les décimes, 22 fr.

L'importation des raffinés est interdite.

En raison des progrès rapides de la fabrication indigène, cette mesure s'imposait : elle était dictée par la simple équité, et il n'était pas possible de la différer davantage. Elle causa cependant la chute d'une centaine de fabriques. 294 seulement voulurent résister. Toutes les petites usines, toutes celles qui se trouvaient dans de mauvaises conditions d'exploitation disparurent. Dans le Puy-de-Dôme, une seule resta, celle de Bourdon. Et il est assez curieux de voir, à soixante-dix ans de distance, comment un gentilhomme de sang royal, un fils de l'aristocratie militaire, que sa nature et son éducation rendaient plus capable d'effort que de persévérance, est venu donner aux Auvergnats, pour leur plus grand intérêt, une leçon de ténacité.

Nous ne pousserons pas plus loin nos investigations dans le détail des dispositions législatives dont les sucres ont été l'objet. Nous avons voulu simplement décrire à larges traits les circonstances difficiles dans lesquelles l'industrie du sucre de betterave a pris naissance dans notre département, dire les efforts qui y furent faits pour la création des premiers établissements, l'existence éphémère de ceux-ci, leur disparition subite et ruineuse pour les propriétaires, et exposer en même temps le rôle de M. de Morny dans cette période de renaissance industrielle et agricole.

Pour surprenant qu'il paraisse, envisagé dans le cercle étroit des contingences locales, ce rôle s'explique aisément si l'on considère la poussée qui se manifestait alors dans toutes les sphères d'activité. Encore que la stabilité du pouvoir fût aussi précaire sous la monarchie de juillet que sous la Restauration, comme l'attestaient les crises ministérielles fréquentes, — on avait vu passer douze cabinets en dix ans, — la dissolution plusieurs fois renouvelée de la Chambre, ainsi que les attentats répétés et déconcertants contre la personne du roi, bien que la situation politique ne fût pas de nature à inspirer confiance aux grandes entreprises, cependant les esprits s'orientaient d'instinct vers les affaires. On construisait des chemins de fer, on creusait des canaux, on traçait des routes, on jetait des ponts (1). On eût dit que, rassasié de

(1) Les fortifications de Paris furent édifiées à cette époque.

gloire, le pays était pris soudain d'un appétit irrésistible
pour le travail et le lucre. A la France militaire de l'épopée
avait succédé une France économique, avide de richesses et
inclinant vers le matérialisme. L'utilitarisme sévissait dans
toutes les classes. Brûler les étapes de la fortune, tel était le
programme universel. Les résultats furent ce qu'ils devaient
être : d'une part, accélération du progrès, au sens matériel
de ce mot ; de l'autre, hélas ! trop souvent la corruption des
consciences.

Dans le Puy-de-Dôme, comme partout, les esprits cédaient
à cet entraînement : mais il faut bien le reconnaître, à l'honneur de ceux qui nous ont précédés sur cette belle terre
d'Auvergne, l'activité qui s'y manifestait procédait d'une généreuse émulation et décelait à l'évidence le souci de l'intérêt
général et le dévouement à la chose publique.

C'est M. Auguste Lamothe, propriétaire des mines du
Grosménil, qui publie des études sur le canal de Brassac à
Nevers. C'est M. Martha-Becker, qui présente à l'Académie
des Sciences, Lettres et Arts de Clermont (1), puis au Conseil
général (2), des rapports du plus grand intérêt sur l'utilité
d'une ligne de chemin de fer aboutissant à Clermont et sur
la nécessité d'améliorer la navigabilité de l'Allier entre Brassac et le bec d'Allier. Ce sont MM. le comte de Morny, député, le baron de Barante et le comte de Murat, pairs de
France, qui, dans des assemblées plus élevées, réclament le
prolongement de la ligne Orléans-Vierzon jusqu'à Clermont-
Ferrand, par Bourges, Nevers et Moulins. On sait que le ministre des travaux publics était hostile à ce projet ; il l'avait
déclaré à la tribune, et, en rendant compte de cette déclaration, un journal sérieux d'ordinaire, *Les Débats*, essayait de la
justifier par des arguments fantaisistes : La ligne abouti-
rait, disait-il, à un obstacle infranchissable, au pied du Puy de
Dôme ; elle serait trop courte ; les intérêts à desservir n'ont
pas assez d'importance. Ces pasquinades attirèrent au *Jour-*

_____

(1) Avril 1842. — (2) Août 1842.

nal des Débats de nombreuses protestations ; une seule fut insérée, celle de M. de Morny. Dans la presse clermontoise, on se félicitait de l'attitude du député, et l'on passait en revue les nombreux intérêts qui réclamaient la ligne de chemin de fer :

« A côté des anciennes fabriques de toiles, étoffes, linge de table, pâtes et confitures de fruits, qui conservent leur importance et leur renom, ont pris racine une multitude d'industries nouvelles, parmi lesquelles nous citerons des fabriques de liqueurs et de pâtes de Gênes, des clouteries, des filatures, des fonderies, des ateliers de mécaniciens. L'un de ces derniers établissements existe dans des proportions telles qu'il pourra construire les locomotives du chemin de fer. Cent soixante moulins, alimentés par les grains du pays, livrent chaque jour, la consommation locale satisfaite, 65.000 kilos de farine à l'exportation. Le charronnage et la fabrication des voitures publiques et de luxe y a pris une grande extension. Six ou sept fabriques de sucre, dans les meilleures conditions, parmi lesquelles celle de M. de Morny, qui ne le cède à aucune autre en France, contribuent largement au contingent de la sucrerie indigène dans l'approvisionnement général. Quatre foires y amènent un concours immense de régnicoles et d'étrangers pour y faire surtout l'achat de cuirs et de pelleteries, bruts ou fabriqués, de matières premières de la fabrication du papier.

» Les opérations qui se traitent dans ces divers articles s'élèvent à des sommes immenses. Cinq ou six maisons de banque de premier ordre en province, un comptoir d'escompte de la Banque de France, quatre places d'agents de change, prospèrent par le mouvement de fonds que nécessite toute cette activité, dont il doit suffire, pour en donner une idée, de dire qu'elle motive l'arrivée et le départ quotidien de trente-deux services de voitures publiques dans toutes les directions, de trois services de roulage accéléré sur Paris seulement, d'un pareil nombre sur St-Etienne, Bordeaux, Limoges, etc., sans compter le roulage ordinaire (1) ».

(1) Avril 1842.

Limité ainsi à la ville de Clermont et à ses environs immédiats. ce tableau est évidemment trop restreint, car toute la région était intéressée à la création de la ligne de chemin de fer. Elargissons-le jusqu'aux limites du département, et voyons ce qu'il renferme.

Les *industries extractives* comprenaient alors les mines de houille du bassin de Brassac (Grosménil, Combelle, Charbonnier, Armoix), celles de Singles, Messeix. La Vernade et La Roche-St-Eloy ; les mines de fer du Chaumadoux et de Férérol, les gisements de schiste de Menat et de Boutaresse, ceux d'antimoine d'Anzat-le-Luguet et de Perpezat, les mines de plomb argentifère de Pontgibaud (1), les carrières de pierre de Volvic, exploitées depuis le XIII° siècle, les exploitations de gypse de Montpensier, Cournon et St-Romain.

Comme *industries manufacturières*, il y avait les tissages de Monton, de Sayat et de Charbonnières ; les papeteries de Chamalières, dont l'existence remontait au milieu du XIV° siècle, celles d'Ambert et de Thiers ; les tanneries de Maringues, Clermont, Riom, Issoire, Lezoux, Sauxillanges et St-Germain-Lembron ; les manufactures de faïence de Ravel (dans l'ancien château de la maison d'Estaing), de Clermont, de Vic-le-Comte et de Jozerand ; la manufacture de caoutchouc de M. Edouard Daubrée à Clermont et les ateliers de constructions mécaniques Barbier et Daubrée, qui prirent rapidement une grande importance : les fabriques de sucre indigène énumérées plus haut, les fabriques de fruits confits et de pâtes de fruits, celles de pâtes d'Italie ou de Gênes, qui employaient les blés du pays. les brasseries (au nombre de cinq). Notons enfin 1233 meuniers et 634 tisserands (2)..

Les chiffres suivants concernant l'exportation indiquent

(1) « M. le comte de Pontgibaud a rendu un service signalé au pays en employant d'immenses capitaux et son expérience commerciale et industrielle à former un établissement qui a présenté les plus grandes difficultés à vaincre, qui aurait probablement échoué entre d'autres mains que les siennes et qui est d'une très grande importance dans le département. » (B. Gonod, *Géographie du Puy-de-Dôme,* 1834).

(2) B. Gonod. *Géographie du Puy-de-Dôme,* 1834.

les sommes que faisait rentrer dans le département la vente de tous ces produits et de ceux de l'agriculture.

Il sortait annuellement du département du Puy-de-Dôme :

Environ 25.000 têtes de bétail (race bovine), représentant une valeur de plus de 4 millions et demi.

De la coutellerie de Thiers, pour trois millions.

Des peaux en poils, pour 4 millions.

Des basanes, pour 400.000 fr.

Des fromages, 1.200.000 kilos, pour 1.080.000 fr.

Des pâtes d'Italie, 650.000 kilos.

Des fruits « des beaux vergers de Veyre, Cébazat, Blanzat, Gerzat, Riom », pour 150.000 fr.

Des vins, pour deux millions.

Des planches de sapin, pour 300.000 fr.

Du bois de noyer, pour 100.000 fr.

De la mercerie et de la rubannerie de fil d'Ambert, de Courpière et d'Olliergues, pour 150 à 200.000 fr.

De la litharge de Pontgibaud, 1.200.000 kilos, pour 600.000 fr.

Des toiles de chanvre, pour 3 à 4 millions.

Enfin les charbons de Brassac et de Charbonnier s'en allaient, par eau, vers les départements de l'Allier, de la Nièvre, jusqu'à la Seine et la Loire-Inférieure.

A cette époque, l'Allier était le canal naturel par lequel s'écoulaient les principaux produits du Puy-de-Dôme et une partie de ceux de la Haute-Loire. Sa navigabilité était intermittente. Il portait des bateaux plats de 20 à 25 mètres de long, coûtant de 300 à 400 fr. et pouvant charger 25.000 kilos. Il s'en expédiait, en année moyenne, 300 qui mettaient dix jours pour aller de Brassac à Briare, et, comme la navigation n'était pas ascendante, ils étaient vendus à Briare ou à Paris le tiers ou la moitié de ce qu'ils avaient coûté.

En ce qui concerne les communications par diligences et postes, elles étaient assurées par des services quotidiens établis sur presque toutes les routes. Le voyage de Clermont à Paris se faisait en 50 heures, pour le prix de 36 fr. 75 par personne, par la diligence, et en 36 heures, pour le prix de 75 fr., par la malle-poste. (1)

Telle était la situation économique de notre département vers 1840. Les chemins de fer allaient bientôt la modifier profondément, et l'on conçoit combien la discussion de leur établissement passionnait les esprits, quel mécontentement avait dû causer la loi du 11 juin 1842, qui avait écarté la ligne de Vierzon à Clermont, et quelle satisfaction on avait dù ressentir, en Limagne, à la nouvelle du vote du 22 juillet 1844, qui adoptait définitivement cette ligne, en même temps que celle du Limousin.

La même fièvre d'activité se manifestait dans les sphères agricoles. C'est le 16 août 1840 que fut fondée, dans une réunion de notables propriétaires tenue à Clermont sous la présidence de M. N. Meinadier, préfet, la Société d'agriculture du Puy-de-Dôme. Six mois auparavant, le 20 décembre 1839, avait été créé, sous la présidence de M. le comte de Chabrol, le Comice agricole de Riom. Les comices de Thiers, Maringues, Courpière, Ambert existaient déjà. En décembre 1843, naissait, à son tour, à Clermont, la Société d'horticulture, qui eut pour premier président M. le comte H. de Murat. Les services rendus à l'agriculture par ces diverses sociétés sont incalculables, et, aujourd'hui, si l'on consulte les annales où ont été consignés leurs travaux, on ne peut qu'être frappé de l'activité et du zèle de leurs membres qui comptaient parmi les grands propriétaires fonciers de la région. Les exploitations rurales sont visitées et étudiées avec soin ; des encouragements de toute nature, primes, médailles, citations, sont distribués avec discernement ; les meilleures méthodes de culture sont signalées et recommandées. Enfin des rapports consciencieusement établis relatent les travaux accomplis, les décisions prises, les progrès réalisés, et renseignent sur l'état de l'agriculture. Dans l'un de ces rapports nous trouvons la note suivante :

(1) Tous ces renseignements ont été puisés dans la *Géographie du Puy-de-Dôme* de B. Gonod, 1834.

« Une industrie d'origine entièrement française, la fabrication du sucre de betterave, s'était implantée au milieu de nous
et semblait devoir y prospérer, grâce à la fécondité de notre
sol, au bas prix de la main-d'œuvre et aux habitudes agricoles
de la population. D'abord contrariée dans son développement
par la législation de 1840, cette industrie se voit en ce moment
menacée d'un anéantissement absolu que nous devons déplorer
comme un malheur réel pour la Limagne, Messieurs, car indépendamment du large et profitable travail offert à ses ma-
nouvriers, elle voyait avec bonheur chaque fabrique de sucre
devenir un centre d'activité progressive, d'où rayonnaient au
loin et de proche en proche les meilleures pratiques de culture, l'emploi des instruments perfectionnés et l'engraissement des animaux par les racines ou leurs résidus. » (1)

Mais lorsque, un an plus tard, la betterave indigène eut
été immolée (style du temps) à la canne exotique, loin de se
répandre en vaines récriminations, les agriculteurs cherchèrent la plante qui devait occuper désormais, dans l'assolement, la place abandonnée par la racine saccharifère. La
garance, le chanvre, le mûrier, se la disputaient. Des essais
heureux et pleins de promesses avaient été faits dans divers
endroits.

Une importante société pour l'exploitation de la garance
dans la Limagne d'Auvergne s'était fondée, dès l'année 1839,
sous la direction d'un ingénieur moulinois, M. Laur, et culti-
vait avec succès cette racine tinctoriale dans les terres de
Sarlièves. Deux ans après, 30 à 40 cultivateurs, dans le seul
arrondissement de Riom, avaient suivi cet exemple, et l'on
citait, à Martillat, près de Chappes, les 16 hectares consacrés
à cette culture par M. Rivet, à Châteaugaillard, le beau
champ de garance de M. Simonnet, etc.

La production du chanvre, déjà ancienne en Limagne, était
depuis quelque temps languissante. On faisait des efforts

(1) Compte rendu des travaux du Comice de Riom pendant l'année
1841, par M. le Dr Jusserand, vice-président, séance du 26 mars 1842.

pour la tirer de cet état et la délivrer de la concurrence redoutable des beaux chanvres dits de Bourges, qui, en réalité,
venaient de la Mayenne et de Maine-et-Loire. Cette culture
se faisait en vue de l'industrie textile, tandis que le chènevis était livré à l'industrie oléagineuse. Une filature
que l'on citait alors comme un modèle du genre, celle de
M. Edouard Albert, venait d'être construite à St-Martin-lès-
Riom, et à Riom même, une huilerie importante, fondée par
M. Sadourny en 1826, exploitait 8000 hectolitres de chènevis,
1200 de colza et 3000 kilos de noix cassées.

Enfin la sériciculture était tentée sur divers points, et
l'établissement le plus important était sans contredit celui
d'Artonne, dont le propriétaire, M. Sauret, avait installé
une magnanerie avec 15 à 20 hectares plantés en mûriers.

Si, à cet exposé par trop sommaire, nous ajoutons l'importante vermicellerie de M. Verru, entre Riom et Marsat, nous
aurons montré que l'agriculture s'orientait vers les cultures
industrielles.

La betterave sucrière avait-elle donc été réellement frappée
à mort ? L'avenir nous dira que non. Une sucrerie restait
encore, dont le propriétaire, M. de Morny, était, nous l'avons
dit, homme à tenter la fortune.

Toute son influence personnelle, accrue par le mandat de
député que les électeurs lui avaient confié en juillet 1842, il
l'avait employée à soutenir les intérêts agricoles de la Limagne
avec lesquels se confondaient les siens propres, et sa personnalité prenait, dans le pays, un relief qui allait grandissant.

Le 7 mai 1842, il avait été élu membre de la Chambre de
commerce de Clermont-Ferrand.

Membre de la Société d'agriculture du Puy-de-Dôme, il était
désigné, à la séance du 17 août 1842, pour faire partie d'une
commission chargée d'étudier l'établissement de courses de
chevaux, à Clermont, en vue de l'amélioration de l'éducation
chevaline.

Le 15 juillet 1843, la section de Montferrand le nommait
conseiller municipal, en remplacement de M. Conche, décédé.

Et au dévouement dont il faisait preuve, à ces divers titres qu'il tenait de la confiance des électeurs, il joignait, à l'occasion, le geste noble et généreux.

En juin 1843, il donnait au musée de Clermont un tableau de sa galerie, qui était, disait-on, magnifique. Quoique non signé d'un grand nom, ce tableau avait de la valeur ; il représentait l'atelier d'un *arracheur de dents*, « scène espagnole pleine de naïveté, d'effet, de mouvement, et d'une excellente peinture ».

Et en même temps, sur sa demande. le musée de la ville recevait du ministre de l'intérieur un tableau d'Alligny, paysagiste en renom, représentant une *vue prise dans la forêt de Fontainebleau*.

En février 1844, des ateliers de charité ayant été créés en vue du soulagement de la misère publique, M. de Morny fait remettre à la caisse de ces ateliers une somme de 500 fr. dont 300 fr. pour Clermont et 200 fr. pour Montferrand,

C'est à la même époque que le député de Clermont faisait, de concert avec son collègue de Riom, M. Pagès, d'actives démarches en vue de doter ces deux villes d'un régiment de cavalerie, dont trois escadrons, l'état-major et le peloton hors rang, devaient tenir garnison dans la première, et deux escadrons dans la seconde. Pour la construction d'un quartier, le Conseil municipal avait fait choix d'un emplacement situé entre Clermont et Montferrand. Le ministre étant opposé à ce choix, les choses traînèrent en longueur.

En septembre 1844, « nouveau témoignage de l'active sollicitude de M. de Morny pour les intérêts de la cité qu'il représente à la Chambre des députés ». A sa recommandation, le ministre de l'intérieur accorde une somme de 4000 fr. aux salles d'asile de Clermont.

En janvier 1845, la statue du général Desaix, prête à sortir des ateliers de Nanteuil, réclamait un piédestal. Pour le construire, il fallait trouver une somme de 14.000 fr. A la demande du député de Clermont, le ministre de l'intérieur mit 3000 fr. à la disposition du comité chargé de l'érection du monument du héros de Marengo.

A la fin du même mois, l'hiver ayant été dur aux pauvres, M. de Morny fait verser au bureau de bienfaisance une somme de 500 fr., dont 200 pour Montferrand et 300 pour Clermont, à répartir entre les pauvres, les salles d'asile, la maison de la Providence et du Refuge.

Le 2 mars, il obtenait encore du ministre de l'intérieur une somme de 1000 fr. pour le bureau de bienfaisance de Clermont.

En décembre de la même année, il orne la « belle et antique église » de Chamalières d'un tableau représentant la Reine du Ciel et l'Enfant Jésus, et il remet au curé de cette paroisse, pour être distribuée aux pauvres pendant l'hiver, une somme de 100 fr.

Mais il serait oiseux de poursuivre cette énumération des libéralités du comte de Morny. Aussi bien, nous avons déjà empiété, semble-t-il, sur l'œuvre du député. Revenons à l'industriel, c'est-à-dire à la sucrerie de Bourdon.

En pleine Limagne, au fond du bassin lacustre miocène abandonné par les eaux depuis des millénaires, dans cette partie de la plaine où, à 3 kilomètres à l'est de Montferrand, la Tiretaine et l'Artier, descendus des plateaux granitiques de l'ouest, viennent mêler leurs eaux sans confondre leur cours, sur un banc d'argile auquel les poussières et les alluvions volcaniques communiquent une fertilité luxuriante, le vieux domaine de Bourdon étalait, à l'époque où M. de Morny en devint le propriétaire, les solides murailles de ses trois groupes de bâtiments. Dans une terre de 25 hectares, qui avait eu autrefois une étendue bien plus grande, on voyait, en faisant face à l'entrée, qui était tournée vers le sud, à droite une maison d'habitation comprenant deux bâtiments en équerre, à l'angle desquels se dressait une tour de 40 pieds d'élévation, à gauche, des bâtiments d'exploitation, qui étaient, depuis quelques années, le siège d'une fabrique de sucre ; enfin, un peu plus loin, vers l'ouest, une bouverie. Entre la maison et l'usine était l'entrée principale, fermée par une barrière. La propriété était à cheval sur l'Artier, qui coulait en avant des bâtiments et à égale distance entre ceux-ci et le chemin conduisant au bourg d'Aulnat.

BOURDON.   La maison que M. de Morny a habitée

Les origines de ce domaine sont anciennes, et l'étymologie de son nom fût demeurée longtemps peut-être une énigme, si un Auvergnat érudit n'était venu jeter un peu de lumière sur ce coin de terre, comme il l'a fait pour tant d'autres lieux de cette province. Grâce à M. Ambroise Tardieu, le philologue ne cherchera plus quel mystérieux rapport pouvait avoir ce Bourdon avec celui de Notre-Dame, avec la vieille lance des chevaliers, le bâton du pèlerin, ou même le bruyant hyménoptère qui, malgré sa ressemblance avec l'industrieuse abeille, figurera toujours sans doute dans la catégorie nombreuse des utilités indémontrées de la nature. Il ne lui soupçonnera plus aucun lien de parenté avec la *borde* poitevine. Quant à *bosco rotundo*, on ne pouvait l'accepter, puisque ce terme de la basse latinité médiévale ne trouve pas ici son application, le terroir dont il s'agit n'étant pas l'emplacement naturel d'un bois, rond ou carré. Dans son *Etude d'étymologie celtique des noms de terroir de la section des Rouilhas*, M. l'abbé Crégut nous met en garde contre la tendance abusive de traduire *redon* par *rond*. D'après notre savant collègue, les racines celtiques *rod*, *rhod*, expriment le mouvement en avant, et le kymrique *rhedu* signifie *courir*. Mais le celtique n'a rien à faire ici. Dans les langues modernes, nées de la décomposition du latin populaire, corrompu déjà par une promiscuité de plusieurs siècles avec les idiomes barbares, on trouve les synonymes *redon*, *redun* (provençal), *redo*, *rodo* (catalan), *redondo* (espagnol), *rotondo*, *ritondo* (italien), tous dérivés du latin *rotondus*. Et, dans le cas qui nous occupe, ce n'est pas *rond* qui serait venu de *redon*; c'est, au contraire, *redon* qui serait issu de *rotondo*. Mais cette transformation s'est faite, en réalité, sur le nom d'une famille, lequel a passé, avec une légère altération, au domaine qu'elle a eu longtemps en sa possession. La maison chevaleresque et militaire de Bosredon est des plus anciennes et des plus illustres de l'Auvergne.

M. Ambroise Tardieu, qui a publié, en 1863, en un volume très important, in-folio illustré fort rare et recherché, sa généalogie, la fait remonter au xiiie siècle. Au xive, il trouve un Dachert, *alias dictus de Boscorotundo*. En 1219, un chevalier du nom de Gerald de Bosredon, *Geraldus de Boscorotundo*, se croise avec Louis VIII et part pour la Terre Sainte ; il possédait le château de Volvic. Mais laissons parler le savant historiographe de l'Auvergne ; voici la lettre qu'il a bien voulu nous écrire :

« MONSIEUR,

« Je ne veux pas vous faire attendre les documents historiques sur Bourdon que je vous ai promis.

» Eh bien ! il est certain, d'après ce que j'ai consigné dans mes innombrables notes sur l'Auvergne, que Bourdon, près Aulnat, était, au XVe et XVIe siècles, un domaine. Ce domaine avait pris son nom, au XVe siècle, de l'illustre et antique maison noble des Bosredon, dont j'ai publié la généalogie en 1863.

» Le nom des de Bosredon, en latin Boscorotundo, fut transformé au XVe siècle par la langue du peuple en celui de Bourdon, quelquefois écrit Bousredont. Parmi les de Bosredon qui ont possédé Bourdon, je remarque Hugues, baron d'Herment, en 1450, grand seigneur, qui fit le voyage de Jérusalem. Il eut plusieurs fils, notamment : 1° Guillaume, qui suit ; 2° Jean de Bosredont, baron d'Herment, en 1486, sénéchal d'Armagnac. Son curieux sceau a été trouvé à Herment un peu avant 1888 et m'a été vendu par M. Grange, marchand d'antiquités, fin connaisseur d'objets d'art. Je le possède, et suis heureux de vous en envoyer l'empreinte. Les armoiries y offrent un écusson : écartelé aux 1 et 4 d'un lambel (de cadet) sur fond de gueules, aux 2 et 3 de vair ; mais sa légende est précieuse pour le lieu de Bourdon, car le nom du possesseur de ce sceau y est indiqué par celui de *Bousredont* (c'est-à-dire Bourdon).

» Guillaume de Bosredon, baron d'Herment, eut, à son tour, le domaine de Bourdon. Il mourut à Paris, en son hôtel, en 1497, et son corps fut transporté dans l'église d'Herment, où on lui mit une grande épitaphe, écrite sur un parchemin qui fut placé à côté de son mausolée. Cette épitaphe (splendide comme art héraldique) est conservée au château de Noironte (Doubs) par Mme la marquise de Lisa de Châteaubrun, et j'en ai la copie exacte, que j'ai faite jadis sur l'original prêté par la marquise. Guillaume de Bosredont eut un fils Jehan de Bosredont, baron d'Herment, qui suit :

» Jehan de Bosredont, baron d'Herment, ayant de nombreuses dettes, vendit, en 1523, le domaine de Bourdon à Jean de Pierrefitte, élu en l'élection de l'Auvergne, mais d'une famille originaire du Limousin et qui est, selon toute apparence une branche de la maison des nobles de Bort de Pierrefitte. Ses descendants possédèrent Bourdon jusqu'à la mort du dernier, Charles de Pierrefitte, en 1652. Celui-ci décéda sans postérité, et ce fut un Valette, seigneur de Rochevert, à Volvic (Puy-de-Dôme), qui était son petit neveu et héritier, qui eut alors le domaine de Bourdon. Les Valette étaient seigneurs de Rochevert et habitaient encore Volvic en 1789; mais je ne sais pas s'ils ont vendu Bourdon, au xviiie siècle (ce qui est probable).

» Ainsi le nom de Bourdon rappelle celui de Bosredon, dont il est le nom populaire.

» Ambroise Tardieu (1). »

Sceau de Jehan de Bosredon, baron d'Herment, en 1486, trouvé à Herment un peu avant 1888, et qui a été acquis par M. Ambroise Tardieu. La légende porte : S. *Jehan de Bousredont.*

Le sceau porte deux lions grimpants pour supports, et, comme cimier, une tête de cerf.

Le vieux domaine de Bourdon avait donc appartenu successivement, avant la Révolution, aux familles de Bosredon, de Bort de Pierrefitte et Valette de Rochevert, puis, dans la suite, à des propriétaires moins titrés, les sieurs Dauphin, Chassaing et Dumay, avant de passer aux mains du comte de Morny, qui devait en faire un établissement industriel de

(1) Il nous eut été agréable de rendre ici un juste hommage à M. A. Tardieu pour la complaisance avec laquelle il s'est mis à notre disposition. Malheureusement, le savant historiographe de l'Auvergne a terminé, en avril dernier, à l'Hôtel-Dieu de Clermont, où il s'était transporté quelques jours avant sa mort, une existence consacrée à l'étude de cette province, laissant de nombreux ouvrages qui témoignent d'un labeur considérable.

premier ordre. Si l'intervention de cet acquéreur imprévu pouvait être considérée alors comme un incident banal de l'histoire locale, il n'en fut pas de même quelques années plus tard, lorsque, devant l'évidence des faits, on s'aperçut que le propriétaire et le domaine ayant réagi l'un sur l'autre, se devaient réciproquement leur fortune. Sans M. de Morny, Bourdon n'eut sans doute jamais été autre chose qu'une exploitation agricole quelconque, et sans Bourdon, il est permis de se demander ce que fut devenu M. de Morny. Gentilhomme inconnu et de mystérieuse origine, c'est là que le destin l'a conduit, afin que, nouvel Antée, il prît contact avec la terre avant de s'élancer à la conquête de l'avenir. Ainsi l'aigle choisit son aire et s'y pose avant de prendre son essor vers les astres.

Jusqu'au jour où il fut pris dans l'engrenage de la politique, le comte de Morny s'occupa sérieusement de son usine. Non pas qu'il montrât jamais de l'assiduité à surveiller le pesage de ses betteraves ou à vérifier les registres de sa comptabilité. Tel n'était pas son rôle, et il s'en remettait, pour ces soins, à son personnel. Il n'était pas homme à abaisser son esprit à des besognes vulgaires et déprimantes, et il avait mieux à faire que de s'absorber dans des détails professionnels qui l'eussent condamné à l'obscurité et qui n'étaient d'ailleurs ni dans ses aptitudes, ni dans ses goûts. Morny industriel? Il le fut sans doute : mais n'exagérons rien. Voyons-le plutôt faisant de l'industrie en grand seigneur, c'est-à-dire sans que ses obligations d'homme du monde eussent à en souffrir, gardant pour lui les vues d'ensemble, la haute surveillance administrative, la responsabilité, l'amer souci des résultats financiers. Il avait pénétré d'ailleurs, dès le début, tous les mystères de la fabrication du sucre, comme il s'était familiarisé avec les questions d'ordre économique relatives à cette industrie.

Fier à juste titre de son établissement, le seul de la région qui avait survécu à la débâcle de 1843, il s'appliquait à en perfectionner l'outillage, décidé qu'il était d'en assurer l'existence et même de lui donner de l'extension. Dans cette voie, évidemment, son intérêt le poussait, mais celui-ci se confondait si bien avec l'intérêt général qu'en travaillant pour lui-même il servait la cause de tous ; et c'est ainsi qu'il trouvait dans cette solidarité le facteur essentiel d'une popularité de bon aloi. Aux usines abandonnées il avait acheté du matériel. Ses commandes d'entretien et même de neuf, lorsqu'il n'était pas obligé de les remettre à la maison Derosne et Cail, allaient aux ateliers Barbier et Daubrée, de Clermont, qui construisaient alors des appareils de sucrerie (1). Toutes les marchandises de magasin étaient tirées de Clermont ou de la région. Le charbon venait de Brassac. Quant aux betteraves, celles de ses propres exploitations formaient dans l'approvisionnement de l'usine un appoint qui n'était pas négligeable, mais la plus grande partie était fournie par la culture locale et principalement par les propriétaires d'Aulnat (2) et de Montferrand.

Bientôt le député absorba l'industriel. En 1845, M. de Morny donna à son exploitation une organisation administrative qui le déchargeait de beaucoup de soins. Il avait pris un associé, M. Lecoulteux, un directeur général, M. Herbet. Ses séjours à Clermont ou à Bourdon devinrent plus rares et moins longs. Ses rapports avec l'usine se modifièrent peu à peu. Il touchait le prix des betteraves provenant de ses terres, et, comme propriétaire de la fabrique, il recevait, à titre de location, une somme de 20.000 francs qui lui était réglée par trimestre, indépendamment de la part qui lui revenait dans les bénéfices de l'exploitation. Les betteraves valaient alors 13 fr. les mille kilos.

Les résultats étaient satisfaisants, et tout le monde s'en

(1) Ces ateliers avaient pris en peu de temps une si grande importance que pendant l'été de 1844, l'un des frères Daubrée s'était rendu à la Guadeloupe pour y monter deux sucreries avec un matériel complet venant de Clermont-Ferrand.

(2) C'est en 1840 que le bourg d'Aulnat, qui faisait partie de la commune de *Malintrat-et Aulnat*, fut érigé en commune distincte. M. Gabriel Fournier fut le premier maire de la nouvelle commune de 1840 à 1858.

fut contenté. Mais M. de Morny pouvait-il faire comme tout le monde? Le sucre ne lui suffisait pas; il s'intéressa aussi à la garance, qui était alors en vogue. Le 20 mai 1846, il achetait à M. André-Jacques-Armand Gauthier, manufacturier à Clermont, pour le prix de 45.000 francs, un bâtiment situé en dehors de la barrière des Jacobins, construit à neuf et servant à une fabrique de garancine (1). Il posséda également, au pont de Naud, une autre fabrique de garancine. Mais il ne parait pas que ces petits établissements l'aient occupé beaucoup. Ils contribuaient à donner, dans le pays, du relief à sa personnalité, et c'était tout ce qu'il en attendait. Pour lui, la politique et les affaires s'étaient trouvées mêlées dès le début, et elles se prêtaient un mutuel concours. « Sans compromettre son mandat de député, Morny sut le rendre agissant au profit de ses relations d'affaires. L'industrie lui avait été propice. Mais, pour se muer en des résultats durables, cette force de création par la production continue exige des efforts suivis, réguliers. Ses désirs impatients s'enquirent de moyens plus expéditifs. Il se tourna vers la spéculation... Sa chance le suivit là comme partout (2). » En 1846, il avait pris position dans la presse en s'associant à Véron, propriétaire du *Constitutionnel*, et cette opération fructueuse lui rapportait, six ans plus tard, lorsque le journal fut racheté par Mirès, la somme respectable de cinq cent mille francs (3).

Mais, « pendant qu'il se livrait aux émotions de l'agio, jouait à la hausse sur les mines de la Vieille-Montagne, achetait, échangeait ou revendait des tableaux, faisait courir, meublait son hôtel des Champs-Elysées, voisinait aimablement chez la comtesse Le Hon et négligeait un peu la politique, le Gouvernement de Juillet, dont il était un des zélateurs, avait fort à se débattre contre les difficultés nombreuses embarrassant sa marche (4). » L'atmosphère politique

(1) Ce bâtiment porte aujourd'hui le n° 6 de l'avenue de la République et est occupé par l'Administration des pompes funèbres.

(2-3) Cf. F. Loliée, *op. cit.*, p. 82.

(4) Cf. F. Loliée, *op. cit.*, p. 83.

était saturée d'électricité. La révolution éclate; la situation du comte de Morny est anéantie et sa fortune fortement ébranlée. Après une éclipse de treize mois, il revient au Palais-Bourbon, et, s'étant engagé dans la politique du prince Louis-Napoléon, il prépare sa revanche. Dans ces pénibles conjonctures, l'usine de Bourdon dut lui fournir de précieuses ressources, car en portant le trouble dans l'industrie coloniale, l'abolition de l'esclavage, prononcée par décret du Gouvernement provisoire en date du 4 mars 1848, créait, sur le marché intérieur, une situation avantageuse à la sucrerie indigène.

Cependant, en 1849, il renonce, malgré les instances du président de la Chambre de Commerce de Clermont (M. Lecoq), à présenter les produits de son usine à l'exposition de Paris. Il est vrai, comme nous le verrons en étudiant l'homme politique, que son esprit était alors hanté de préoccupations plus pressantes.

En 1851, il fut obligé de vendre sa galerie de tableaux et son hôtel des Champs-Elysées. Mais la réaction allait bientôt se produire, prompte et éclatante comme la foudre. Par le coup d'Etat du 2 décembre, le comte de Morny s'élève au faîte du pouvoir. L'usine de Bourdon se ressentit immédiatement de ce succès et prit sa part de cette extraordinaire fortune.

Le 19 novembre 1852, en l'étude de Ferdinand-Léon Duclaux, notaire à Paris, il se forma, entre M. le comte de Morny, 15, avenue des Champs-Elysées, M. J.-F. Rieul Herbet, de Clermont-Ferrand, et M. Paul Hamoir, de la Société Serret, Hamoir, Duquesne et Cie, de Valenciennes, une Société en commandite par actions, au capital de 5 millions, pour une durée de vingt années à partir du 1er novembre 1852, dont la raison sociale était *Herbet et Cie* et la dénomination : Sucrerie, Raffinerie et Distillerie centrales de Bourdon, dans la Limagne d'Auvergne. Le capital était divisé en 10.000 actions de 500 francs. M. de Morny s'attribuait pour son apport (établissements immobiliers, mobilier in-

dustriel et agricole, terres de Bourdon et de Marmilhat)
trois mille actions ; M. Herbet (1), qui devait remplir les
fonctions de directeur-gérant, recevait pour ses soins, son
industrie et son temps, six cents actions ; enfin M. Hamoir se
faisait octroyer mille actions pour l'apport de ses brevets
concernant la dessication de la betterave et la macération en
vases clos. Au total, 4600 actions privilégiées qui devaient
recevoir une rémunération de 5 0/0. Le surplus des bénéfices
devait servir à payer des dividendes aux porteurs des 5400
autres actions. Le directeur recevrait, en outre des 600 actions indiquées, un traitement annuel fixe de 20.000 francs
avec une part de 10 0/0 dans les bénéfices.

L'inventaire du matériel industriel et agricole établi à
cette occasion s'élevait à la somme de 276.000 francs.

Les exigences de la politique ne permettront plus à M. de
Morny de s'occuper de l'usine de Bourdon que de loin en loin
et d'une manière superficielle ; mais l'intérêt qu'il porte à cet
établissement ne s'affaiblira pas. Jusqu'à sa mort, il en sera
l'âme. En 1852, il fait construire, dans les terres en culture,
au nord de l'ancienne fabrique, l'usine actuelle, comprenant
quatre grands corps de bâtiment, avec cinq cheminées, dont
deux de 65 mètres de hauteur. L'usine primitive possédait une

(1) D'origine bretonne, Rieul Herbet avait été, avant de venir à Bourdon, directeur de la sucrerie Villelaure (Vaucluse) que le marquis de Jan-
son avait fondée sur les bords de la Durance et où il s'était ruiné.

Il avait épousé, à Villelaure, la sœur de M. Casimir Raynaud, qui fut
plus tard directeur de fabrication à Bourdon, puis, en 1864, directeur
général de la sucrerie de Billom.

Par sa femme, M. Herbet était parent de M. Jacques Trinquier, qu'il
fit venir à Bourdon vers 1854 pour le charger d'un important service de
roulage que nécessitait le transport des matières premières et produits,
ainsi que la traction des wagons sur l'embranchement particulier de
Bourdon à Sarlièves, par où venaient les charbons de Brassac. M. Jacques
Trinquier se fixa dans la suite à Pont-du-Château ; son fils Romain Trinquier est retiré actuellement à Chamalières et l'un de ses petits-fils est
maître d'hôtel à Rochefort.

M. Herbet eut trois enfants, deux garçons et une fille. L'un de ses fils
avait pour parrain M. de Morny, qui lui avait donné en cette qualité un
petit domaine d'une valeur de 50.000 francs dans le canton de Latour-
d'Auvergne.

seule cheminée de 50 mètres environ qui existe encore aujourd'hui. L'activité qui régna pendant la durée de ces travaux est difficile à décrire. Plus de 400 ouvriers du bâtiment y furent employés d'une manière ininterrompue pendant douze à quinze mois. Des charrois nombreux transportaient la pierre de Volvic et les matériaux à pied d'œuvre. Tous les travaux étaient menés de front, avec ensemble et symétrie. Une ville sortait de terre comme par enchantement.

Le comte de Morny voulut faire de Bourdon un centre de fabrication de sucre de betterave. Rien ne fut négligé pour atteindre ce but. Les procédés de fabrication « les plus hardis et les plus perfectionnés » furent appliqués (1). Pour la dessication des cossettes (système Hamoir), six tourailles furent construites à Saint-Beauzire, Chappes, Chagnat, Les Martres-d'Artières, Bouzel et Saint-Blaise. On créa des distilleries agricoles à Pagnan et à Idogne. Et pour assurer l'approvisionnement de betteraves, on acheta ou loua, en Limagne, jusqu'à 70 domaines représentant plus de 2000 hectares de terres en culture. Bourdon comprenait alors une usine pour l'extraction du sucre des cossettes séchées, une raffinerie de sucre en pains, une distillerie d'alcool. On y mit en œuvre, en 1855, 24.000 tonnes de betteraves; en 1860, 64.000 tonnes; en 1865, 71.000 tonnes; quelques années plus tard, plus de 100.000 tonnes. C'était alors la plus importante fabrique de sucre de la France et l'un des plus vastes établissements industriels de l'Europe.

Ce développement soudain, qui suivit de près le rétablissement de l'Empire, inaugura, dans la région, une ère de prospérité inconnue jusqu'alors et dont bénéficia largement, par choc en retour, l'idée napoléonienne. Les affaires, en général, celles de l'agriculture en particulier, prirent une activité dont on parle encore, non sans regret, en nos temps calamiteux, et dont témoigneraient manifestement, s'il était

(1) Ch. Chalon, *Rapport au Congrès pour l'avancement des sciences*, 5 août 1908.

VUE GÉNÉRALE DE L'USINE DE BOURDON

prise de la route de Clermont (Janvier 1913)

J. LEROY & Cⁱᵉ, EDIT., PARIS

nécessaire, les minutes de Mᵉ Bonnay (1), notaire à Clermont, qui fut l'ami intime de M. de Morny, comme aussi les vieux registres de comptabilité de la Banque Blanc et Lacombe (2).

Dans la vie sociale, la Société de Bourdon, toujours inspirée par M. de Morny, montrait un large esprit de bienfaisance. Dons, secours, subventions, souscriptions coulaient de sa caisse comme les eaux d'une source abondante, et, dans le voisinage, il n'était pas de collectivité intéressante, d'œuvre charitable, d'institution ou d'entreprise ayant pour objet le bien public qui ne se ressentît des heureux effets de cette générosité. Nous n'en citerons qu'un exemple.

Par suite du développement de l'usine, le personnel augmentait. Bourdon formait une petite colonie qui comptait déjà un certain nombre d'enfants, et il n'y avait pas d'école. Aulnat, récemment érigée en commune distincte, n'avait pas non plus d'école. D'un commun accord, la municipalité et la direction de l'usine appelèrent les Frères des Ecoles chrétiennes. Ceux-ci arrivèrent le 1ᵉʳ octobre 1854, au nombre de quatre, sous la direction du Frère Heldrad, et trois classes furent ouvertes avec 130 élèves. Reconnus instituteurs communaux, les Frères reçurent, à ce titre, un traitement de quinze cents francs auquel la Société de Bourdon ajouta généreusement une contribution annuelle de neuf cents francs, payable en deux termes, et qui fut toujours servie ponctuellement malgré les déboires financiers du donateur (3).

Au point de vue industriel, la Société de Bourdon était en-

---

(1) Actuellement étude de Mᵉ Salignat. L'étude de Mᵉ Bonnay se trouvait dans le bel hôtel — alors sa propriété — qui porte actuellement le nº 23 de la rue Pascal, qui a été occupé depuis par le pensionnat des religieuses de la Miséricorde et où est installé actuellement l'Evêché.

(2) Aujourd'hui Chalus frères.

(3) La population d'Aulnat et de Bourdon a toujours été très sympathique aux disciples modestes et dévoués de S. Jean-Baptiste de la Salle ; mais, malgré tout, l'école fut fermée en 1882, à la suite des malheureux décrets de Jules Ferry. L'excellent Frère Héraclécien-Benoît, plus connu sous le nom de Frère Benoît, en fut le dernier directeur.

gagée dans une mauvaise voie. Le système de la dessication, que l'on avait adopté pour régulariser le travail durant toute l'année et éviter les inconvénients d'une fabrication intensive de trois mois, ne donna pas les résultats espérés. Les pertes furent énormes. En 1859, la Société Herbet fut dissoute et remplacée par la Société Meinadier et Cie (1).

M. Numa Meinadier (2), qui avait été préfet du Puy-de-Dôme de 1836 à 1848, était un des principaux actionnaires de

(1) A la suite de graves dissentiments avec M. Meinadier, M. Herbet dut se retirer. Il quitta Bourdon, se fixa à Villelaure, puis à Marseille, où il exploita, sur la route de Toulon, une distillerie. C'est là qu'il termina sa carrière dans une situation précaire.

(2) Marc-Numa-Alexandre Meinadier naquit à Saint-André de Valborgne (Gard) en 1796, du mariage d'Alexandre Meinadier, négociant, et de Mlle Mazauric. Il fut élevé au lycée de Nîmes, vivant chez M. Pierre Meinadier son oncle, qu'il suivit à Paris où il allait pendant les Cent-jours comme délégué au Champ-de-Mai.

Bientôt après, il fut à Chalons, chez un autre oncle, le général Meinadier, qui commandait le département de la Marne. Puis il entrait dans les gardes du corps, qu'il était obligé de quitter au bout d'un an ou deux, menacé par une maladie du cœur dont il a souffert toute sa vie et qui a fini par l'emmener : il ne pouvait, par suite de cette maladie, résister aux marches rapides que Louis XVIII exigeait de son escorte.

Il devint ensuite le secrétaire de M. Pelet, de la Lozère, alors préfet du Loir-et-Cher, et conserva cette situation jusqu'à la destitution de M. Pelet par le ministère de Villèle (1823).

A l'arrivée au pouvoir du ministère Martignac, il fut nommé secrétaire de la commission chargée de l'organisation départementale, et, au terme des travaux de cette commission, nommé secrétaire général à la préfecture de l'Eure.

A la révolution de Juillet, le comte de Laitre, préfet, dut se retirer dès les premières nouvelles en lui confiant l'administration du département.

Après quelques jours de cette administration, sous l'influence de Dupont (de l'Eure) et de de Broglie, il était appelé à la préfecture de l'Indre.

Quatre ans plus tard, il passait à la préfecture de l'Oise, et, l'année suivante, sous le premier ministère Thiers, il était nommé secrétaire général de l'instruction publique, sous M. Pelet, de la Lozère, comme ministre.

A la chute du ministère, Meinadier était nommé préfet du Puy-de-Dôme, où il resta du 7 octobre 1836 au 17 février 1848.

En 1848, il fut élu conseiller général à Saint-André de Valborgne et conserva ces fonctions jusqu'à sa mort.

Il mourut en septembre 1867. Il était officier de la Légion d'honneur.

La réputation que M. Meinadier a laissée partout où il a passé est celle d'un administrateur éclairé, consciencieux et hautement estimé de ses administrés.

(Georges Bonnefoy, *Histoire de l'administration civile de l'Auvergne*).

Bourdon et l'ami personnel de M. de Morny. Il passait pour
un administrateur prudent et avisé, pour un homme bienveil-
lant et consciencieux. Sous son administration, les sécheries
de Saint-Beauzire, Chappes et Chagnat furent transformées
en fabriques de sucre ; les autres continuèrent à fonctionner
pour alimenter l'usine de Bourdon. Les résultats ne furent
pas meilleurs, et la cause en est dans le nombre excessif des
exploitations, la difficulté du contrôle, le coulage inévitable.
et aussi, il faut bien le reconnaître, l'inexpérience du personnel à tous les degrés. Toutes ces défectuosités d'ordre général, qui étaient apparues avec évidence sous la direction de
M. Herbet, qui y ajoutait la faiblesse de son caractère teinté
de népotisme, et la recherche un peu trop grande peut-être
de son intérêt personnel, tous ces vices administratifs, M. Meinadier ne les avait pas fait disparaître. L'extension de
Bourdon avait été d'ailleurs trop rapide et trop considérable.
Elle se ressentait de l'impatience et de la mégalomanie de
son auteur. Dans sa hâte à faire de grandes choses, M. de
Morny oubliait d'associer à son œuvre le Temps, ce coopéra-
teur inévitable, qu'il eut raison quelquefois de brusquer,
mais qui parfois aussi se venge d'avoir été négligé.

Sa personnalité inspirait une si grande confiance, présentait de telles garanties, que nombre de petites gens n'hésitaient pas à apporter à l'entreprise dont on le savait le principal intéressé leurs économies. Les capitaux affluaient, se
multipliaient, mais toujours insuffisants, ils disparaissaient
dans ce tonneau des Danaïdes. Le capital social, d'abord de
cinq millions, fut bientôt porté à sept, puis à treize, puis à
dix-neuf, et l'on ne voyait pas encore où s'arrêterait cet en-
gloutissement. Président du Corps législatif et disposant
d'une grande influence, le « frère d'Empereur », fit voter,
pour être affectée à titre de prêts à l'industrie, une somme de
vingt millions dont deux furent alloués à la Société sucrière
de la Limagne d'Auvergne. Il ne voulait pas laisser péricliter
son entreprise ; trop de gens y eussent été ruinés. Il la soutenait avec ténacité, car elle était en quelque sorte, dans le

Puy-de-Dôme, comme la preuve manifeste de sa puissance financière et la base de sa popularité. Voici le tableau qu'en traçait, en 1860, M. Baudet-Lafarge dans son rapport à la Société centrale d'agriculture du Puy-de-Dôme :

« Loin de se dissoudre comme les autres fabriques de sucre qui avaient été créées, de 1830 à 1840, dans le département, la Société de Bourdon organisa son entreprise dans des proportions colossales. Elle devient successivement fermière de nombreux domaines choisis généralement parmi les plus fertiles, placés dans la Limagne et jusque dans l'arrondissement de Gannat. L'étendue des terres qu'elle cultive est d'environ 2000 hectares divisés en 24 fermes. Les bâtiments et cours de l'usine occupent à eux seuls une dizaine d'hectares.

» Nous donnerons une idée de l'importance de sa fabrication en disant que la quantité de betteraves sur lesquelles elle a opéré dans la dernière campagne n'est pas moindre de 70 millions de kilogrammes, dont 60 millions provenant de ses propres cultures.

» Pendant un temps, Bourdon a réduit toutes ses betteraves en cossettes desséchées. Il avait pour cela établi sur divers points des tourailles où étaient conduites de ses fermes voisines de celles-ci toutes les betteraves récoltées, ainsi que celles achetées dans chacune des sept régions entre lesquelles ces fermes sont réparties.

» Ce mode de préparation permettait de continuer la fabrication pendant toute l'année, mais il a été reconnu, après expérience, entaché du grave défaut de laisser, accumulée dans la seule usine centrale, une masse énorme de résidus très peu propres, d'ailleurs, à nourrir le bétail et créant un véritable embarras. Depuis peu, on est revenu à l'emploi de la râpe et de la presse donnant des pulpes d'une grande richesse pour l'engraissement des bœufs. Celles de la campagne 1859-1860 ont servi à engraisser 1200 têtes de gros bétail, dont le plus grand nombre a été conduit aux marchés de Sceaux et de Poissy.

» Depuis ce changement de système, plusieurs tourailles ont été supprimées pour faire place à des fabriques de sucre. Leurs pulpes sont distribuées sur les fermes de leur voisinage et vendues pour une partie aux cultivateurs.

» Les produits de la dernière campagne ont été :

Sucre raffiné	3.500.000 kil.
Mélasse.	2 000.000 —
Potasse brute ou salins de mélasse	250.000 —
Ecumes de défécation	2.000.000
Pulpe	12.000.000 —
Alcool de mélasse	6.000 hectol.

» La Société de Bourdon produit aussi d'énormes quantités de grain dans ses 24 fermes. Elle évalue le rendement moyen de ses froments à 40 hectol. par hectare, qu'elle doit non seulement à l'excellence de ses terres, mais aussi à une culture bien faite et à d'abondantes fumures dans lesquelles le guano est entré pour une forte part.

» *Distillerie.* — A l'époque où le prix de l'alcool était monté à un taux très élevé et où le sucre donnait de bien moindres bénéfices, l'usine de Bourdon fut momentanément convertie en une immense distillerie. Des circonstances différentes ont dû la ramener à sa première destination.

» *Culture de la betterave.* — Son apparition dans nos champs remonte aux premiers essais de fabrication de sucre faits sous l'Empire. On cultiva la variété dite *blanche de Silésie*, préférée pour le sucre, et, au second rang, la *disette*, qui ne sert que comme fourrage. Rendement, le meilleur 45.000 kil., le plus bas 25.000.

» Des renseignements de Bourdon portent le rendement moyen de ses fermes à 40.000 kilos, et ajoutent que dans les terres des communes d'Aulnat, Gerzat et Lempdes, il a atteint jusqu'à 85.000 kilos. L'usine a payé les mille kilos 20 fr., puis a réduit ce prix à 16 fr. »

M. Baudet-Lafarge n'exagérait pas en disant que la Société de Bourdon avait pris des « proportions colossales. » Quelques années plus tard, il aurait ajouté qu'elle avait remué le pays, qu'en y implantant la betterave, elle rénovait son agriculture et lui imposait les méthodes rationnelles qui la forçaient de marcher vers le progrès, qu'elle y avait enfin semé, avec son or, le trésor non moins précieux de ses expériences et de ses procédés culturaux. Elle se ruinait, mais au train dont on était parti, il était difficile d'enrayer. Ce n'est qu'après la mort de M. de Morny qu'on décidera la liquidation. La Société Herbet avait duré sept ans, de 1852 à 1859, la Société Meinadier sept ans également, de 1859 à 1866, soit quatorze ans, au bout desquels les pertes s'élevaient à plus de trente millions (1). On peut donc affirmer sans hésitation, avec M. Marcellin Boudet (2), que M. de Morny ne s'est pas enrichi à Bourdon, et c'est peut-être le plus bel éloge que l'on puisse faire d'un homme dont la main était toujours ouverte, qui dépensait royalement, mais qui ne thésaurisa jamais (3).

(1) Ch. Chalon, *loc. cit.*

(2) *Minimes Souvenirs du duc de Morny* (Bulletin historique et scientifique de l'Auvergne, avril 1911).

(3) Dans le personnel des Sociétés Herbet et Meinadier, quelques figures se détachent, parmi lesquelles nous citerons :

M. *Casimir Raynaud*, beau-frère de M. Herbet, qui fut plus tard directeur de la sucrerie de Billom.

M. *Laugier*, un méridional, *gentleman rider* et parfait galant homme, que M. Herbet avait pris pour secrétaire. Passa à la Préfecture du Puy-de-Dôme, où il fut secrétaire du comte de Pressac, puis à celle de la Savoie, comme chef de division ; devint plus tard gouverneur aux colonies (Indo Chine et la Réunion). Étant à Bourdon, il avait épousé une fille de M. J. Trinquier, et habitait le domaine de Pralong où sont nés ses enfants, soit un fils qui est actuellement avoué à Aix, et une fille mariée à un notaire de Grasse, avec laquelle habite sa veuve.

M. *Floissac*, chef de comptabilité, que M. de Morny avait envoyé de la banque Brabant, Lindemann, Suzanne et Cie.

M. *Ernest Meinadier*, cousin de M. Numa Meinadier, qui remplit successivement les fonctions de secrétaire, directeur, agent commercial ; mourut à Marseille vers 1885.

M. *Weizsaeker*, directeur des ateliers de réparations, alors très importants, puis directeur de fabrication. Devint dans la suite directeur de la Sucrerie de Billom.

M. *Et. Baron*, né le 26 juillet 1829, à Landivisiau (Finistère). Élève diplômé de l'École d'agriculture de Grandjouan, fait ses premières armes

Le duc de Morny mourait en 1865 sans avoir pu réaliser dans son établissement de Bourdon, son rêve de prospérité, ce qui n'a rien dont on doive s'étonner, car c'est le sort de presque toutes les grandes entreprises industrielles d'avoir des débuts pénibles. Un an après, le 27 juin 1866, la liquidation ayant été décidée, une nouvelle Société dite de la Sucrerie de Bourdon se rendait acquéreur, pour la somme de 3.500.000 fr., de tous les immeubles appartenant à la Société Meinadier et se substituait à celle-ci pour la continuation des travaux, baux, charges et engagements de toute nature.

Constituée pour une durée de cinquante ans (1), elle eut successivement pour présidents du Conseil d'administration MM. Pomme, Sauvel, Mailly, Adelon, de Bessé, Flamant, et pour directeurs M. Ernest Meinadier, qui établit, en 1866, le passage d'une société à l'autre, M. Denis, de 1866 à 1868, M. Camille Juette, professeur de chimie à la Sorbonne, de 1868 à 1872, M. Edouard Mérijot (2), ingénieur des Manufactures de l'Etat, de 1872 à 1878, M. Emile Boire, ingénieur civil, de 1878 à 1911 (3).

La nouvelle Société trouvait une situation difficile, avec de

comme sous-directeur à la ferme de Trécesson (Morbihan ; arrive en 1854 à Bourdon pour seconder, à la direction de l'importante exploitation d'Idogne, M. Barbaroux, également élève de Grandjouan. Mais, par suite des circonstances, dut rester à Bourdon même, où il fut employé alternativement à la comptabilité et à l'agriculture jusqu'en 1875, époque où il passa dans l'Administration des Haras, comme régisseur du domaine national de Pompadour (Corrèze), professeur de botanique et d'agriculture. Décoré des palmes d'officier d'Académie et du ruban du Mérite agricole, M. Baron, aujourd'hui vaillant octogénaire, est en retraite à Pont-du-Château, où il avait épousé une demoiselle Lacroix. Il a laissé à Bourdon le souvenir d'un homme distingué, sympathique et d'une politesse exquise.

(1) En juin 1911, elle s'est prorogée pour 99 ans.

(2) Edouard Mérijot, originaire de la Nièvre, ancien élève de l'Ecole Polytechnique, a traduit de l'allemand, en collaboration avec Gay-Lussac, le *Traité complet de fabrication et de raffinage de sucre de betterave*, de L. Walkhoff, et en collaboration avec A. Debise, l'ouvrage de Reuleaux : *Le Constructeur des organes de machines*. Il inventa divers appareils employés dans les manufactures de tabac et en raffinerie. Mourut subitement à Bourdon le 20 juillet 1878.

(3) A M. Boire vient de succéder M. Eugène Herscher, ingénieur au Corps des Mines, son gendre.

nombreuses exploitations et de lourdes charges. Cinq fabriques étaient en activité à Bourdon, Saint-Beauzire, Chappes, Chagnat, Sarliève, ainsi que la raffinerie et la distillerie de Bourdon, les distilleries d'Idogne et de Pagnan. Comme établissements agricoles, Idogne, à plus de 40 kilomètres de Bourdon, était le centre de sept ou huit domaines, Seymier, propriété de M. Peghoux, celui de six autres ; à quoi il faut ajouter une trentaine de fermes disséminées dans la Limagne depuis Issoire jusqu'à Maringues. Et toutes ces exploitations, qui employaient un nombreux personnel, difficiles à surveiller, avaient pour la plupart des pertes énormes. Les salaires, à certaines époques de l'année, absorbaient plus de 100.000 francs par mois. En août et septembre, en vue du transport de la prochaine récolte de betteraves, il fallait acheter pour plus de 100.000 fr. de bœufs.

En 1866, la récolte s'éleva à 65 millions et demi de tonnes, pour une valeur de plus d'un million de francs, et, dans la suite, l'approvisionnement annuel oscilla autour de ce chiffre. Malheureusement les betteraves étaient de mauvaise qualité au point de vue saccharifère ; elles fournissaient un jus de 3.5 à 5.5 de densité correspondant à une teneur en sucre de 6 à 10 0/0. Il y avait à ce sujet beaucoup à faire, étant donné l'esprit routinier de la culture. En 1868, on commença à s'inquiéter de la question. Quelques années plus tard, M. E. Mérijot fit des efforts inouïs pour obtenir des cultivateurs qu'ils ne semassent pas d'autres graines que celles qui leur étaient fournies par la Société. La chose était d'autant plus importante que l'on était décidé à faire de plus en plus appel à leur concours. Il fallait de toute évidence restreindre le train qu'avaient pris les affaires. On abandonna successivement, à fin de bail, la plus grande partie des domaines affermés ; certains furent sous-loués. L'usine de Sarliève fut fermée, mais celle de Bourdon, avec son personnel nombreux et ses services multiples, où il était difficile de démêler les causes de gain ou de perte, conservait son organisation colossale. Elle comprenait principalement la fabrique de sucre

proprement dite, avec presses hydrauliques pour l'extraction
du jus, la raffinerie, un four à chaux permanent, une fabrique de charbon animal avec carbonisation des os verts
(four Brisson), production du noir en grains et revivification
(four Blaise), une distillerie de mélasse, grains et betteraves vertes, avec matériel de macération système Champon-
nois, une fabrique de potasse, une fabrique d'engrais, une
usine à gaz d'éclairage, d'importants ateliers de constructions
mécaniques. Les résultats étaient toujours peu encourageants, et cependant, en 1875, M. Mérijot demandait à l'administration préfectorale l'autorisation d'établir une nouvelle sucrerie à Maringues.

Enfin, en 1878, M. Boire arriva, et la Société connut
bientôt l'ère des vaches grasses, qui, heureusement, dura
plus de sept ans, et pendant laquelle on n'eut garde, à l'imitation de ce roi d'Égypte, de ne pas remplir les greniers. La
législation de 1884 sur le régime des sucres contribua puissamment à cette prospérité. En 1879, on avait supprimé la
raffinerie, qui donnait des mécomptes. Deux fermes seulement
furent conservées, celles de Marmilhat et de Palbost, qui,
aujourd'hui, ont chacune plus de cent hectares de terres en
exploitation. Quant aux usines, trois restèrent en activité,
celle de Bourdon, comme usine centrale, celles de Saint-
Beauzire et de Chappes, comme annexes. Aujourd'hui, ces
usines, pourvues de l'outillage le plus perfectionné, peuvent
mettre en œuvre plus de 100.000 tonnes de betteraves, c'est-
à-dire la récolte de plus de 4000 hectares, et cette récolte,
qui intéresse 7 à 8000 cultivateurs, s'étend sur le territoire
de plus de 120 communes (1).

En raison de son éloignement des raffineries, Bourdon
s'est appliqué à produire des sucres de qualité supérieure
pouvant être livrés directement à la consommation, soit en
grains ou cristaux, soit à l'état de poudre, soit encore en
morceaux rangés en boîtes de diverses contenances. La pro-

(1) Notons en passant que cette récolte de cent mille tonnes de betteraves représente, au prix actuel de 25 fr. la tonne, une valeur de deux
millions et demi.

duction journalière pendant la période active est de 1000 à 1200 quintaux pour les trois usines.

D'autre part, la distillerie, outillée pour travailler, selon les circonstances, des betteraves, des mélasses et des grains, est capable de produire quotidiennement cent hectolitres d'alcool pur.

Une organisation commerciale puissante assure la vente de tous ces produits. Leur supériorité s'est affirmée d'ailleurs non seulement dans la lutte économique, mais encore dans les nombreuses expositions universelles ou régionales où ils ont figuré et où ils ont obtenu les plus flatteuses récompenses.

Cette organisation et l'état de prospérité qui en fut la conséquence sont l'œuvre d'un homme qui vient de disparaître. Doué de brillantes facultés, M. Emile Boire, originaire de Saulieu (Côte-d'Or), eut une carrière industrielle des plus remarquables. Il était directeur de la Société de Bourdon depuis 32 ans lorsqu'il mourut, à Paris, le 24 juin 1911, à l'âge de 73 ans, en pleine activité. Voici la notice nécrologique par laquelle le président du Syndicat des fabricants de sucre de France rendait un juste hommage au défunt et retraçait brièvement cette belle carrière :

« M. Emile Boire naquit dans la Côte-d'Or en 1838. Sorti de l'Ecole des Arts et Métiers de Chalons, il fait ses premières armes à Lille dans une maison de construction d'appareils pour sucreries. Bientôt associé à MM. Baudet et Farinaux, il prend à Lille une situation importante, et l'Institut industriel de cette ville l'appelle à professer un cours de construction.

» Notre industrie l'attire, un jour, et nous le voyons appelé, aux environs de 1880, à la direction de la Sucrerie de Bourdon. Il entreprend là une rude tâche; mais tous ceux qui le connaissent, qui l'ont vu à l'œuvre, ne doutent pas de son succès. Sous son énergique impulsion, la Société de Bourdon se relève, et bientôt cette entreprise dont on avait désespéré devient une des plus florissantes de France. C'est qu'elle avait à sa tête un homme d'un grand savoir, d'une puissance de travail extraordinaire et d'un esprit d'organisation des plus remarquables. Les produits de cette usine furent vite hors de pair et la marque de Bourdon demeura au premier rang parmi les meilleures.

» Membre des Conseils d'administration du P.-L.-M., de la Compagnie Transatlantique, des Chantiers et Ateliers de Saint-Nazaire, de la Société de la Basse-Loire, de la Compagnie fermière des Etablissements de Vichy, il fut nommé chevalier de la Légion d'honneur lors de l'Exposition de 1889 et promu officier après celle de 1900, où il était président de classe. »

Quelque superficiel qu'il soit, ce rapide examen nous permet d'affirmer que l'établissement fondé par M. de Morny est en bonne voie et en bonnes mains, et nous sommes sûrs de ne pas formuler un vœu stérile en lui souhaitant une longue durée pour le plus grand bien de toute la région (1).

Son sort est lié naturellement à celui de la sucrerie indigène. Nous avons dit sommairement les difficultés que celle-ci avait rencontrées à sa naissance et quels obstacles il lui avait fallu surmonter. Il ne sera pas sans intérêt, en cette année du centenaire, de mesurer le chemin parcouru. Il nous suffira pour cela de citer quelques chiffres. C'est la campagne de 1901 qui a marqué le point culminant du sucre de betterave. La surproduction et la loi de 1903, qui en a été la conséquence, ont déterminé un fléchissement de la courbe. Nous prendrons donc les chiffres de 1901. Cette année-là, 332 fabriques ont mis en œuvre le produit de 312.465 hectares, soit 9.350.000 tonnes de betteraves, et ont produit 1.032.000 tonnes de sucre brut et 380.700 tonnes de mélasse. La quantité de charbon consommée a été de 1.206.000 tonnes, représentant une valeur d'environ 25 millions de

(1) Par une étrange coïncidence, le siège social de la Sucrerie de Bourdon est actuellement au nº 32 de la rue des Mathurins, à Paris, dans l'ancien hôtel Beauharnais, et sans doute dans les appartements mêmes où l'impératrice Joséphine, grand'mère du duc de Morny, reçut jadis les hommages du premier consul.

francs. L'impôt de consommation a fourni, la même année, au Trésor, 156 millions ; l'année suivante, 178 millions. Précédemment, en 1892 et en 1899, il avait dépassé 200 millions. Il vient toujours immédiatement après le tabac et l'alcool, et occupe ainsi le 3e rang dans le rendement des contributions indirectes.

Au point de vue de la production, la France occupait, parmi les puissances de l'Europe, le 3e rang, venant après l'Allemagne et l'Autriche ; mais, depuis quelques années, la Russie ayant développé sa production tandis que celle de la France diminuait, celle-ci est passée au 4e rang.

Enfin, si nous considérons la production européenne du sucre de betterave par rapport à celle du sucre de canne des autres parties du monde, nous voyons qu'elle l'emporte sur sa rivale avec six à huit millions de tonnes. De sorte que le danger économique, pour les puissances continentales, est aujourd'hui, non dans la disette, mais dans la surproduction, et, dans le cas d'un nouveau blocus, on verrait, spectacle peu banal et de nature à faire tressaillir d'étonnement les mânes de l'Empereur, la fière République française, abaissant son orgueil, prier John Bull, le grand mangeur de sucre, de venir, en cachette, s'approvisionner dans ses ports.

VII

Le député de Clermont-Ferrand. — Discours
et travaux parlementaires

Une époque glorieuse de l'histoire de France, une brillante carrière politique, tels sont les souvenirs qu'évoque le nom de M. de Morny.

Cette carrière, dont les débuts eurent pour théâtre notre ville de Clermont-Ferrand, demanderait un volume. Nous nous proposons de la condenser dans quelques pages où nous exposerons sommairement ses traits caractéristiques, nous appliquant surtout aux faits pour la plupart inédits qui intéressent particulièrement l'Auvergne, et nous bornant à signaler, en passant, ceux, plus connus, qui appartiennent à l'histoire générale.

Nous avons vu, au seuil de cette étude, dans quelles circonstances le propriétaire de Bourdon s'était présenté comme candidat aux élections législatives de 1842, comment il avait triomphé d'un adversaire tel que M. Jouvet, député sortant. et de quelle façon il l'avait emporté, lui étranger au pays, sur un compétiteur qui paraissait avoir beaucoup plus de chances de succès. Ex-substitut du procureur du roi à Moulins, puis à Clermont, avocat de talent, M. Léon de Chazelles jouissait déjà de la sympathie de ses concitoyens et d'une considération des plus flatteuses que justifiaient pleinement son nom, sa fortune, son caractère. Comme héritier de Mme de Rumford, veuve de Lavoisier, il s'était trouvé récemment propriétaire des collections minéralogiques du savant naturaliste, et il en avait fait don au musée de la ville de Clermont (1). Cet acte de générosité seul eut suffi pour le

(1) C'est par son mariage avec Mlle de Sugny que M. Léon de Chazelles avait été l'héritier de Mme Lavoisier. Voici d'ailleurs, pour éclairer la question, une note généalogique :

Jacques-Alexis Paulze de Chastrignolles, écuyer, procureur du roi en

recommander à l'élite de la cité, et c'est cette élite qui formait alors le gros du collège électoral. M. de Morny, lui, avait bien à son actif, les services rendus depuis quatre ou cinq ans à la cause de la sucrerie indigène ; mais sans attaches familiales dans la région, il tentait, de toute évidence, une partie difficile (1). Il la gagnait cependant, de haute lutte, après trois tours de scrutin, et il restait, après le combat, l'ami de son concurrent, de celui qui s'était abrité sous le même drapeau. Combat de gentilshommes chez qui l'ardeur de vaincre n'excluait pas la courtoisie, si l'on en juge par le dialogue suivant, raconté par le Dr L. Véron et que l'on entendit dans une réunion publique à laquelle assistaient les candidats :

la cour du Forez, puis fermier général, avait épousé, le 5 novembre 1752, Claudine Moynet, fille d'une sœur de l'abbé Terray. Mort sur l'échafaud, le 8 mai 1794. A eu plusieurs enfants, entre autres :

1° Christian-François-Joseph Paulze d'Yvoy, né le 21 juillet 1755, marié à Sophie Gaudin. Mort également pendant la Révolution ;

2° Marie-Anne-Pierrette Paulze, née le 20 juin 1758, mariée en premières noces, le 4 décembre 1771, à Lavoisier, et en secondes noces, le 22 octobre 1805, au comte de Rumford. Morte le 10 février 1836, sans postérité.

Du mariage de Christian-François Paulze d'Yvoy et de Sophie Gaudin était née Alexandrine-Jeanne-Christine-Hélène Paulze d'Yvoy, qui fut mariée à Marie-Gabriel Vital comte de Sugny.

Et de ce dernier mariage naquit Jeanne-Marie-Laure-Hélène-Gabrielle de Sugny, qui épousa, le 29 avril 1834, Pierre-Léon de Chazelles.

Jeanne-Marie-Laure-Hélène-Gabrielle de Sugny était par conséquent la petite nièce de Mme Lavoisier devenue comtesse de Rumford. Elle en fut la légataire universelle, et c'est ainsi que M. Léon de Chazelles put disposer en faveur du musée de Clermont des collections minéralogiques de l'illustre savant. Des instruments de précision et des appareils de laboratoire sont conservés depuis chez son fils, M. Etienne de Chazelles, au château de la Canière, près Aigueperse.

La biographie de Mme Lavoisier, devenue comtesse de Rumford, a été écrite par Guizot.

(1) Parmi les amis de M. de Morny qui patronnaient chaudement sa candidature, il faut citer notamment M. Paul Blanc, banquier, qui avait discerné les rares qualités du jeune industriel. Comme membre du Conseil municipal, du Conseil général, de la Chambre de Commerce, du Tribunal de Commerce, M. P. Blanc est un des hommes qui ont rendu à l'Auvergne les plus grands services. Il a été le bienfaiteur de la commune de Blanzat, où il possédait une maison de campagne, comme M. de Vissac. Ces deux hommes, également estimés, sont morts le même jour, 25 mars 1850.

« Monsieur de Morny, dit l'un d'eux, qu'avez-vous donc promis aux électeurs de la campagne ? Je les ai trouvés très froids pour moi et très sympathiques pour vous. » Une éclipse devait avoir lieu le 10 juillet. « Je leur ai promis, répond gaiement M. de Morny, une éclipse de soleil pour le 10 de ce mois. Toutefois, en loyal concurrent, j'ai ajouté que vous aussi vous pourriez, sans doute, leur en promettre une autre, mais que votre jour n'était pas encore arrêté. » M. de Morny mit les rieurs de son côté. »

« Vous le voyez, observe le Dr Véron, la bonne éducation fait son chemin ; l'esprit montre les routes à suivre : un grand air, une tournure aristocratique, un sourire aimable, gagnent les sympathies des hommes, assurent l'amitié des femmes et quelquefois mieux. Grâce à tout cela, et même aux conseils pratiques de Mme de Souza, qui savait si bien le train du monde et les tressaillements les plus cachés du cœur humain, M. le comte de Morny entre par l'industrie dans la politique, et monte sur un nouveau théâtre sans timidité comme sans présomption. »

C'est le même écrivain qui nous le montre, candidat adroit et heureux, réussissant dans les derniers jours qui précédèrent le vote à retourner en sa faveur les dispositions du collège. « Il court la ville et la campagne : partout où il frappe, on lui ouvre, et il fait merveille. Il n'hésite pas à se présenter aux trois cercles de Clermont. A son entrée au Cercle du Commerce, M. Perdreau-Feuillade, ancien militaire, bonapartiste, commerçant, lui dit sérieusement : « Savez-vous que vous êtes le premier comte qui mette le pied dans les salons de notre cercle ? » M. de Morny lui répond en riant et en lui tendant la main : « *Mais vous devez savoir que les bons comptes font les bons amis.* »

« Ce n'était pas de l'esprit transcendant, si vous voulez, dit M. Marcellin Boudet à qui le propos fut rapporté par un témoin, mais cela vint si bien, cela fut dit avec une si parfaite bonne grâce qu'une détente se produisit. On rit, on l'entoura. On causa, on l'écouta, il sut plaire, et l'élément flottant du suffrage vint à lui lorsque le récit de la scène fut connu dans la ville et les environs, le lendemain et les jours suivants. » (1)

Ce coup d'essai, nous l'avons vu, fut un coup de maître. Mais le tout n'est pas de séduire, pour un jour, le corps électoral, et d'emporter la majorité des suffrages. Il faut encore conserver la confiance de cette majorité pour revenir avec des chances de succès, après quatre années de vie parlementaire, devant les électeurs. Comment le nouveau député va-t-il s'y prendre pour obtenir ce résultat ? Quelle va être son attitude durant cette première législature ? Il avait fait, en posant sa candidature, une profession de foi indépendante ; mais ce n'était là qu'une étiquette. Ses relations avec les fils de Louis-Philippe lui dictaient sa conduite politique. Il fut fidèle à ses relations et soutint la monarchie de Juillet, sans servilité toutefois et en conservant cette indépendance de caractère qui formait le fond de sa nature.

En même temps que M. de Morny, le département du Puy-de-Dôme envoyait à la Chambre, M. Dessaignes (Clermont 2e collège), MM. Combarel de Leyval et de Chabrol (Riom), M. Girod de Langlade (Issoire), M. Berger (Thiers) et M. Molin (Ambert).

Cette Chambre de 1842 ne constituait pas pour le jeune député de Clermont une ambiance très favorable. Les orateurs n'y manquaient pas. A leur tête Guizot, le doctrinaire, l'homme à l'éloquence amère et hautaine, Thiers, verbeux, que Chateaubriand aigri avait représenté « perché sur la monarchie contrefaite de Juillet comme un singe sur le dos d'un chameau ». Berryer, le Cicéron légitimiste, plus royaliste que le roi et plus libéral que la liberté, l'ambitieux Billault, l'homme des lieux communs et des tirades sonores, Dupin, trivial et superficiel, le grave et redondant Barrot, faisaient retentir, à la tribune, leurs périodes déclamatoires, tandis que Lamartine, solennel et sentimental, préludait à ces

(1) Marcellin Boudet, *Minimes souvenirs du Duc de Morny.*

chants sublimes par lesquels il devait bientôt, nouvel Orphée, calmer les fureurs de la démagogie, et alors que beaucoup d'autres se donnaient la réplique sur un rythme moins harmonieux sans doute, tels le vieux Dupont de l'Eure et Martin du Nord, le duc d'Isly et Ledru-Rollin, Lepeletier d'Aunay, et Drouin de Lhuys, Achille Fould et Duvergier de Hauranne de Rémusat et de Marmier, de Tocqueville, Marie, Nisard, P. de Ségur, d'Haussonville, Larochejaquelein, de Peyramont, etc. Le culte de la phrase sévissait avec fureur. Dénoncer les abus du pouvoir et l'abaissement du pays, flétrir la corruption générale en termes farouches et mélodramatiques, tel était le thème favori des membres de l'opposition. Parfait causeur d'intimité, simple et naturel, M. de Morny qui n'avait rien de l'orateur tonnant, regardait avec dédain ces manières affectées. Ennemi des banalités et des sophismes, ayant en horreur la phraséologie, il garda, dans les débuts, une attitude réservée, circonspecte.

Comme président du comité de défense de la sucrerie indigène, il avait déjà eu souvent l'occasion de se faire entendre dans les commissions spéciales. C'est là qu'en s'exerçant à la parole publique, il s'était fait connaître, dans le monde parlementaire, comme spécialiste des questions d'économie politique. Aussi, le 10 janvier 1843, la Chambre procédant à l'organisation de ses bureaux le nomma secrétaire du 7e bureau dont le président était le général comte de Bonnemain. Quelques jours après, il était désigné pour faire partie de la commission du budget. C'est à cette occasion qu'il expose pour la première fois ses idées en matière budgétaire. Il préconise les dépenses productives et réclame des réductions sur les dépenses improductives ; il demande que les localités qui paient le plus soient le mieux traitées, que les fonds soient répartis selon les besoins des travaux et non selon les ressources du Ministre des finances ; il blâme le système de la Guerre et l'extension croissante des dépenses de la guerre d'Afrique ; il parle de notre commerce extérieur et des causes de son infériorité par rapport à celui des autres nations, et démontre que la principale de ces causes est dans l'élévation de nos prix de revient et que l'on pourrait y remédier par l'amélioration de nos voies de communication ; il réclame une loi sur le reboisement des montagnes, une autre sur les cours d'eaux et courants appliqués à l'irrigation ; enfin il demande l'augmentation du traitement des juges de paix pour que la justice soit rendue avec considération et dignité.

Nous avons vu dans le précédent chapitre qu'à la séance du 17 mai 1843, il était intervenu dans les débats sur la question des sucres. Voici le début et la conclusion de son discours au cours duquel il eut à répondre à des observations de Guizot, de Berryer, de Passy :

« Messieurs, je monte à cette tribune pour combattre l'amendement de l'honorable M. Hippolyte Passy...

« Il paraît difficile, en effet, d'inscrire en tête d'une loi que la fabrication du sucre indigène sera conservée en France, et de laisser introduire dans les articles des conditions telles que cette industrie ne puisse s'exercer. Je n'ai pas voulu prendre part au vote parce que je suis intéressé dans la question (si, si, parlez ! parlez !) »

Il examine l'affaire au fond, l'expose avec clarté et justifie, dans une argumentation serrée, l'inégalité des droits, qui existe d'ailleurs pour beaucoup d'autres matières ou denrées similaires.

Puis il conclut :

« Je crois que la question doit se restreindre entre le sucre colonial et le sucre indigène. Si vous croyez, ce qui est en effet, que la canne contient plus de sucre que la betterave, avec le travail de la science, avec les appareils perfectionnés que nous avons introduits, si vous croyez que le rendement de la canne puisse doubler et arriver à obtenir le sucre colonial à meilleur marché, en rendant aux colonies le crédit et la confiance, supprimez le sucre indigène ; mais vous perdrez l'industrie agricole la plus utile que vous puissiez inventer. Quant à moi, je ne puis me prononcer pour un système ou pour l'autre ; ce que je demande seulement à la Chambre, c'est de ne pas permettre une contradiction ; c'est, comme je l'ai dit tout à l'heure, ou d'accepter le projet du gouvernement, ou de donner sérieusement à l'industrie du sucre indigène des conditions telles qu'elle puisse exister comme toutes les autres industries en France. La ruine ne profite à personne. Voilà pourquoi je repousse l'amendement. »

Le 19 février 1844, il prend part à la discussion du projet de loi sur la chasse et propose une disposition additionnelle qui est mise aux voix et adoptée. De concert avec son collègue M. Dessaigne, il fait introduire dans le projet des modifications intéressantes.

L'année suivante, le 27 janvier, après cette séance orageuse que provoqua M. Billault à propos du passage de l'adresse au roi relatif à l'affaire Pritchard, M. de Morny vote pour le ministère avec trois de ses collègues du Puy-de-Dôme, Pagès, Molin et Girod de Langlade, en compagnie du maréchal Bugeaud, duc d'Isly. On sait que ce jour-là, malgré l'opposition violente de Billault et de Berryer, le ministère Guizot fut soutenu par 216 voix contre 33.

Un mois plus tard, le 22 février, il intervient dans la discussion du projet de loi sur les fonds secrets et prononce, à cette occasion, son premier grand discours politique, qu débute ainsi :

« Messieurs, à la dernière séance de la discussion de l'adresse, j'ai témoigné sur mon banc plus que de l'impatience en entendant les paroles que l'honorable M. Billault adressait à ceux de ses collègues qui allaient voter le paragraphe relatif à Taïti. Ce mouvement de vivacité, diversement interprété, me fait sortir du silence modeste que j'ai gardé jusqu'ici dans les discussions politiques. Si la Chambre trouve qu'elle n'y gagne pas grand'chose, elle voudra bien s'en prendre à M. Billault (on rit, parlez ! parlez !).

Il continue en faisant appel à la conciliation et au respect mutuel des partis ; il affirme la sincérité et le désintéressement de sa politique, exempte de toute ambition personnelle : il proteste contre la prétention de certain parti de s'attribuer le monopole de la politique *nationale*. Puis, pour justifier son adhésion à la politique du cabinet, il fait un exposé général de la situation extérieure et des rapports de la France avec les autres puissances. Il conclut en déclarant que, vu les craintes que lui inspire la perspective d'un changement de ministère, de même qu'il a voté l'adresse au roi, il votera les fonds secrets.

Deux mois après, le 22 avril 1845, il prononçait un autre discours au sujet de la conversion de la rente 5 0/0. Ce discours, qui ne représente pas moins de neuf pages in-8°, est un des meilleurs qu'ait fait entendre M. de Morny. Il révélait, chez son auteur, un sens pratique exercé en même temps qu'une connaissance profonde des questions financières et des principes d'économie politique.

Au mois de février, il avait fait partie d'une commission spéciale nommée pour étudier le projet de loi concernant la perception de l'impôt sur les sucres indigènes. Avec ses collègues MM. de Maingoval, Jollivet, Gallos, Corne, Quinette, Benoist, Muteau et Lestiboudois, il combattit à cette occasion la prohibition des distilleries dans les fabriques de sucre.

Mais les hautes questions législatives ne lui faisaient pas perdre de vue les intérêts plus immédiats de ses électeurs. Dans les premiers jours du mois d'avril de cette même année 1845, il faisait en haut lieu des démarches au sujet de la question des patentes soulevée par les réclamations unanimes des commerçants de Clermont, et dans sa réunion du 15 de ce mois, la Chambre de commerce de cette ville recevait de son président communication d'une lettre par laquelle le député rendait compte des résultats de son intervention (1).

Si nous rappelons maintenant les actives démarches qu'il fit en 1844 auprès du Ministre de la Guerre pour doter

___

(1) Cf. archives de la Chambre de Commerce de Clermont-Ferrand.

Clermont d'un régiment de cavalerie, nous aurons une idée de la façon dont le jeune député avait rempli son mandat et nous comprendrons mieux le sentiment des électeurs qui comparaient son activité à l'opposition systématique et stérile dans laquelle s'était cantonné son prédécesseur.

La valeur d'un député n'est évidemment pas en raison du nombre ou de la longueur de ses discours. Il y a, en effet, de mauvais députés qui parlent beaucoup. *Sunt verba et voces praetereaque nihil*. Et il en est d'excellents qui ont, au contraire, le silence plus facile. M. de Morny savait que l'excès en tout est un défaut. Ennemi du verbiage, il ne disait que ce qu'il fallait, et son activité pendant cette première législature avait été assez féconde pour qu'il vît, sans trouble, s'approcher la date fatidique de la prochaine consultation électorale. Il n'ignorait pas cependant les marques d'hostilité qui avaient surgi autour de son nom, dans certaine presse clermontoise, depuis le jour où son attitude franchement conservatrice lui avait aliéné les partis de l'opposition. En politique, la malveillance trouve toujours, dans le souci de l'intérêt national, une sorte de justification, et toutes les armes sont bonnes pour combattre un adversaire. L'ironie sournoise, l'insinuation perfide n'avaient pas attendu l'époque des élections pour s'exercer contre lui. On sait qu'il possédait une écurie de courses :

« M. de Morny a pris une part brillante aux courses qui ont eu lieu dimanche dernier à Paris.

« Deux de ses chevaux étaient engagés, Conjecture et Marina, le premier pour deux courses, le second seulement pour le prix des haras. Conjecture, quoique déjà fort avantageusement connue sur le turf, n'a pas obtenu un entier succès. Marina, plus heureuse, a emporté le prix, battant sept concurrents.

« Nous nous associons, disait *l'Union Provinciale*, le 3 mai 1845, à la joie que notre honorable représentant à la Chambre a dû ressentir pour cet encouragement bien mérité. »

Voilà pour l'ironie. Voici maintenant pour l'insinuation :

Peu après, un débat parlementaire ayant dû être ajourné par suite de l'insuffisance du nombre des députés présents à la séance, on fait remarquer que, ce jour-là, il y avait courses à Chantilly. Evidemment M. de Morny devait y être, et c'est ainsi que le député de Clermont remplissait son devoir. « Mais on ne peut pas être à cheval à la fois sur Conjecture et sur l'austérité. »

L'austérité ! Le voilà bien le mot du temps — du temps de Teste et de Cubière !

Enfin le 6 juillet 1846, une ordonnance royale prononçait la dissolution de la Chambre et fixait au 1er août la convocation des collèges électoraux.

A Clermont, le député du premier collège, coupable d'avoir soutenu le ministère Guizot, était pris à partie par les organes de l'opposition, et les traits qu'ils lui décochaient étaient de plus en plus acérés à mesure que l'on approchait de la date des élections : « Monopoleur, embastilleur, flétrisseur, pritchardiste ! etc. » On devine à quelles circonstances de la vie politique se rapportaient ces épithètes flatteuses. « Transfuge de ce monde élégant, brillant et futile, qu'on nomme le monde parisien... » Pour mieux battre en brèche sa candidature, on avait trouvé un argument original ; il était tiré de la distinction, de l'élégance de sa personne que l'on prétendait mettre en opposition avec la rudesse auvergnate pour conclure à une sorte d'incompatibilité entre le candidat et les électeurs. Argument maladroit et faux. Maladroit parce que, peu flatteur pour les électeurs, il les incitait à s'attacher à l'homme de leur choix ; faux parce qu'il n'y a pas plus de rudesse en Auvergne qu'ailleurs, et qu'en fait d'hommes de véritable distinction, cette province n'a rien à envier aux autres.

Le député sortant ne paraissait pas se soucier beaucoup de cette polémique. Il était d'ailleurs seul candidat, et, une indisposition le retenant à Paris, il ne vint à Clermont que quelques jours avant les élections. Au dernier moment, l'opposition légitimiste fait surgir une candidature imprévue, celle de M. le comte de Pontgibaud. Par son nom, des plus respectés, par sa famille, dont le passé était une garantie de l'avenir, le nouveau candidat eût eu, si sa candidature avait été préparée un peu plus tôt et si la situation des partis lui avait été moins défavorable, beaucoup de chances de succès. Mais M. le comte de Pontgibaud, qui se trouvait alors en Bretagne, ne se faisait, sur l'issue de l'entreprise, pas plus d'illusions que ses partisans eux-mêmes, et, à Clermont, l'on n'était même pas bien sûr qu'il eût donné à la proposition de ses amis une adhésion formelle. Dans ces conditions, le résultat du vote n'était pas douteux.

Au premier tour de scrutin, par 356 voix, contre 140 à M. de Pontgibaud, M. de Morny était réélu député du premier collège de Clermont.

Après la victoire, les électeurs voulurent offrir à leur député un banquet ; mais celui-ci, avec autant de modestie que de bon goût, déclina cette offre en déclarant à ses amis qu'il ne croyait pas avoir rendu des services qui méritassent un tel honneur, et en leur faisant observer que ces sortes de manifestations avaient toujours, indépendamment de la volonté de ceux qui les provoquaient, un caractère irritant pour des adversaires dont il ne voulait pas solliciter les suffrages, mais dont il voulait mériter la confiance, à quelque opinion qu'ils appartinssent. (1)

Quelques jours après, M. de Morny, ainsi d'ailleurs que M. de Chazelles, se voyait renouveler son mandat de conseiller municipal.

C'est dans ce même mois d'août que, en qualité d'inspecteur général d'agriculture, il se rendait à Aurillac, à l'occasion d'un concours d'animaux de la race de Salers.

Revenons à la journée du 1er août.

Dans le département, M. Martha-Becker, comte de Mons, s'était fait élire par le 2e collège de Clermont (extra muros) ;

(1) *L'Ami de la Charte*, 12 août 1846.

Riom avait nommé MM. Pagès et Combarel de Leyval, ce dernier l'emportant sur M. Rouher, qui avait fait sans succès sa première tentative : M. Moulin avait été élu à Issoire, Berger à Thiers ; Ambert avait choisi un nouveau député, M. Vimal. Sur sept représentants, le Puy-de-Dôme n'envoyait, cette fois, qu'un seul opposant, M. Berger.

Les élections, pour l'ensemble de la France, avaient été favorables au Gouvernement. Sur 460 députés, il y avait près de 300 conservateurs, soit les deux tiers, proportion un peu plus forte que dans la chambre précédente. La monarchie de juillet paraissait ainsi assurée d'un long avenir, et cependant elle n'avait pas deux ans à vivre, et cette chambre, qui renferme dans son sein beaucoup d'hommes de talent, sera emportée avec elle avant d'avoir rempli la moitié de sa carrière. Situation singulière que M. P. de La Gorce a analysée avec sa sagacité habituelle. Ni le parti légitimiste, ni le parti bonapartiste, pris séparément, n'étaient redoutables. Mais la coalition des partis pouvait devenir dangereuse, car ils avaient à leur tête des hommes de valeur, tels que Berryer, pour les légitimistes, Dupont de l'Eure, Arago, Marie, Garnier-Pagès, pour les républicains modérés, Ledru-Rollin dans la classe révolutionnaire, Odilon-Barrot, dans la gauche dynastique, enfin, au centre gauche, Thiers, Dufaure, Billault, de Tocqueville, etc. Le calme à l'intérieur, la sécurité à l'extérieur permettaient aux courtisans de décerner emphatiquement au roi le titre de *Napoléon de la paix*. Mais ce n'était qu'une apparence trompeuse. La conscience nationale était viciée par des publications dangereuses qui faisaient l'apologie de la révolution ou vulgarisaient le scandale. Ebranlée par les récents bouleversements, grisée par les hauts faits de ses armées invincibles, la France ne pouvait plus s'accoutumer du repos et d'une paix sans grandeur ; elle avait comme la nostalgie des aventures. La France est une nation qui s'ennuie, avait dit Lamartine. Mais Louis-Philippe était un souverain trop sage pour chercher dans une « entreprise hasardeuse » ou dans une « guerre lointaine » un dérivatif à ce funeste état d'esprit. Et cependant la crise, encore qu'à l'état latent, existait, et le moindre incident pouvait la faire éclater.

Entre le gouvernement et la majorité conservatrice, les malentendus vont se multiplier, et l'on verra le député de Clermont intervenir fréquemment dans les débats et prendre, parmi ses collègues, une place de plus en plus marquée. Sa personnalité intéressait déjà l'opinion. Très lancé dans les affaires, il était observé, et la presse s'occupait de ses moindres gestes. Au mois de novembre, des bruits fâcheux couraient sur son compte, à la Bourse, où son absence depuis quelque temps avait été remarquée. Le *Journal des Débats* faisait justice des racontars par cette officieuse information :

« M. de Morny est depuis plus de trois semaines en Belgique, où il s'occupe exclusivement des affaires de la société de la Vieille-Montagne, dont il est un des administrateurs les plus actifs et les plus intelligents. Tout le monde sait d'ailleurs qu'il a toujours voulu rester étranger aux spéculations sur les chemins de fer, malgré les offres nombreuses de compagnies qui auraient vivement désiré le voir à leur tête.

« M. de Morny est encore à Bruxelles pour quelques jours et ne sera de retour à Paris que vers le 20 novembre. » (1)

L'année 1847 débuta sous de fâcheux auspices. Inondations générales, graves émeutes provoquées dans certaines régions par la cherté des blés. Les populations du centre avaient été assez éprouvées (2). Au mois de février, M. de Morny doublant, en raison des circonstances malheureuses, son don annuel, versa au bureau de bienfaisance de Clermont une somme de mille francs à répartir entre les pauvres de Clermont et ceux de Montferrand. Mais en dépit des actes de

(1) *Journal des Débats*, 16 novembre 1846.

(2) Au Puy, des affiches où l'on réclamait : « Du pain ou du sang ! » ne soulevaient aucune protestation.

générosité individuels ou collectifs, les souffrances du peuple sont toujours un danger pour les gouvernements, car les revendications prennent alors un caractère plus vif et plus impératif. Cette fois, c'est la question de la réforme électorale et parlementaire qui va être l'occasion d'un grave conflit entre l'opposition et le cabinet. Elle est posée à la séance du 6 mars par un membre de l'opposition, M. Duvergier de Hauranne, qui propose d'abaisser à cent francs le cens électoral. M. de Morny appuie cette proposition et présente les réflexions suivantes :

« Je regrette, dit-il, que la majorité s'oppose à la lecture de la proposition. Forte et compacte comme elle est, pourquoi se refuse-t-elle à la discussion ? Qu'a-t-elle à craindre ? La discussion ne peut que l'éclairer et fortifier ses principes. Plus la majorité est forte, plus elle doit de condescendance à l'opinion de la minorité, plus elle doit admettre la discussion publique de cette opinion, et par conséquent ne pas étouffer dans les bureaux les propositions que la minorité présente......

« J'ai repoussé ce qu'on appelle l'adjonction des capacités comme la plus mauvaise des réformes ; elle fausserait l'esprit de la loi électorale, qui fait reposer le droit sur la possession du sol. J'ai repoussé l'extension des incompatibilités comme portant une atteinte profonde au droit sacré des électeurs ; mais j'ai toujours dit à chacune de ces occasions : Je reconnais certaines misères, certains inconvénients dans la loi actuelle, et je crois que le vrai, le seul remède serait la suppression des petits collèges,

« Les petits collèges permettent un travail individuel indigne des représentants du pays, et font des élections toutes personnelles et nullement politiques. Ces sortes d'élections placent trop, ou le collège dans la main du député, qui peut tout se permettre s'il est sûr de l'adhésion de quelques familles, ou le député dans la dépendance absolue de son collège. »

Ne dirait-on pas que cette dernière observation vient

d'être écrite à propos de nos « petites mares » de 1912 ? On a beau changer les régimes, on ne change pas les hommes, et ce sont toujours les mêmes mœurs politiques qui reviennent après avoir été abandonnées.

Au mois de juin, la commission du budget ayant demandé une réduction de 44 millions sur les crédits alloués aux constructions de chemins de fer, réduction qui aurait eu pour conséquence l'ajournement de la ligne du bec d'Allier à Clermont-Ferrand, M. de Morny, d'accord avec la députation du Puy-de-Dôme, s'oppose à cette demande qu'il combat vivement et avec succès. Il déclare que les réductions sur les travaux publics ne sont pas des économies, que les travaux publics sont la fortune du pauvre, qu'un ajournement dans la continuation des travaux est un calcul déplorable parce qu'il rend improductif le capital déjà dépensé, qu'en pareil cas un emprunt vaut mieux qu'un ajournement, etc.

C'est dans ce même mois, à la séance du 25, que M. de Morny s'indigna des imputations calomnieuses qu'avait lancées contre le ministère M. Emile de Girardin, député de Bourganeuf, directeur de la *Presse*. Pour mettre fin à des débats pénibles et sans issue, — le journaliste se refusant à fournir aucune preuve de ses accusations, — il présenta un ordre du jour de confiance pour le cabinet, qui fut voté à une forte majorité.

Mais ces témoignages de fidélité donnés au Gouvernement par la majorité conservatrice, encore qu'ils fussent sincères, n'empêchaient pas le fossé de se creuser de plus en plus profond entre les deux pouvoirs, l'un inclinant toujours dans le sens des réformes, l'autre se refusant obstinément à s'engager dans cette voie. Dès le mois de juillet commença la fameuse campagne des *banquets*, qui, pendant plus de six mois, devait provoquer et entretenir l'agitation dans toute l'étendue du pays.

Vers la fin de l'année, la situation était si tendue que les meilleurs amis du roi n'hésitaient pas à lui avouer leurs inquiétudes. Beaucoup de députés manifestaient ouvertement

leurs appréhensions. « Parmi eux se distinguait un homme,
jeune encore et presque inconnu, cachant, sous les apparences
de la frivolité mondaine, un esprit très pénétrant et très
délié, c'était M. de Morny. » (1) Comme s'il avait tenu à dégager sa responsabilité avant que se produisit la catastrophe
qu'il jugeait imminente, il publia dans la *Revue des Deux-
Mondes* (n° du 1er janvier 1848), sous ce titre : *Quelques
réflexions sur la politique actuelle*, un article qui fit sensation.
« C'était un avertissement au ministère que soutenait d'ailleurs l'auteur ; il s'y défendait, en effet, d'être un dissident
ou même un progressiste, mais déclarait que la réforme
parlementaire étant l'objet d'un vœu presque unanime, il
émettait l'avis qu'on l'accordât avant qu'on parût céder
à la campagne révolutionnaire qui se préparait. Vouloir
introduire de l'amour propre dans ces situations, disait-il,
c'est refuser au pays sa participation et son influence. Un
gouvernement ne doit pas résister par pique. » (2).

Ces prédictions sinistres s'enveloppaient de grâce, observe
M. L. Madelin. Et c'est sans doute parce qu'il apportait dans
sa conduite politique comme dans ses rapports avec les
hommes une grâce et une loyauté parfaites, qu'il put se
permettre, lui, le jeune député, de demander une audience
au ministre, à ce vieux routier du parlementarisme qu'était
alors Guizot. Il lui exposa ses vues. « Prenez-garde, lui dit-il,
je ne crois pas que ce mouvement soit bon, mais il est créé,
il faut lui donner satisfaction. Dans quelle mesure ? Je ne

---

(1) Pierre de La Gorce, *Histoire de la seconde république française*,
t. 1, p. 21.

(2) Louis Madelin, *Les grandes figures du passé. Auguste de Morny*.
— Cet article de la *Revue des Deux-Mondes* fit le tour de la presse ;
les grands journaux, tels que le *Constitutionnel* et le *Journal des Débats*, le citèrent avec des commentaires élogieux. Emile de Girardin, qui
avait encore sur le cœur l'ordre du jour du 25 juin et le vote des
satisfaits, se livra, au contraire, à son sujet, à des appréciations blessantes. Morny envoya ses témoins, le duc d'Isly et le marquis de
Lavalette, au directeur de la *Presse*; celui-ci retira les expressions offen-
santes, et les témoins décidèrent qu'ainsi il n'y avait pas lieu à une
rencontre.

sais pas ; mais il y a quelques concessions à faire. Plusieurs de vos amis le pensent sans vous le dire... » Guizot, qui raconte dans ses *Mémoires* cet entretien, dit : « Je le savais homme d'esprit et de courage ; j'allai droit, avec lui, au fond des choses. » Mais le ministre resta inébranlable, et Morny, en prenant congé de lui, était fixé sur ce qui allait arriver.

Il alla aussi, vers le même temps (janvier 1848), trouver le roi, et il lui fit part de ses craintes : mais celui-ci, avec une infatuation qui n'avait d'égale que l'obstination aveugle de Guizot, prenant par l'oreille l'ami de ses fils, lui dit d'un ton péremptoire : « Soyez sans crainte, jeune homme ; la France est un pays que l'on mène avec des fonctionnaires. »

Le vieux souverain ne devait malheureusement pas conserver longtemps cet optimisme. La session s'était ouverte le 20 décembre ; à la séance du 22 janvier M. de Tocqueville prononçait de graves paroles : « Le désordre n'est pas dans les faits, il est dans les esprits....... Il y a dans l'air un vent de révolution..... » Les séances se succèdent, les débats se poursuivent sans améliorer la situation. Tous les efforts faits en vue de dénouer la crise restent vains. Guizot, enveloppé de fierté hautaine, se cantonne dans une intransigeance obstinée. Le 12 février, l'amendement Sallandrouze en faveur de la réforme parlementaire donne lieu à une séance mouvementée au cours de laquelle M. de Morny, après M. Clappier, prit la parole. « On l'écoute avec curiosité, écrit M. P. de La Gorce, car bien qu'il fût nouveau dans la politique, déjà l'on vantait son habileté, son sang-froid, son savoir-faire ; on savait que, parmi les amis du cabinet, il était un des plus clairvoyants ; on n'ignorait pas d'ailleurs que, depuis quelque temps déjà, il employait à faire prévaloir une solution pacifique toutes les ressources de son esprit si souple et si insinuant......... »

« La Chambre complaisante attend curieusement ses conclusions ; il les formule enfin : « La majorité, dit-il, désire la réforme parlementaire, mais elle ne veut pas la voter de crainte de renverser le ministère. Que le ministère prenne un engagement pour l'avenir en faveur de la réforme, et

l'apaisement se produira aussitôt, car le cabinet sera conso-
lidé, et, d'un autre côté, il aura été donné à l'esprit
d'innovation une satisfaction légitime. » (1)

Mais Guizot reste immuable. L'opposition, battue encore
une fois, s'apprête à relever le gant, et, huit jours après, le
22 février, la révolution éclate. Le 23, Guizot démissionne ;
le 24, le roi abdique et fuit en Angleterre, la Chambre est
envahie et dispersée, et, sous la conduite de l'acteur Bocage,
un gouvernement provisoire, nommé par une poignée d'in-
surgés, se rend à l'Hôtel de Ville pour y recevoir une plus
imposante consécration.

(1) P. de La Gorce, *op. cit.*

VIII

L'homme d'Etat

**La seconde République. — La préparation et l'aboutissement de la dicta-
ture. — L'évolution napoléonienne. — Le coup d'Etat. — L'Empire. —
Un ministère de 50 jours. — La présidence du Corps législatif. —
L'ambassade de Russie. — Le duc de Morny. — Au Conseil général du
Puy-de-Dôme. — L'Empire libéral.**

Après l'abolition de la royauté, le Gouvernement provisoire s'empressa de décréter, comme corollaire, le suffrage
universel, qui rendait le peuple souverain. Et cette réforme
dans laquelle on avait cru voir le seul remède capable de
conjurer la crise politique, ne tarda pas à apparaître, aux
yeux mêmes de ses partisans les plus convaincus, comme un
danger pour la république elle-même.

La première expérience en fut faite le 23 avril, jour de
Pâques. Neuf cents députés furent nommés, au scrutin de liste
par département. Le Puy-de-Dôme en avait quinze parmi les-
quel il faut citer M. P. Jouvet, qui triomphait avec son
parti, et Eugène Rouher, qui faisait son entrée dans la politique (1). Le comte de Morny ne s'était pas présenté. Dans
ce dernier naufrage des institutions monarchiques, il avait
cru plus digne de rester parmi les épaves. Encore qu'il l'eût
prévu et annoncé, le coup l'avait surpris par sa soudaineté,
et il se trouvait atteint, paraît-il, dans ses affaires d'intérèt
autant que dans sa situation politique. Il ne cessait de déclarer que s'il avait été, le 24 février, à la place du président

(1) Voici les noms des quinze députés du Puy-de-Dôme qui siégèrent à
à la Constituante :

Altaroche, Jouvet, Charras, Baudet Lafarge, Trélat, Lavigne, Girot-
Pouzol, Jusseraud, Combarel, Lasteyras, Bravard-Veyrières, Goutay,
Rouher, Bravard-Toussaint, Astaix. Le premier eut 110.033 voix, le der-
nier 46.333.

Sauzet, la Chambre n'eût pas été forcée. Mais les faits étaient accomplis; il fallait en prendre son parti. Le régime qu'il avait soutenu était tombé ; de quel côté allait-il maintenant tourner ses regards ?

Issue d'un conflit qui avait mis aux prises une monarchie sans prestige — dont Thiers avait donné la formule en disant : « Le roi règne et ne gouverne pas » — et la puissance parlementaire qui, pour la circonstance, avait fait alliance avec la démocratie, la nouvelle république devait être, dès sa naissance, la proie des idéologues. Son caractère pacifique et sentimental séduisit d'abord les meilleurs esprits ; une vague et naïve confiance se manifestait dans toutes les classes ; le clergé lui-même faisait preuve de loyalisme républicain ; on croyait à une ère nouvelle où règneraient enfin parmi les hommes la liberté, l'égalité, la fraternité. Mais l'illusion fut de courte durée, et sous les conceptions dangereuses d'un philosophisme nébuleux, à travers le chaos des théories les plus étranges où les préceptes du christianisme étaient associés à des paradoxes extravagants, on n'avait nulle difficulté à découvrir la source du mal dans cette passion nouvelle que Proudhon appelait l'idolâtrie démocratique. Au milieu d'une société ébranlée et vacillante, on vit tout à coup le néo-socialisme élever sa tour de Babel, et la France apparut transformée en un vaste pandémonium où, dans le conflit violent des chimères et des utopies contradictoires, étaient sapées les bases fondamentales de tout ordre social. Proudhon, Louis Blanc, Pierre Leroux, Cabet, Victor Considérant, phalanstériens, saint-simoniens, panthéistes, communistes, icariens, tous avaient la prétention de ramener l'âge d'or sur la terre. « Ce n'est que l'argent qui leur manque », observait le spirituel *Corsaire*. Morny regardait tous ces gens-là comme des énergumènes ; il tenait Victor Hugo pour un fou (il n'était pas seul), et Lamartine le faisait sourire (1).

(1) L. Madelin, *op. cit.*

Lamartine ! la plus haute illustration du Gouvernement provisoire, le sauveur des jours d'émeute, le *Deus ex machina* qui était apparu triomphant sous les frises de l'Hôtel de Ville, le ministre des affaires étrangères qui avait annoncé à l'Europe l'avènement de la république, l'élu de dix départements, le représentant aux 1.500.000 suffrages, le tribun monté si haut dans la faveur populaire qu'il semblait atteindre à la dictature, tandis que Morny restait hors du temple des lois, — Lamartine, qui, en quelques mois, allait descendre tous les degrés du pouvoir et toucher le fond de l'ingratitude humaine, avec son prestige évanoui, son influence disparue, alors que Morny se préparait à reprendre sa place sur la machine, le volant en main ! Quel contraste ! Vit-on jamais deux hommes plus opposés ? L'un sentimental, désintéressé jusqu'à l'imprévoyance ; l'autre calculateur, avide de richesses et ambitieux du pouvoir.

On pourrait pousser très loin ce parallèle et tenir longtemps dans la balance ces deux hommes, fondateurs l'un d'une république qui le renversa du pavois, l'autre d'un empire dont il fut la clef de voûte, mais en suivant le cours si différent de ces deux existences, on reconnaîtrait toujours, la vie humaine se déroulant comme un syllogisme, les traits caractéristiques qui prédestinaient dès leur jeunesse l'amant d'Elvire et l'amant de l'opulente comtesse.

On a prétendu que, dans ce désarroi, Morny avait songé sérieusement à s'embarquer sur la galère légitimiste, et l'on fonde cette supposition sur ce passage du journal de la princesse Mélanie de Metternich : « M. de Morny est venu voir Clément (Klemens-Lothar-Wenzel de Metternich); il lui a dit qu'il n'y avait plus qu'une chance de salut pour la France, qu'il fallait appeler Henri V sur le trône. Ce qu'il a vu à Clermont lui montrait que la famille d'Orléans était perdue à jamais pour la France. Il veut faire le voyage de Frohsdorff à l'insu des siens. » Mais si les d'Orléans étaient impossibles en France, comment admettre que les Bourbons pouvaient y revenir ? Morny n'était pas homme à s'abuser de la sorte ;

il savait d'ailleurs à quoi s'en tenir sur les intentions du comte de Chambord. On a exagéré l'importance de sa visite au prince de Metternich, et si les renseignements font défaut sur cette circonstance, il ne faut pas oublier que le général de Flahaut occupait depuis sept ans le poste d'ambassadeur à Vienne, et que, par conséquent, Morny avait eu plus d'une fois l'occasion de voir le grand ministre d'Autriche. Celui-ci, obligé de quitter son pays devant la révolution qui y éclata le 18 mars, et de « traverser en fugitif, presque en malfaiteur, cette Allemagne qu'il avait si longtemps conduite en maître » (1), s'était réfugié à Londres, et c'est là qu'eut lieu l'entrevue dont parle la princesse Mélanie. Et pourquoi prendre au pied de la lettre les propos prêtés au fils de Flahaut ? Au grand homme d'Etat, partisan irréductible de l'absolutisme. au vieux diplomate couvert de lauriers, qui avait incarné si longtemps dans son pays l'esprit réactionnaire du cléricalisme et de l'aristocratie, le comte de Morny, homme bien élevé, pouvait-il tenir un autre langage ? Il est au moins douteux qu'il ait jamais eu de velléités légitimistes. S'il est vrai cependant qu'il hésita un moment en regardant avec complaisance les *fleurs de lys*, ce qui était alors la forme du désespoir politique, son hésitation dut être de courte durée, car il avait au plus haut degré le sens des réalités. Or, la réalité, c'était le progrès éclatant de l'idée napoléonienne.

C'était, le 23 avril, l'élection de trois cousins germains du prince Louis-Napoléon (2), le 24, l'abrogation de l'article 6 de la loi du 10 avril 1832 frappant d'exil tous les membres de la famille Bonaparte. C'était, le 4 juin, l'élection de Louis-Napoléon à Paris et dans trois départements, l'Yonne, la Charente-Inférieure et la Corse. Le prince ayant donné sa démission à la suite d'une agitation bonapartiste qui pouvait le compromettre, il est réélu, le 17 septembre, à Paris et

(1) Emile Ollivier, *op. cit.*

(2) Le prince Napoléon, fils de Jérôme, Pierre Bonaparte, fils de Lucien, dans la Corse ; Lucien Murat, fils du roi de Naples, dans le Lot.

dans quatre départements, la Moselle, l'Yonne, la Charente-Inférieure et la Corse. C'était enfin, le 10 décembre, cinq millions et demi de libres suffrages qui portaient à la présidence de la république le neveu du grand homme dont le nom était synonyme d'ordre, de sécurité, de grandeur.

Morny n'avait pas attendu cet événement pour orienter sa politique du côté où l'appelait l'exemple de son père. Dès qu'il eût aperçu l'étoile napoléonienne montant à l'horizon, il avait noué des relations dans le monde impérialiste. Au lieu d'aller à Frohsdorff, dit M. F. Loliée, il porta ses pas à l'hôtel du Rhin (1), chez le prince Louis-Napoléon. Au vrai, il n'a jamais été à l'hôtel du Rhin, car lorsqu'il fut en mesure d'offrir au prince d'utiles services, celui-ci avait quitté depuis longtemps l'immeuble de la place Vendôme pour s'installer plus confortablement à l'Elysée. Il commença par se lier avec Bacciochi, le fils de la feue princesse Elisa, grande duchesse de Toscane, et, par lui, avec les personnages influents de l'entourage du président, Persigny, Mocquart, Laity, le commandant Fleury, le colonel Edgar Ney, etc. C'est Vieillard, l'ami de sa mère, qui le présenta à Louis-Napoléon.

Cependant la Constituante arrivait au terme de son mandat, et de nouvelles élections allaient avoir lieu pour la nomination de l'Assemblée législative. Dès le mois de mars, le comité électoral de la rue de Poitiers, qui combattait le socialisme, avait publié son manifeste en faveur des conservateurs et donné la liste de ses membres parmi lesquels figuraient Morny et Rouher. Dans le département du Puy-de-Dôme, 92 délégués, soit 2 par canton, étaient chargés de désigner les candidats. Le bureau central des élections avait son siège à Clermont, maison Chalagnat, n° 2, rue du Terrail. Un comité très actif de propagande napoléonienne était installé au n° 21 de la rue du Port, sous la présidence de M. le Dr Pélissière. Les élections eurent lieu le 13 mai.

(1) On sait que c'est à l'hôtel du Rhin, place Vendôme, que le prince s'était installé avec sa maîtresse, miss Howard. Il y séjourna du 24 septembre au 10 décembre.

Morny, qui avait été désigné à la fois par les délégués de Clermont et par ceux d'Ambert, fut élu dixième sur 13 représentants. Rouher arrivait second après Combarel de Leyval (1).

Pour l'ensemble de la France, les résultats donnèrent 511 voix aux partis modérés, 217 à l'opposition socialiste et 22 voix non placées. Les Bonaparte étaient réélus, et l'on retrouvait parmi les nouveaux représentants du peuple tous les grands orateurs du temps qui avaient déjà illustré de leur talent la tribune parlementaire. Il n'en manquait qu'un, celui qui, un jour, avait éclipsé tous les autres, Lamartine, que le département de Saône-et-Loire avait eu l'ingratitude d'abandonner.

C'est maintenant qu'il est redevenu député que le comte de Morny va se mettre en rapport avec le Prince-Président.

Jusque-là les deux frères s'étaient à peine entrevus. « Le jeune prince Louis n'avait pas rencontré Flahaut chez sa mère: une lettre de Mlle Mars, la célèbre comédienne, remise par mégarde entre les mains de la reine, avait amené la rupture dès 1814 » (2). Ce n'est qu'après la mort de celle-ci qu'il avait appris le secret de la naissance de Morny, et ce secret lui avait été révélé par une lettre destinée au fils naturel et que Mme Salvage, exécuteur testamentaire de la feue duchesse de Saint-Leu, lui avait communiquée indiscrètement. C'était, pour le fils légitime, un souvenir plutôt pénible ; mais il n'en sera jamais question, à aucun moment, entre ces deux hommes que les destins vont bientôt réunir dans une collaboration étroite et toujours affectueuse.

A l'exception de quelques esprits candides, personne ne doutait, depuis le 10 décembre, que la présidence de la

<hr>

(1) Voici les noms des treize représentants du Puy-de-Dôme qui siégèrent à la Législative:

Combarel, Rouher, Girot-Pouzol. Bravard-Veyrières, Moulin, Berger, Jusseraud, Chassaigne-Goyon, Charras, de Morny, de Douet, de Chazelles, Lasteyras. Le premier eut 54.312 voix, le dernier 45.861.

(2) Emile Ollivier, *op. cit.*

république ne fût, pour le conspirateur de Strasbourg et de Boulogne, le vestibule de l'Empire. Cette république que Lamartine avait proclamée poétiquement « pure, sainte, immortelle, populaire et transcendante », s'était montrée si impuissante à faire de l'ordre qu'avant la fin de l'année qui l'avait vue naître, le pays, dégoûté d'elle, avait mis ses espérances dans la dictature. « La vengeance du peuple, quand il est mécontent d'une république, est toujours d'appeler César » (1). Grâce à l'indécision du Prince, elle put cependant traîner pendant près de quatre ans sa misérable existence ; c'était une république mort-née. 48 avait été l'année tragique et sanglante où il semblait que la société devait réellement s'effondrer pour jamais : *Æternam timuerunt secula noctem*, et pendant laquelle s'était élaborée, dans une atmosphère de terreur, sa constitution paradoxale ; en 49, elle envoya une armée à Rome pour sauver de la démagogie la Ville éternelle et y ramener le Pape que la révolution en avait chassé ; en 1850, nouveaux triomphes des *Burgraves* dans la loi de liberté d'enseignement (15 mars) et dans celle qui restreint le suffrage universel (31 mai); en 51, expédition de Kabylie commandée par le général de Saint-Arnaud qui entre en scène.

Mais autour de ces événements, des incidents de moindre importance venaient révéler et souvent aggraver la mésintelligence qui régnait entre le pouvoir exécutif et le pouvoir législatif, voire entre le Président et ses ministres. Au lendemain même de son élection, la situation du prince était apparue pleine de difficultés et de périls. Son premier ministère, dont le chef était Odilon Barrot, fut pour lui, selon l'expression d'Emile Ollivier, le *ministère de la captivité*. Il supporta avec la meilleure grâce son esprit frondeur et indépendant, et il ne fallut rien moins que les débats auxquels donna lieu, en octobre 1849, la fameuse lettre à Edgar Ney, pour le décider à changer ses ministres. Il fit appel à des

(1) Emile Ollivier, *op. cit.*

hommes nouveaux, sans passé politique, sans engagements
avec les partis, et qui pouvaient s'inféoder sans scrupule à
sa politique personnelle. C'est alors qu'on vit arriver au pouvoir deux représentants de l'Auvergne, l'un du Puy-de-Dôme,
l'autre du Cantal, tous deux avocats à Riom, Rouher et de
Parieu, que Morny avait récemment introduits à l'Elysée,
Rouher à la Justice, à la place d'Odilon Barrot, de Parieu à
l'Instruction publique, en remplacement du comte de Falloux.
Ce fut le *ministère du Président.*

Tandis que Rouher, comme membre du gouvernement, révélait des qualités de premier ordre en repoussant les assauts
vigoureux de Thiers, dans l'affaire de la Plata, les arguments
de Victor Hugo, au sujet de la peine de mort, ceux de Jules
Favre, sur la question de la déportation, et surtout en procédant à la réorganisation de la magistrature, Morny, dédaigneux des joutes oratoires, semblait se réserver. Son rôle
parlementaire, qui avait eu quelque éclat sous l'ancienne monarchie, fut à peu près nul sous la république. Il vota d'abord
avec la droite conservatrice. Le 20 décembre 1849, à l'exemple
de Montalembert, et avec deux seulement de ses collègues du
Puy-de-Dôme, Rouher et Berger, il vote pour le rétablissement de l'impôt des boissons qui, à l'instigation de Charras,
avait été supprimé l'année précédente. C'était un acte de
courage. A la séance du 31 du même mois, il intervient dans
la discussion sur la question de la Plata pour justifier le système des négociations proposé par Rouher, et soutenir le
ministre contre Thiers qui préconise une action militaire,
moins sans doute par conviction que pour embarrasser un
ministère formé sans son agrément et assez audacieux
pour se passer de sa protection. On ne l'entendra plus
guère à la Chambre; souvent même il sera absent au moment
du vote. Ce n'est pas que son activité diminue, ni que sa
sollicitude à l'égard de ses électeurs se refroidisse. L'Auvergne reçoit toujours les témoignages de sa libéralité. En
mars 1850, il adresse 200 fr. au bureau de bienfaisance de
Clermont, 200 fr. à celui d'Ambert où les délégués de l'année

précédente l'avaient choisi pour leur mandataire, 100 fr. à chacun des bureaux de Riom, Thiers et Issoire, enfin 100 fr. à M. le curé de Montferrand pour les indigents de cette ville, qui était en quelque sorte sa citadelle. A Paris, on le voyait sans étonnement devenir un des familiers de l'Elysée, assistant à toutes les réceptions, où, sans distinction de parti, sont invités tous les hauts personnages, les notabilités du monde politique et militaire, les *Burgraves* les plus chevronnés, les Thiers, les Molé, les Berryer, les Montalembert, etc. A côté du *Président-problème*, il est le conseiller énigmatique, conseiller trop zélé d'abord et qui, sur l'avertissement de Fleury, devra modérer son ardeur pour conserver la confiance d'un prince qui, ayant conscience de sa responsabilité, supporte mal tout ce qui pourrait gêner sa propre initiative et sa libre détermination. Mais à l'égard des hommes et des choses, il affectera un détachement complet, une feinte indifférence, jusqu'au jour où, après l'avoir cent fois annoncé, on verra éclater le complot savamment ourdi dans le mystère du palais élyséen.

Mystère ?..... Complot ?..... Quelle erreur !

Est-ce qu'après la manifestation électorale du 4 juin Proudhon n'avait pas déjà entrevu et dénoncé le danger de la dictature ? « Il y a huit jours, écrivait-il, le citoyen Bonaparte n'était encore qu'un point noir dans un ciel en feu ; avant-hier ce n'était qu'un ballon gonflé de fumée ; aujourd'hui, c'est un nuage qui porte dans ses flancs la foudre et la tempête. »

Est-ce que la *Réforme*, ainsi que beaucoup d'autres journaux, n'avait pas, dès les premiers jours de septembre, fait appel à un dictateur en traduisant en ces termes énergiques le sentiment d'amère déception de ceux-là mêmes qui avaient mis dans le nouveau régime leurs plus fermes espérances : « Grâce à nos fautes, à nos folies, à nos faiblesses, grâce à certaines illusions qui seront plus tard fécondes en remords, nous travaillons tous aux funérailles de la république. La république ! après cinq mois voici son bilan : **dix mille** hommes dans les cachots, la faim dans les masses, le désespoir en bas, le souci partout ; les libertés bâillonnées, la gloire absente, la poésie, les arts, les lumières éteintes, une assemblée qui se décime, une bourgeoisie qui s'irrite et souffre, et pour toute espérance une constitution qui va germer au milieu de ces désastres. Voilà ce que nous avons su faire jusqu'ici pour continuer la grande république ! »

Est-ce que l'élection du 10 décembre n'était pas le recours du pays à une dictature vigoureuse et incontestée, à une protection contre les menaces futures ?

Est-ce que, depuis l'élection présidentielle, la perspective d'un dix-huit brumaire ne hantait pas tous les esprits ? Est-ce que les cent voix de la presse n'annonçaient pas chaque jour « ce qu'il y a de vrai dans les histoires de coup d'Etat » ? Est-ce que les sentinelles vigilantes de la République n'entendaient pas ces « sourdes rumeurs » qui, dans le style mélodramatique des organes de la Montagne, se traduisaient ainsi ; « L'Elysée conspire contre la vierge de février qu'il s'agit d'étouffer ni plus ni moins que Desdemone. Le jaloux Othello s'avance déjà..... il a soudoyé des milliers de sbires qui l'accompagnent en silence pour se livrer avec lui à cet assassinat ténébreux..... Il n'est pas jusqu'à l'armée qui n'ait été pratiquée pour cette œuvre parricide, car, en définitive, ce n'est pas d'Othello qu'il s'agit, mais bien de Néron qui vient égorger sa mère ; *Feri ventrem !* »

Et cette perspective d'un coup d'Etat toujours annoncé mais qui n'arrivait jamais, non seulement personne ne s'en effrayait, mais ceux-là mêmes que le coup devait frapper n'étaient pas les moins ardents à le réclamer. Et cela n'avait rien de surprenant pour les esprits sérieux qui constataient dans toutes les classes « une apathie, un dégoût, un marasme qui laissent le champ libre à toutes les éventualités ». « Il n'est qu'une chose à laquelle on tienne, écrivait en janvier 1850, un journaliste clermontois, c'est la force dans l'autorité. On ferait bon marché d'un clinquant de libertés, et les représentants eux-mêmes, si jaloux parfois de leur souveraineté, seraient peut-être les premiers à accepter le joug sous lequel une main ferme entreprendrait de les courber » (1).

Ce qu'il y a de plus frappant lorsque l'on a suivi jour par jour l'histoire curieuse de la seconde république, c'est de voir de quelle façon les hommes et les choses conspiraient contre elle. Sans qu'ils s'en rendissent compte, et encore qu'ils s'en défendissent avec sincérité, les républicains eux-mêmes, et les plus notoires, favorisaient la cause du Prince-Président. A peine installé dans sa haute magistrature, celui-ci s'était aperçu qu'il avait en face de lui, dans l'assemblée législative, un pouvoir rival, et il n'avait pas eu de peine à se convaincre que si le prestige de son nom lui avait attiré les masses populaires, par contre, les chefs des partis, les *Burgraves*, comme on les appelait alors, ne lui avaient pas donné une adhésion sans réserve. Dès le début du conflit qui s'éleva entre les deux pouvoirs, le peuple prit parti pour Louis-Napoléon, qui lui était apparu soudain comme l'ange à l'épée flamboyante chargé de la garde de l'éden. Nous ne rappellerons pas les péripéties, les phases de ce duel où le Prince manœuvra avec une habileté consommée. Nous ne dirons pas ces tournées triomphales dans les provinces où, à l'occasion de l'inauguration d'une ligne de chemin de fer ou d'un monument, il était reçu au son des cloches et des tambours, au bruit du canon, ni ces revues magnifiques où, dans un enthousiasme indescriptible, son nom, symbole de gloire, était acclamé par les troupes, ni les brillantes réceptions de l'Elysée où se formait peu à peu la cour du futur empereur.

Plus on avançait et plus la popularité du Prince grandissait, tandis que l'autorité morale de l'Assemblée déclinait. L'antagonisme créé par la constitution Marrast avait produit ce dilemme : Dictature ou Convention, et à mesure que l'on approchait de l'échéance de mai 1852, où les deux pouvoirs devaient être renouvelés, le dilemme s'évanouissait et l'on

(1) L'*Ami de la Patrie*, 17 janvier 1850.

ne voyait plus que la dictature. C'est alors que l'on eut ce spectacle incroyable d'une Assemblée coopérant aveuglément à l'œuvre de sa propre ruine : *Quos vult perdere Jupiter dementat...* Le 31 mai 1850, elle mutile le suffrage universel ; le 19 juillet 1851, elle repousse le projet de révision de la constitution ; le 13 novembre, elle maintient la restriction électorale ; enfin le 17 novembre, Michel de Bourges ayant déclaré que l'Assemblée était suffisamment protégée par cette « sentinelle invisible » qu'est le peuple, elle repousse la demande des questeurs tendant à investir son président du droit de requérir la force armée. Et tandis que tout semble préparer la voie au dictateur, celui-ci, sans ambages, déclare ses desseins: Si l'Assemblée se refusait à adopter une mesure que réclame impérieusement le salut public, c'est-à-dire la révision de la constitution, il n'hésiterait pas, lui, à faire appel au peuple tout entier..... La révision, c'est le maintien du Président de la république à la tête du gouvernement.... S'il faisait un pas en avant contre ses adversaires, ceux-ci disparaîtraient comme la poussière sur laquelle on souffle..... Le corps des fonctionnaires doit être une phalange inébranlable ; celui qui ne se sent ni assez de cœur ni assez de force pour résister jusqu'à la dernière extrémité doit se retirer ou être écarté..... Le Président ne laissera jamais faire contre son autorité une tentative détournée ; si on tentait de déplacer l'élection présidentielle en la dérobant au peuple pour la confier aux partis de l'Assemblée, alors il ferait valoir résolument son droit. Ce ne serait pas là un coup d'Etat, ce serait un juste emploi de la force... (1)

La situation était critique. Il n'y avait d'issue qu'en dehors de la légalité. Cependant le Président paraît indécis. Sa prudence, son flegme inspirent dans les milieux politiques tantôt de la crainte, tantôt du doute, tantôt de l'inquiétude. Il attend son heure. Les chefs de la droite monarchiste, qui ne le

____

(1) Extrait d'une correspondance du *Bulletin de Paris,* organe semi-officiel de la politique du Président. (*L'Ami de la Patrie.* 23 octobre 1851).

croient pas assez fort pour tenter une partie aussi dangereuse, espèrent encore réaliser leurs espérances de restauration légitimiste ou orléaniste. Berryer, dès le début, l'en
avait averti, et, sur le ton familier qui convenait alors, il
avait déclaré à son ancien client du fort de Ham : « Si nous
votons pour vous au dix décembre, ne vous y trompez
pas, mon jeune ami, ce ne sera pas dans votre intérêt, mais
dans le nôtre. » Mais avec le nom qu'il portait, Louis-Napoléon pouvait-il se résigner à jouer le rôle d'un Monk parlementaire ? Pouvait-il s'effacer devant la *dictature blanche* que
préparaient Thiers et Changarnier en faveur du duc de
Nemours, ou devant une *dictature rouge* que réclamaient les
députés de la Montagne ? Car enfin ce n'était ni la tradition
légitimiste ni le principe révolutionnaire que le peuple accla-
mait en lui ; ce n'était même pas sa modeste personne.
« Avec son passé, escorté comme il l'était, comparé aux deux
grandes familles royales, qu'il remplaçait au pouvoir, mis à
la place d'hommes de génie vivants, de grands hommes de
guerre, d'hommes d'Etat, tous chevronnés de trente ans de
gloire et de renommée conquises sur les champs de bataille
ou dans l'arène de nos parlements, Louis-Bonaparte comparé
à de tels hommes et préféré à eux, quelle chose étrange ! Mais
dans Louis-Bonaparte il y avait ce qui n'était ni dans Lamartine, ni dans Cavaignac, ni dans Thiers, ni dans Molé, il y
avait un lambeau de principe, de principe monarchique, et
ce lambeau pendait à une colonne et flottait sur un tombeau,
et dans le bronze de cette colonne, et dans la cendre de ce
tombeau résidait une vertu politique dont Louis-Bonaparte
avait conscience, qui a fait sa fortune et l'a tout à coup
transformé. » (1)

Avec une sagacité que rien ne surprenait, Morny observait
cette vague de fond qui portait la barque napoléonienne vers
le rivage où elle allait bientôt atterrir, et, dans cette course
au milieu des écueils, il jouait supérieurement son rôle de
pilote.

(1) *L'Emancipation de Bruxelles*, 20 octobre 1849.

Cette vague de fond, il était difficile alors de ne pas la voir, et il eût été dangereux d'essayer de lui barrer la route. Comme ces forces de la nature qui restent insoupçonnées tant que des forces contraires leur font contre-poids, et qui, dès que l'équilibre est rompu, se révèlent dans leur marche irrésistible, ainsi l'idée napoléonienne qui, depuis la chute de l'Empire, sommeillait dans les fonds mystérieux de l'âme française, accusait, à cette époque, un triomphant réveil. Il faudrait cent volumes pour montrer ses manifestations dans la littérature, les arts, le théâtre, depuis les chansons de Béranger et les pages émouvantes de Quinet, de Pierre Leroux, de Stendhal, jusqu'aux vers sonores de Victor Hugo et à cette Histoire du Consulat et de l'Empire que, selon l'expression de Lamartine, Thiers écrivit avec une plume arrachée au plumet d'un grenadier. Elle marque de son empreinte la révolution de 1830 et ramène dans leur patrie les glorieux débris de la Grande Armée. Elle s'impose à Louis-Philippe, qui se réclame de ses principes et s'abrite sous son égide ; elle rétablit sur la colonne Vendôme la statue de Napoléon et lui en élève de nouvelles à Ajaccio et sur la colonne de Boulogne. Mais jamais elle n'éclata avec plus de puissance que le jour (15 décembre 1840) où les cendres du héros, que le prince de Joinville était allé chercher à Sainte-Hélène, arrivèrent à Paris. Ecoutons le récit d'Emile Ollivier : « Le froid était d'une rigueur exceptionnelle, 14 degrés au dessous de zéro. Mon père m'avait conduit avec mes frères près de Neuilly, le long d'une des allées par lesquelles le cortège s'avançait. Nous l'attendîmes longtemps, grelottant et souffrant cruellement ; mais un grand cri s'élève semblable à une clameur de l'océan : Le voilà ! Aussitôt les souffrances de l'attente sont oubliées, les têtes se découvrent et une immense acclamation s'élève vers le ciel. « J'ai pleuré, ce jour-là, disait un autre spectateur, quand j'ai entendu ce cri d'amour oublié depuis longtemps : Vive l'Empereur ! » A quelques pas de nous, un Anglais, juché sur une chaise, restait couvert, mon père, le républicain, bondit vers lui, d'un revers de main fait sauter son chapeau en l'air, criant, à l'applaudissement de la foule : « Découvrez-vous ! » En des vers inspirés, Barthélemy avait prédit cet enthousiasme :

> Quand la trirème en deuil, sur les sables toscans,
> Rendit Germanicus mort au milieu des camps,
> Rome entière inonda le rivage de Brindes;
> Jugez de nos transports quand la vague des Indes,
> Sous les vents alizés qui soufflent du Brésil,
> Poussera vers nos bords le sépulcre en exil ! (1)

L'Auvergne vibrait à l'unisson. F. L. Maury publiait, en 1831, un poème intitulé : *Le Rêve de Sainte-Hélène*. Au théâtre de Clermont, on représente, en décembre 1830 et en janvier 1831, une pièce intitulée : *Napoléon ou Schenbrünn et Sainte-Hélène*, drame historique en deux actes et neuf tableaux ; en mai 1832, *Bonaparte à Toulon, Napoléon à Montereau, les Adieux de Fontainebleau, les Souvenirs du peuple, la Colonne, Apothéose ;* en novembre 1834, *la Mort du duc de Reichstadt*, et souvent, pendant la représentation, des cris de *Vive l'Empereur !* se font entendre. Toutes ces pièces provoquent un enthousiasme sincère. Le 19 juin 1835, à une séance de l'Académie des Sciences, Lettres et Arts de Clermont, on écoute la lecture d'une ballade héroïque de M. de la Seiglière : *Waterloo*. Il y aurait bien d'autres manifestations napoléoniennes à relever dans notre histoire locale, mais retournons vers les centres politiques.

Il n'était pas rare d'entendre sous la monarchie de Juillet, au cours des discussions parlementaires, évoquer la mémoire de Napoléon. Nous rappellerons seulement, comme un trait caractéristique, cette boutade de Victor Hugo à la Chambre des pairs, le 14 juin 1847, lorsque, après avoir énuméré les maux du temps, l'honorable pair s'écriait en manière de conclusion : « Tenez, parlons un peu de l'Empereur, cela nous fera du bien ! »

C'est encore l'idée napoléonienne qui préside à la révolu-

(1) Barthélemy, *La Statue de Napoléon*, 1831.

tion de 1848, à la suite de laquelle tous les Bonaparte rentrent en France, et qui dicte au Gouvernement provisoire ces deux décrets significatifs :

1° La ville de Bourbon-Vendée portera désormais le nom de Napoléon-Vendée ;

2° Un monument sera élevé au maréchal Ney sur le lieu même où il a été fusillé.

C'est elle qui porte Louis-Napoléon au faîte du pouvoir, et si l'on a pu dire avec raison que ses adversaires avaient été battus non par lui, mais par une ombre : *Defunctus adhuc loquitur*, il est juste aussi de remarquer que ce conspirateur avait un complice, et ce complice, plus fort que Morny, que Saint-Arnaud, que Maupas, c'était le peuple, c'était la France.

On sait par le récit de Granier de Cassagnac que c'est immédiatement après le vote du 17 novembre infirmant l'acte d'hostilité des questeurs, que le coup d'Etat fut résolu. Sa préparation, affaire de longue haleine, prévue depuis toujours, avait été l'œuvre incessante du Prince et de ses partisans, et la destitution de Changarnier, prononcée le 9 janvier 1851, en avait été la manifestation la plus audacieuse. Les officiers de la *jeune Afrique*, hommes d'action d'une bravoure à toute épreuve, et auxquels Fleury, au cours d'un séjour en Algérie, avait communiqué sa foi impérialiste, étaient acquis à la cause du Président. Peu à peu les commandements les plus importants avaient été attribués à des chefs sur le dévouement desquels on savait pouvoir compter. Saint-Arnaud est ministre de la guerre, le général Magnan commande la 1re division militaire, Lawoëstine et Vieyra sont à la tête de la garde nationale. Tout est prêt, et les détails de la mise à exécution, qui sont affaire d'adaptation aux circonstances, vont être arrêtés par le Prince-Président, de concert avec Morny, Saint-Arnaud et Maupas, chargés de remplir, dans une aventure aussi périlleuse, les grands premiers rôles. Enfin, pendant que l'attention générale est occupée par le tirage de la fameuse loterie du *Lingot d'or*, tandis que les Œdipes de la presse s'appliquent à scruter l'énigme présidentielle, les destins s'accomplissent. Le deux décembre, jour anniversaire du Sacre et de la victoire d'Austerlitz, jour de prédilection pour les Bonaparte, les Parisiens en s'éveillant apprennent, sans trouble ni stupeur, que le coup est exécuté.

Il l'était, en effet, et la précision, la ponctualité avec laquelle les opérations avaient été conduites, montrait que toute résistance était inutile. A sept heures du matin, seize députés étaient à Mazas, et les ouvriers et employés qui, à cette heure matinale se rendaient à leur travail, s'arrêtaient pour lire, sur les murs, avec plus d'indifférence que de curiosité, le décret présidentiel, contresigné *de Morny*, qui déclarait : *l'Assemblée nationale dissoute, le suffrage universel rétabli, le peuple français convoqué dans ses comices du 14 au 21 décembre.*

L'Assemblée nationale était dissoute, et la *sentinelle invisible* n'avait pas poussé le cri d'alarme. Bien mieux, on entendait, dans les groupes, des ouvriers murmurer : « C'est bien joué ; il a bien fait. » Mais le mot de la situation nous est fourni par un député de la Montagne, Lagrange, qui, enfermé à Mazas, et voyant arriver le général Le Flô en grand uniforme, s'écrie : « Nous voulions le f... dedans ; il nous y a mis les premiers. Ma foi, général, c'est bien joué ! »

Nous ne voulons pas faire, après tant d'autres, le récit des journées de décembre. On sait les efforts impuissants des représentants de la droite : « Qu'eussent-ils fait du peuple ? a dit Victor Hugo. Se figure-t-on Falloux, tribun, soufflant sur le *Faubourg-Antoine* ? » On sait aussi que ce n'est qu'après deux jours de réflexion, le 4, que les faubourgs, sur lesquels quelques membres de la gauche et des journalistes avaient soufflé la sédition, tentèrent la résistance, résistance qui, en quelques heures à peine, fut anéantie avec une extrême vigueur. Ce sont là des souvenirs malheureux et regrettables ; mais il fallait accepter l'inévitable. Le

lendemain, 5, Paris reprenait sa physionomie accoutumée.
Pour la première fois, les barricadeurs parisiens n'imposèrent point leur volonté à la France. Malheureusement des troubles se produisirent dans certains départements du Centre et du Midi, qui amenèrent une répression terrible et servirent, par contre-coup, les intérêts de Louis-Napoléon bien mieux que ne l'eussent pu faire ses partisans les plus dévoués. On le vit bientôt par le résultat du plébiscite : 7.439.216 suffrages ratifièrent l'acte dictatorial.

« Louis-Napoléon avait habitué les esprits à l'Empire par une habile gradation. Il s'était fait d'abord appeler le Président de la République, puis le Prince-Président ; on l'avait ensuite qualifié de Monseigneur et d'Altesse, avant de lui donner les appellations de Sire et de Majesté. Ne trouvant de résistance ni à l'intérieur, ni à l'étranger, il n'avait plus qu'à tendre la main pour saisir la couronne. » (1) Et ce geste que réclamait le vœu populaire, il ne montrait aucune hâte à le faire ; il avait plutôt l'air de s'y résigner sous la pression des circonstances et les exigences de la nation. Le 10 mai 1852, il avait rétabli les aigles impériales ; le 21 novembre, par 7.824.189 suffrages, un nouveau plébiscite rétablissait l'Empire.

Les temps héroïques du parlementarisme étaient passés. Sous un régime autoritaire, l'ordre, ce facteur essentiel de la vie sociale, allait régner en France. Quelques libertés disparurent. Ce fut la rançon du suffrage universel pour lequel on avait tant lutté. Le pays, après tant de bouleversements, retrouvait le calme et la confiance, et il s'en félicitait, car après le *panem* et les *circenses*, l'ordre est le plus précieux des biens que le peuple exige du gouvernement. On ne se demandait pas alors si cette paix serait durable, ni si l'on consentirait longtemps à supporter le joug de l'autorité, et, pour sortir de l'anarchie, on ne craignait pas de tenter une nouvelle expérience. Mais nous qui observons, dans le recul

(1) Imbert de Saint-Amand, *Louis-Napoléon et Mlle de Montijo*, p. 483.

de l'histoire, ces événements et leurs conséquences, nous nous demandons s'il n'eût pas été aussi imprudent de donner le pouvoir à l'un de ces princes valeureux, injustement frappés d'exil, et de rétablir avec la plus ancienne et la plus glorieuse dynastie de l'Europe le pacte séculaire brisé soixante ans auparavant en des jours d'égarement.

Cette esquisse sommaire des événements était nécessaire pour nous permettre de mieux apprécier le rôle du comte de Morny dans la préparation et l'exécution du coup d'Etat. Le petit-fils de Talleyrand justifia dans cette périlleuse entreprise sa réputation d'homme de sang-froid, de courage et de décision. Sa liberté d'esprit ne l'abandonnait jamais. La veille de ce jour fameux où il devait jouer son existence, on l'avait vu à l'Opéra-Comique, où l'on donnait la première du *Château de Barbe-Bleue,* et à Mme Liadières, qui lui disait : « On parle d'un coup de balai ; de quel côté serez-vous ? », il répondait avec indifférence : « Du côté du manche ». Dans la même soirée, il se rendit au bal de l'ambassade d'Angleterre, où il fit sa partie de whist, et, vers minuit, sans que rien dans son attitude décelât la moindre agitation, il quitta les salons de lord Normanby en disant : « Bonsoir, Messieurs, allons dormir ; nous aurons besoin d'être dispos demain ». (1) Quelques instants après, il était à l'Elysée. Il y avait eu, ce soir-là, brillante réception à la présidence, et le Prince avait reçu ses nombreux invités avec une affabilité plus charmante

____

(1) Cette anecdote inédite a été rapportée par un de nos compatriotes, le marquis de Roquemaurel, qui vient de mourir, à l'âge de 94 ans, ayant conservé jusqu'à la fin toutes ses facultés intellectuelles et physiques, et particulièrement une mémoire étonnante. Henri, marquis de Roquemaurel, naquit à Salers (Cantal) le 22 octobre 1815 ; il était le fils de Louis et de Marie de Lespinasse de Pebeyre ; marié en premières noces à Mlle de Long, il en eut un fils, le marquis actuel ; il épousa en secondes noces Mlle de Corbel de Corbeau de Vaulxerre, d'une famille du Dauphiné, cousine germaine de MM. de Vallon, de la Poëze et de La Bédoyère. Malgré la parenté de sa seconde femme et son intimité avec le duc de Morny, il n'accepta aucune situation officielle de l'Empire. Il était légitimiste. Il est mort au château de La Mothe, près Penne (Lot-et-Garonne), le 26 mars 1909. Il avait été maire de Salers en 1848. Il eut cinq enfants de son second mariage.

(Dr de Ribier).

encore que de coutume. Lorsque tout le monde fut parti, les conjurés tinrent une dernière conférence au cours de laquelle Louis-Napoléon ouvrit la fameuse enveloppe *Rubicon* qui renfermait le texte du décret, celui des proclamations, la mise en état de siège de Paris, la nomination de Morny au ministère de l'Intérieur, en un mot toutes les pièces relatives au coup d'Etat. Saint-Arnaud ayant exprimé le désir que ses ordres fussent contresignés d'un ministre civil responsable, Morny, sans se déganter, apposa sur le document officiel sa signature, en disant avec cette impassibilité froide qui lui était particulière : « Il est entendu, Messieurs, que nous y allons de notre peau ». On se sépara. Le lendemain, vers 7 heures du matin, Son Excellence le comte de Morny remplaçait Thorigny au Ministère de l'Intérieur.

C'est alors que « ce joueur, cet homme de plaisir », comme l'avaient qualifié Malleville et Duvergier de Hauranne lorsqu'on leur avait appris qu'il était le principal agent du complot, se révéla homme de gouvernement. Pendant les jours critiques, il fit face à toutes les difficultés avec une assurance qui ne se démentit pas un instant. Son sens de la mesure lui fit éviter les rigueurs inutiles. « D'une manière générale, il avait recommandé qu'on s'appliquât à corriger par la courtoisie des manières la rudesse des moyens employés. Il écartait de son chemin ou enjoignait qu'on mît à l'ombre des témoins gênants ; il ne jugeait pas mauvais, pour un moment, qu'on étouffât entre quatre murs la voix importune des protestataires ; néanmoins il ne perdait pas de vue l'idée que beaucoup de ces hommes dont il se rendait maître, à présent, par la force, pourraient devenir, après la victoire, des alliés utiles, des partisans échauffés d'un zèle soudain, des serviteurs intéressés et actifs ; il se tenait prêt à leur tendre la main, une fois toutes choses remises en place, et comme si rien de désobligeant ne s'était passé entre eux et lui ».(1) Il fut, en somme, la main de fer dans le gant

(1) Frédéric Loliée, *op. cit.*, p. 115.

de velours, et c'est en galant homme, comme toujours, qu'il eut raison de ses adversaires.

Pendant tout le mois de décembre, le nouveau ministre accomplit un labeur écrasant. (1) Décrets, circulaires, décisions de toute sorte se succédaient sans interruption et attestaient sa vigilance et sa sagacité. Parmi les mesures dues à son initiative, deux méritent d'être citées ici, car elles sont caractéristiques. C'est d'abord la restitution du Panthéon au culte catholique, par décret du 10 décembre : une avance au clergé. Quelques jours après, les préfets des départements recevaient une circulaire relative à l'observation du dimanche et des jours fériés. « Le repos du dimanche, y est-il dit, est l'une des bases essentielles de cette morale qui fait la force et la consolation d'un pays. A ne l'envisager qu'au seul point de vue du bien-être matériel, ce repos est nécessaire à la santé et au développement intellectuel des classes ouvrières : l'homme qui travaille sans relâche et ne réserve aucun jour de repos pour l'accomplissement de ses devoirs et pour le progrès de son instruction, devient tôt ou tard en proie au matérialisme, et le sentiment de sa dignité s'altère en lui en même temps que ses facultés physiques... » Témoignage de sollicitude pour le peuple. A signaler aussi le rétablissement des titres nobiliaires qui avaient été abolis par la république.

A la fin du mois, lorsque les résultats du plébiscite (2), en venant démontrer une fois de plus que la fortune accompagne les audacieux, donnèrent au député de Clermont-Ferrand la plus haute satisfaction qu'un homme politique puisse ambitionner et firent de lui le « maître de l'heure », les électeurs de ce pays, de leur côté, durent constater non sans quelque fierté qu'ils avaient bien placé leur confiance. Le départe-

(1) Il avait pris pour secrétaire le jeune Louis-Xavier Lehon, fils de la comtesse, qui fut député de l'Ain en 1865.

(2) Dans les six communes de Blanzat, Cébazat, Gerzat, Malintrat, Aulnat et Sayat, il n'y eut que 3 non contre 2350 oui ; dans la section Est de Clermont (Montferrand), il y eut 5 non contre 991 oui.

ment du Puy-de-Dôme était d'ailleurs particulièrement favorisé dans ses représentants. Dans le cabinet de Morny se trouvait, en effet, M. Rouher, comme ministre de la Justice. M. Berger, député de Thiers, était alors préfet de la Seine. Le moment était bien choisi pour mettre à profit l'influence de si hauts personnages. On n'y manqua pas. De grandes entreprises intéressaient à cette époque la ville de Clermont-Ferrand et le département. C'était en premier lieu la création de la ligne de chemin de fer du bec d'Allier à Clermont ; c'était la construction d'un grand quartier de cavalerie au sud de la ville ; enfin les travaux d'achèvement de la cathédrale exigeaient une somme considérable que seul le gouvernement pouvait fournir. L'intervention ministérielle était par conséquent indispensable à l'aboutissement de tous ces projets. C'est pour la solliciter que, vers le milieu de janvier, M. Léon de Chazelles, maire de Clermont et député, M. Aubergier, premier adjoint, et M. Martha-Becker, qui, au Conseil général, avait été chargé des rapports relatifs au chemin de fer, se trouvaient à Paris où ils recevaient de M. de Morny le plus sympathique accueil. Grâce à un zèle et à une activité dignes des plus grands éloges, leur mission eut un plein succès. « On comprendra sans peine, écrivait le rédacteur de *L'Ami de la Patrie* en annonçant à ses lecteurs ces heureuses nouvelles, que, si habiles, si actifs et si persévérants qu'aient pu être les efforts de nos magistrats et de nos délégués municipaux, si fondées en *ancienneté* et en *mérite*, en *fait* et en *droit*, que fussent nos réclamations, tous les obstacles ne se seraient pas si facilement aplanis devant nos mandataires, s'ils n'avaient trouvé en haut lieu autant de bienveillance que d'impartialité. Il suffisait de celle-ci sans doute pour assurer le succès définitif de leurs démarches ; mais celle-là seule pouvait les abréger, en mettant l'influence au service de la bonne cause. A ce point de vue et dans cette mesure qui ne compromet point leur caractère et qui honore seulement la fidélité de leurs souvenirs et la persévérance de leur sollicitude pour le pays qui fut le berceau de leur fortune politique, MM. les Ministres de l'Intérieur et de la Justice méritent une grande part dans les remerciements et la gratitude du département, qui ne sera pas surpris d'ailleurs d'en avoir un nouveau témoignage à leur offrir. » (1)

Deux jours après, on apprenait, en Auvergne, la démission des deux ministres. Elle était motivée par les décrets du 22 janvier relatifs aux biens des d'Orléans et que le Président venait de lancer spontanément. L'un de ces décrets prononçait la nullité de la donation consentie à ses enfants par Louis-Philippe la veille de l'acceptation de la couronne en vue d'éluder la dévolution de ses biens à l'Etat conformément à l'ancien droit royal. « Il ne s'agissait pas d'une confiscation, comme on l'a tant répété, mais d'une interprétation juridique sur la nature frauduleuse ou non d'un acte. » (2)

Ces décrets dictatoriaux ne rencontrèrent aucune désapprobation générale, dit Emile Ollivier, mais ils exaspérèrent des hommes de salons et provoquèrent une pluie d'épigrammes. « C'est le premier vol de l'Aigle », dit-on. Morny, Fould, Rouher, Magne protestèrent par leur démission.

Cette protestation n'était point une disgrâce ; les deux ministres chers à l'Auvergne quittaient le pouvoir volontairement, fiers de la tâche accomplie. Rouher avait rédigé la constitution du 14 janvier. Morny avait donné des preuves de sa valeur dans un poste de combat qu'il ne cédait à un autre (3) qu'après la victoire, et, comme l'athlète antique, il pouvait dire sans forfanterie : *Hic caestus artemque repono.* On les verra d'ailleurs bientôt revenir, l'un au pouvoir, l'autre dans les conseils de l'Empire où il tiendra toujours la première place.

---

(1) 21 janvier 1852. — Par décret du 8 janvier rendu sur la proposition du ministre de l'Intérieur, M. de Chazelles avait été nommé chevalier de la Légion d'honneur.

(2) Emile Ollivier, *op. cit.*, t. III, p. 9.

(3) C'est Persigny qui le remplaça... et le fit regretter.

Le 2 décembre, après la proclamation de l'Empire, alors que Saint-Arnaud, Magnan et Castellane recevaient le bâton de maréchal, *Decus pacis, terror belli*, le comte de Morny fut élevé à la dignité de grand-croix de la Légion d'honneur, et Walewski à celle de grand-officier.

Nous ne nous attarderons pas à suivre le député de Clermont dans sa carrière d'homme d'Etat. Il fut mêlé, à partir de cette époque, à toutes les affaires politiques du second Empire auxquelles il prit une part plus ou moins active. Nous le montrerons simplement dans les hautes fonctions où il fut appelé par la confiance de l'Empereur. C'est comme président du Corps législatif qu'il sut faire apprécier ses rares qualités. On sait qu'il fut nommé à ce poste en juillet 1854, en remplacement de Billault qui prenait la présidence du conseil. « La grande habileté de M. de Morny fut qu'ayant été nommé par Napoléon III, il se fit aussitôt, non l'homme de l'Empereur, mais celui de l'Assemblée. Avec un art consommé, il s'appliqua à en épouser l'esprit de corps, à en sauvegarder la dignité, à en défendre les privilèges contre tous, depuis les simples conseillers d'Etat jusqu'au souverain lui-même. Il affecta de considérer tous les membres de la Chambre comme ses égaux, de confondre toutes les nuances en une large vue d'ensemble, de donner à la soumission même les airs aisés de la liberté............
Il était assez versé dans l'agriculture pour complaire aux propriétaires ruraux, assez rompu aux affaires pour éblouir les hommes de négoce ou d'industrie, assez artiste et assez lettré pour séduire par des causeries élevées, assez grand seigneur pour que les plus qualifiés tinssent à haut prix son commerce. Parlant à tous un langage approprié, il semblait avoir pour chacun des égards particuliers et laissait partout une haute idée de ses connaissances universelles. Le vrai crédit ne s'établit pas seulement par les grâces qu'on déploie, mais aussi par la crainte qu'on inspire. M. de Morny maniait avec une habileté égale l'un et l'autre ressort. Très séduisant à l'ordinaire, il savait graduer ses avances et à l'occasion se

montrer *distant*, hautain même, de façon à décourager toutes familiarités, hormis celles dont il espérait tirer profit. Il excellait par le sang-froid et le persiflage, deux moyens redoutables qui achevaient d'assurer son empire.........
M. de Morny devint bientôt le vrai maître de la Chambre. Avec lui l'obéissance se tempérait d'une dignité si polie, que la résistance eût semblé, non énergie, mais mauvaise grâce. Les plus rebelles eux-mêmes cédaient, un peu par entraînement, beaucoup aussi par crainte de ce personnage qui sûrement serait redoutable à qui s'obstinerait à lui échapper. On aimait à consulter cet homme éminent, si considérable par le rang, si élevé par l'intelligence, si rapproché de l'Empereur par le lien même du sang. Quant à lui, il se gardait bien de se prodiguer et, loin d'offrir ses conseils, les laissait longtemps désirer. Quand enfin il les donnait, c'était avec une autorité conciliante qui charmait, c'était surtout avec une netteté précise qui avait un effet presque infaillible... » (1)

Le comte de Morny était depuis près de deux ans président de l'Assemblée lorsque son heureuse fortune vint encore le favoriser. On était au printemps de 1856. La voix du canon s'était tue sur le plateau de Chersonèse. Après les luttes terribles où ils avaient fait preuve d'une égale valeur, Russes et Français se serraient la main fraternellement. Les plénipotentiaires réunis au Congrès de Paris sous la présidence du comte Walewski (2) avaient signé la paix le 30 mars, quinze jours après la naissance du prince impérial. L'Empire était affermi et paraissait assuré d'un long et heureux avenir ; ses armes étaient victorieuses. Le pays goûtait les douceurs de

(1) Pierre de La Gorce, *Histoire du Second Empire*, t. II, p. 29, 30, 31.

(2) Nommé ministre des Affaires étrangères le 7 mai 1855, en remplacement de M. Drouyn de Lhuys, le comte Walewski conserva ces fonctions jusqu'au mois de janvier 1860. Il eut pour successeur M. Thouvenel.

la paix et les bienfaits de la prospérité. On se serait cru
ramené aux belles années du Consulat. « Il faut avoir vécu
à Paris en 1856 pour se faire une idée de l'éclat que la
grande capitale, embellie et transfigurée, eut pendant le
printemps de cette année radieuse. En France, rien ne
sèche aussi vite les larmes et le sang que le soleil de la
victoire. » (1) Pour les besoins de sa politique italienne,
Napoléon III cherchait à faire oublier au tsar Alexandre II
les douloureux souvenirs de la guerre de Crimée. « Une
occasion toute naturelle s'offrait, écrit le général Fleury dans
ses *Mémoires*, de faire acte de courtoisie. C'était d'envoyer
un ambassadeur à Saint-Pétersbourg pour assister au couronnement du tsar (2). Le personnage le plus considérable de
l'Empire, le duc de Morny, était tout désigné d'avance pour
représenter la France et Napoléon III. La notoriété que lui
donnait sa naissance, son air de famille, ses manières
distinguées, son esprit politique, son expérience des hommes,
le rôle très important qu'il avait joué avec tant de crânerie
au 2 décembre, tout concourait à le placer dans des conditions exceptionnelles et à fixer sur lui l'attention. » Un décret
du 8 mai 1856 le nomma ambassadeur extraordinaire auprès
de l'Empereur de Russie.

Le nouvel ambassadeur arriva à Saint-Pétersbourg le
5 août 1856. Le 7, il était reçu par le Tsar à Péterhof.
Le 15, il faisait célébrer la fête de Napoléon III à l'église
catholique de Sainte-Catherine, dans cette même église
où, cinq mois plus tard, le 19 janvier 1857, il devait épouser
la princesse Sophie Troubetzkoï. Quelques jours après, il
partait pour Moscou afin d'assister à l'entrée du tsar dans sa
capitale, qui était fixée au 29 août, puis à la cérémonie
du couronnement, qui devait avoir lieu le 7 septembre. Nous
ne décrirons pas le rôle du comte de Morny au milieu de ces

(1) Imbert de Saint-Amand, *La Cour du Second Empire*, p. 55.

(2) On sait que l'empereur Nicolas Ier était mort presque subitement
le 2 mars 1855, succombant à l'excès des chagrins et des alarmes que lui
avaient causés la guerre.

fêtes splendides où tous les représentants de l'Europe étaient
arrivés avec l'idée bien arrêtée de s'éclipser les uns les
autres, ni son faste, son luxe, ses attelages, sa galerie de
tableaux qu'il avait apportée de Paris, ni sa voiture
à six places, à panneaux dorés, doublée de soie blanche
et de broderie or et rouge, traînée, le jour du sacre, par
six chevaux bais magnifiques, et sur laquelle s'étalait le
fameux blason avec l'hortensia et la devise : *Tace, sed
memento*. Nous ne dirons pas cette escorte de généraux et
d'officiers qui cavalcadaient aux portières, ni cette suite de
trois autres voitures qui contenaient les membres civils de
l'ambassade, ni les brillants uniformes des officiers français,
ni la livrée blanche, rouge et or des piqueurs, cochers et
valets de pied. Toute cette pompe excitait l'admiration de
la foule, et dans ce cortège du sacre, le plus splendide
qu'eût jamais vu l'Europe, le représentant de la France
s'était adjugé, comme on l'a dit, la part du lion. Et pas
une apparence de parvenu dans tout cela, pas un faux pas,
un faux geste : il était né prince (1).

Si les réceptions du palais Woronsoff demeurèrent cé-
lèbres, si, par son affabilité distinguée et spirituelle, par
ses manières princières qui révélaient chez lui une noble
origine, le comte de Morny plut à la haute société péter-
bourgeoise jusqu'à la séduction, sa mission politique n'eut
pas un moindre succès. On sait qu'il fut le premier artisan
de l'alliance russe. Sa correspondance avec Walewski, alors
ministre des affaires étrangères, et avec l'Empereur le
prouve, et les lettres qu'il échangea dans la suite avec le
prince Gortschakoff témoignent de la fidélité et de la constance de ses convictions. Cette correspondance, qui est celle
d'un diplomate de race, a été publiée en 1892 par son fils, le
duc actuel (2). Celui-ci, dans la préface de l'ouvrage, écrit :

(1) Louis Madelin.
(2) *Une Ambassade en Russie*, Paul Ollendorff, Paris, 1892.
Les lettres à l'Empereur sont extrêmement curieuses en ce qu'elles
témoignent de la sûreté des vues de M. de Morny et de la liberté avec

« On verra, par la lecture des documents qui suivent, que la mission du duc de Morny à Saint-Pétersbourg ne fut pas

laquelle il les exposait à son maître en lui indiquant la conduite à tenir ; le ton en est à la fois affectueux et respectueux, sans aucune trace de courtisanerie ni de servilité. On en jugera par celle-ci :

Saint-Pétersbourg, 13/25 décembre 1856.

Mon cher Empereur,

Voilà la collection des lettres de l'empereur Napoléon Ier trouvées dans les archives de Pétersbourg et copiées religieusement, même avec les fautes du texte. Elles ne sont pas de sa main ; il est probable que les Archives de France en contiennent la minute ; en tous cas, elles sont bien curieuses. Elles prouveront à la postérité que la guerre avec la Russie n'a été entreprise par lui qu'à regret, dans le but d'anéantir sa terrible ennemie l'Angleterre, mais non pour assouvir une ambition sans bornes. Je les ai lues avec un bien vif intérêt. Celle de Moscou est très curieuse. L'empereur Alexandre avait donné les ordres les plus larges. On lui avait dit : « Mais, Sire, faut-il les donner toutes, quelque chose qu'elles contiennent de nuisible à la mémoire de l'empereur Alexandre ? » L'Empereur a répondu : « Toutes ; c'est aujourd'hui de l'histoire. »

Pour passer à un autre sujet, je crains que vous ne preniez en ce moment une mauvaise marche pour arriver au système de compensation. Walewski commence à se mettre d'accord avec l'Angleterre : il en prévient l'Autriche, puis s'adresse à moi pour faire agréer le nouveau traité par le gouvernement russe. Après la conduite de l'Angleterre, le gouvernement russe est très chatouilleux sur les formes ; n'allons pas encore faire de nouvelles imprudences. Le fond intéresse peu la Russie ; elle vous aurait donné Bolgrad pour un mot d'engagement ; elle est encore dans les mêmes idées ; rapportez-vous à mes lettres et à ma dépêche télégraphique adressée à vous, personnellement. Laissez réunir la conférence ; Kisseleff a ordre de prendre vos inspirations ; prenez-le comme vous avez fait d'Orloff ; ce que vous lui conseillerez, il le fera et sera approuvé ici. C'est là la marche, c'est une affaire personnelle, de vous seul ; l'abstention prudente du Piémont pouvait y conduire ; on pouvait en référer à vous ; mais tout préparé avant, entre anciens alliés, quand la Russie le sait et qu'on le lui télégraphie de Vienne, n'est pas adroit et lui déplaît.

Je viens de recevoir il y a quelques minutes la dépêche chiffrée. C'est sous cette impression que je vous écris ; j'espère néanmoins demain obtenir du prince Gortschakoff qu'il ne fasse aucune difficulté ; mais je suis sûr d'avance que cette façon d'agir ne lui plaira pas, parce qu'aujourd'hui même, apprenant de Vienne qu'on avait consulté le comte Buol, il s'est plaint à moi. S'il y a quelque chose de pressé, je télégraphierai demain.

Vous m'avez renommé président du Corps législatif ; le sort en est jeté ; je me marie néanmoins.

Walewski me demande si je reviens, quand je reviens ; à cela je ne puis répondre, si ce n'est que j'obéis aux ordres de l'Empereur.

Croyez, mon bien bon Empereur, à ma tendre et respectueuse affection.

MORNY.

stérile. Elle jeta les bases, entre la France et la Russie, de relations cordiales et intimes qu'il n'eût tenu qu'au gouvernement de développer et de rendre indissolubles. Le duc de Morny, pour son compte, y demeura fidèle ; on s'en convaincra en lisant ses lettres au prince Gortschakoff, datées du mois de novembre 1863. La suite des événements a prouvé si cette politique était la plus conforme aux intérêts français. »

Morny n'eut pas la satisfaction de voir se réaliser son projet ; l'esprit chimérique de l'Empereur rêvait alors d'une alliance anglaise et prussienne. Mais, dans la suite, les événements se sont chargés malheureusement de donner raison à sa clairvoyance. Voici d'ailleurs l'hommage que lui a rendu un historien attaché aux Affaires étrangères : « Depuis quarante-deux ans que je suis au ministère, a écrit Imbert de Saint-Amand, bien des dépêches m'ont passé par les mains ; je n'en ai point eu de meilleures que celles de M. de Morny. Aucun diplomate de carrière ne dépassa ce diplomate improvisé. Je viens de parcourir l'ensemble de sa correspondance, et je me dis que si ses conseils avaient toujours été suivis, nous n'aurions pas eu nos malheurs. Ce qui manqua à la diplomatie du second Empire, c'est une qualité que M. de Morny, avant comme après son élévation au titre de duc, eut au plus haut degré : l'esprit de suite. Jusqu'à la fin de sa vie, hélas ! trop courte, il resta le partisan de l'alliance russe, l'admirateur, l'ami de l'empereur Alexandre II. Il fit inutilement, mais avec une franchise et une énergie des plus louables, de grands efforts pour empêcher son souverain de se brouiller avec le cabinet de Saint-Pétersbourg par une intervention imprudente et stérile dans les affaires de la Pologne. Sans cette intervention malencontreuse, qui fut un piège tendu à la France par l'Autriche, surtout par l'Angleterre, et n'eut d'autres résultats que de peupler d'exilés la Sibérie et de rompre l'accord franco-russe, les deux empires seraient restés indissolublement unis, et l'Allemagne, obligée de surveiller sa frontière orientale, au lieu de pouvoir la dégarnir impunément, n'aurait pas pu s'aventurer dans la guerre qui fut si fatale à la France. On peut l'affirmer, si les relations de Napoléon III et d'Alexandre II avaient été encore en 1870 ce qu'elles étaient en 1856, tous nos désastres nous auraient été épargnés. Mais en 1870 le duc de Morny n'était plus là pour dire à Napoléon III la vérité. » (1)

Dans les derniers mois de son séjour en Russie, le comte de Morny négocia un traité de commerce et de navigation qui fut signé le 14 juin 1857. Il déploya dans cette négociation d'éminentes qualités d'homme d'affaires et réussit à obtenir pour la France les conditions les plus favorables. Les lettres du prince Gortschakoff montrent à quel point son action personnelle fut efficace en cette circonstance.

* * *

Mais, pour absorbante qu'elle fût, la tâche de l'ambassadeur extraordinaire n'empêchait pas l'homme du monde de faire, entre temps, de la diplomatie pour son compte personnel. « Dans l'essaim des demoiselles d'honneur de l'Impératrice, dit le général Fleury, une d'entre elles avait produit sur lui une vive impression. Blonde aux yeux noirs, svelte, distinguée, d'une tournure noble et pleine d'élégance, les traits fins, avec une tête de camée, la princesse Sophie Troubetzkoï réalisait le type d'une rare beauté. »

D'une race très fière, romanesque et aventureuse, puisqu'elle se prétend issue des anciens rois Jagellons et d'un compagnon de ce fameux Rurik, fondateur de l'empire russe, la jeune princesse, dont les parents vivaient séparés, avait reçu à l'institution nationale de Sainte-Catherine, où l'avait placée l'Impératrice, une éducation digne du nom qu'elle portait. A sa sortie de pension, elle se trouvait sous la tutelle morale de ses tantes, la comtesse de Woronzov et Mme de Ribeaupierre.

(1) Imbert de Saint-Amand, *op. cit.*, p. 135.

C'est alors que le comte de Morny vint cueillir cette fleur de l'aristocratie russe. Ses ouvertures furent accueillies avec faveur. L'affaire ne traîna pas. Le mariage eut lieu le 19 janvier 1857 (1).

(1) Acte de mariage du duc de Morny, extrait du registre des actes du 10e arrondissement de Paris (ancien) :

« Du lundi 20 juillet mil huit cent cinquante-sept, à midi, transcription d'un acte de mariage dont la teneur suit. N° 669. Traduit du latin, acte de mariage. Extrait de mariage de l'Eglise paroissiale catholique Romaine de Saint-Pétersbourg, sous l'invocation de Sainte Catherine, vierge et martyre. L'an du Seigneur mil huit cent cinquante-sept, le septième jour de janvier, vieux style, après avoir obtenu dispense de l'Excellentissime, Illustrissime et Révérendissime Dom Wenceslas Zylinski, archevêque de Mohilev, Métropolitain de toutes les Eglises catholiques Romaines dans l'Empire Russe, Président du Collège Ecclésiastique Catholique Romain, et chevalier d'Ordres ; après la publication des bans qui n'ont amené la découverte d'aucun empêchement canonique ; après une enquête préalable du consentement libre des parties contractantes ; en présence de témoins dignes de foi et signé par les contractants et les témoins sur le registre des enquêtes ; après avoir rempli les autres formalités prescrites par le droit, moi Pierre Couderc, curé de l'Eglise de St-Louis de Moscou, j'ai interrogé le futur, de la religion catholique, S. Exc. Charles-Louis-Joseph-Auguste, comte de Morny, président du Corps législatif et ambassadeur extraordinaire de France près la cour de Russie, et la future, S. Exc. Sophie, princesse Troubetzkoy, de la religion Gréco-Russe, et ayant constaté la liberté de leur consentement, je les unis par les liens du mariage et leur ai donné la bénédiction suivant le rite de notre Sainte Mère l'Eglise. Les témoins ont été S. Exc. le prince Gortchakoff, M. D. Charles Baudin, S. Exc. le comte André Schouwaloff, S. Exc. le comte Wladimir Bobrinsky, S. Exc. le comte Jean Tolstoy, S. Exc. le prince Dolgorouky, T. Hittroff, S. Exc. le comte Alexandre Adlerberg et beaucoup d'autres.

Je soussigné atteste que cet extrait est conforme à l'original ; En foi de quoi, j'ai apposé le sceau de notre Eglise paroissiale Romaine de St-Pétersbourg. Donné à St-Pétersbourg le trente-un janvier mil huit cent cinquante-sept. Signé Mathias Walentinowitzch, de l'Ordre des Frères Prêcheurs, curé prédicateur pour la nation allemande (L. S.).

Ensuite est écrit en français : Nous, Consul de Sa Majesté l'Empereur des Français, à St-Pétersbourg, officier de son Ordre de la Légion d'Honneur, certifie que la signature apposée d'autre part sur une expédition authentique de l'acte constatant le mariage contracté le 7 janvier, style russe, de l'année coulante, et dix-neuf janvier, style grégorien, entre Son Excellence le comte Charles-Louis-Joseph-Auguste de Morny, y qualifié, et Son Excellence la princesse Sophie Troubetzkoy est véritablement celle du Révérend Père Mathias Walentinowitzch, l'un des curés en exercice actuellement en l'église paroissiale catholique romaine de St-Pétersbourg, Sainte-Catherine, et que foi doit y être ajoutée, tant en justice que hors. En témoignage de quoi, nous avons signé les présentes qui ont été munies

Cinq mois après, le 20 juin, tandis que le vapeur *La Seine* descendant la Néva voguait vers la Baltique avec le matériel de l'ambassade, l'ambassadeur, couvert de lauriers, quittait la capitale des tsars et partait, avec sa jeune femme, pour la France, par la voie de terre (1). Le 24 juin, il passait à Berlin ; quelques jours plus tard à Francfort-sur-le-Mein. Enfin, le 2 juillet, il arrivait à Epinal où l'attendait une voiture de l'Empereur qui se trouvait alors à Plombières. Il avait hâte de revoir Napoléon III pour dissiper certains nuages qui s'étaient formés entre eux à l'annonce de son mariage. La nouvelle de cet événement était arrivée à Paris comme une bombe, causant un peu d'étonnement dans le monde et beaucoup d'émoi dans l'esprit d'une grande dame. On sait que depuis longtemps Morny vivait dans des liens très étroits avec la comtesse Lehon. « Cette liaison,

du sceau officiel de notre Consulat. A St-Pétersbourg, le dix-sept février mil huit cent cinquante-sept. Signé : C. de Wallot (L. S.)

Le ministre des Affaires Etrangères certifie véritable la signature ci-dessus de M. de Wallot. Paris le 15 juillet 1857. Par autorisation du ministre, pour le chef du bureau de la Chancellerie, signé : Dubois (L. S.)

Je soussigné, interprète traducteur, assermenté à la Cour impériale de Paris, certifie que la traduction qui précède est exacte, fidèle et conforme à l'original en langue latine, qui m'a été représenté et que j'ai rendu après l'avoir paraphé *ne varietur*. Paris, le 18 juillet 1857. Signé: Carey, interprète Juré.

Vu par nous, Maire du dixième arrondissement de Paris, pour la légalisation de la signature de M. Carey qualifié ci-dessus. En mairie, el 18 juillet 1857. Signé : P. Binet.

La présente transcription a été faite par nous, Maire du dixième arrondissement de Paris, faisant les fonctions d'officier de l'état-civil, sur la demande de M. le comte de Morny, Président du Corps législatif, en exécution de l'article 191 du code Napoléon, et d'après une copie authentique de l'acte de son mariage, dont les publications ont été faites en cette mairie les dimanches 11 et 18 janvier dernier, laquelle copie est annexée au présent registre, sous le N° 744. Le requérant a signé avec nous, après lecture. Signé : le comte de Morny, Aug. Cochin.

Pour extrait conforme :

Paris, le 16 mars 1858.

Le Conseiller d'Etat, Secrétaire général.

(L'Intermédiaire des Chercheurs et Curieux, *livraison du 20 juillet 1909*).

(1) Il fut remplacé à St-Pétersbourg par le comte de Rayneval.

explique le général Fleury, commencée sous les auspices de la sympathie la plus vive, avait dégénéré avec le temps en une espèce de raison sociale. Des intérêts communs, des participations dans certaines créations industrielles avaient confondu les fortunes du couple devenu plus financier qu'amoureux. De grands bénéfices avaient été réalisés, et, selon la comtesse, le partage n'avait pas été équitablement fait. Quelques tiraillements s'étaient produits entre les associés, et Morny avait songé plus d'une fois à rompre et à se marier. » Mais la comtesse avait réussi jusque-là à déjouer ses projets. N'ayant pu, cette fois, empêcher « la trahison d'Auguste », l'Ariane délaissée avait jeté feu et flamme et confié aux bons offices de M. Rouher le soin de débrouiller ses intérêts. Celui-ci avait rempli sa tâche avec un zèle que ne justifiait pas le souvenir de l'appui prêté au député de Riom par son collègue de Clermont dans des temps critiques. L'Empereur, mis au courant de l'affaire, s'était montré fort irrité et avait condamné Morny à restituer une grosse somme; il était même décidé, paraît-il, à ne pas le renommer à la présidence de l'Assemblée. Les absents ont toujours tort. Mais Morny était bon avocat; il sut si bien plaider sa cause, à Plombières, le 2 juillet, qu'après deux heures d'entretien avec son maître, il s'en retournait radieux et confiant. Le lendemain, l'*Officiel* publiait le décret impérial qui le faisait de nouveau président du Corps législatif (1). Il conserva ce poste jusqu'à sa mort.

Le comte et la comtesse de Morny arrivaient à Paris au milieu des splendeurs de cette année 1857 qui fut pour l'Empire une série de triomphes. L'hiver avait été marqué par des réceptions brillantes aux Tuileries, au Palais-royal, au ministère des Affaires étrangères. Au printemps, la visite du grand-duc Constantin (avril-mai), celle du roi de Bavière (mai), l'ouverture de l'exposition (15 juin) furent des occasions de réjouissances publiques. Le 14 avril , au milieu

(1) Pendant son séjour en Russie, le Corps législatif fut présidé par M. Schneider, vice-président.

d'une pompe vraiment impériale, eut lieu l'inauguration du nouveau Louvre, en même temps que paraissait le décret instituant la médaille dite de *Sainte-Hélène*. Paris était devenu une ville de délices. La province avait aussi sa part des bienfaits qui semblaient découler du régime même. Les séjours ou les voyages de l'Empereur et de l'Impératrice à Plombières et à Biarritz, en août et septembre, apportaient aux régions de l'est et du sud-ouest un surcroît d'allégresse et d'activité favorable aux affaires. L'armée, elle aussi, recevait d'éclatants témoignages de la sollicitude du souverain. L'inauguration du camp de Châlons où la garde manœuvra pendant les mois de septembre et d'octobre, sous le commandement personnel de l'Empereur, fut pour ce corps incomparable une véritable apothéose. Enfin, les relations extérieures elles-mêmes fournissaient à Napoléon III des occasions de faire éclater le prestige de l'Empire. L'accueil enthousiaste fait au prince Napoléon au cours de son voyage à travers les cours de l'Allemagne montrait bien que la France avait repris sa place à la tête des nations, et les entrevues d'Osborne et de Stuttgart, où l'Empereur des Français se rencontra successivement avec la reine d'Angleterre et avec Alexandre II accusaient assez la prépondérance de sa politique.

Le comte de Morny fut étranger à toutes ces fêtes. Arrivé à Paris dans les premiers jours de juillet, il s'était installé au Palais-Bourbon, et un mois après, le 6 août, il se rendait avec la comtesse à sa terre de Nades, en Auvergne, où, depuis quelques années, il avait coutume de passer une partie de l'été. Il avait à remercier les électeurs qui, pour la seconde fois depuis le coup d'Etat du 2 décembre, venaient de lui donner leurs suffrages unanimes. La première fois, un fait assez rare s'était produit.

C'était en février 1852. Les élections devaient avoir lieu le 29. Le département du Puy-de-Dôme avait été divisé en cinq circonscriptions électorales. La première comprenait les cantons suivants :

Clermont (Nord), Clermont (Sud-ouest), Bourg-Lastic, Herment, Rochefort, St-Amant-Tallende, Veyre-Monton, Besse, Champeix, Latour et Tauves.

La deuxième : Clermont (Est), Clermont (Sud), Billom, Pont-du-Château, Vertaizon, Vic-le-Comte, Ardes, Issoire, St-Germain-Lembron.

La troisième : St-Dier, Jumeaux, Sauxillanges et tout l'arrondissement d'Ambert.

La quatrième : Aigueperse, Combronde, Manzat, Menat, Montaigut, Pionsat, Pontaumur, Pontgibaud, Riom (les deux cantons), St-Gervais.

La cinquième : Tout l'arrondissement de Thiers, plus les cantons d'Ennezat et de Randan.

Les candidats *proposés par le gouvernement* étaient : M. Léon de Chazelles pour la 1re circonscription, M. de Morny pour la 2e, M. Bénaguet de Pennautier pour la 3e, M. du Miral pour la 4e et M. de Pierre pour la 5e.

Or, il arriva que M. de Pennautier, malgré la sympathie dont il jouissait et la valeur que tous se plaisaient à lui reconnaître, dut se désister de sa candidature dans la 3e circonscription, pour faire place à M. de Morny sur lequel les électeurs d'Ambert revendiquaient un droit de possession électorale, parce qu'il les avait représentés déjà à l'Assemblée législative. M. de Morny avait ainsi été élu, en 1852, dans deux circonscriptions à la fois, soit à Clermont (2e), par 24.374 voix sur 25.171 votants, et à Ambert (3e), par 19.392 voix sur 19.498 votants.

En 1857, les élections eurent lieu le 21 juin. Dans le Puy-de-Dôme, les candidats *proposés par le gouvernement* étaient respectivement pour les mêmes circonscriptions : MM. Léon de Chazelles, de Morny, de Kersaint, du Miral et de Pierre. Tous furent élus à la presque unanimité. **M.** de Morny eut 20.385 voix sur 20.505 votants.

Comme l'Empire qu'il incarnait presque autant que l'Empereur, le député de la 2e circonscription du Puy-de-Dôme était, à cette époque, dans le chemin de la gloire. Les succès

1

de sa mission en Russie consacraient sa réputation d'homme d'Etat, et le prestige d'un mariage qui l'apparentait à la plus haute noblesse moscovite lui donnait un cachet de respectabilité qui lui avait peut-être manqué jusqu'alors. Il avait le front dans les étoiles, et s'il était satisfait des électeurs, ceux-ci avaient bien quelque raison d'être fiers de leur député.

La session du Conseil général s'ouvrit, cette année-là, le 25 août. Par décret du 3 août, Morny avait été nommé, comme chaque année, président de cette assemblée, et l'on s'attendait à le voir présider. Mais au dernier moment il s'excusa et se fit remplacer par M. Rouher, vice-président, qui était alors ministre de l'agriculture, des travaux publics et du commerce. Celui-ci, à la première séance, commença ainsi son discours d'ouverture :

« Messieurs,

« Hier encore, M. le comte de Morny espérait participer à vos travaux et échanger avec vous ces témoignages d'affection et de confiance auxquels vous l'avez justement accoutumé. Une légitime sollicitude le tient éloigné du fauteuil de la présidence (1), et il m'a chargé de vous en exprimer ses vifs regrets. »

Affection et confiance, tel paraît être, en effet, le double caractère des rapports qu'entretenait le comte de Morny avec ses collègues du Conseil général, comme avec le corps électoral, comme aussi avec le chef de l'Etat. C'est ainsi qu'il faisait aimer l'Empire, alors que d'autres, non moins zélés cependant, l'eussent fait détester par leurs procédés arbitraires. Napoléon III lui en savait gré, et il le montrait à l'occasion. Il le nomma membre du conseil privé qu'il institua par décret du 1er février 1858, quinze jours après l'attentat d'Orsini, avec le cardinal Morlot, le maréchal duc de Malakoff, Achille Fould, Troplong, Baroche et Persigny.

_____

(1) On savait, à Clermont, que la comtesse de Morny était, depuis trois mois, dans une situation intéressante.

Mais le plus éclatant témoignage de son estime, c'est à Clermont, quatre ans après, qu'il devait le lui donner. L'Empereur ne prodiguait pas les titres nobiliaires. La noblesse militaire et civile issue du premier empire était assez considérable pour l'illustration du régime. Il savait toutefois récompenser les grands serviteurs du pays. La campagne de Crimée avait valu au maréchal Pélissier le titre de duc de Malakoff; celle d'Italie avait permis de faire Mac-Mahon duc de Magenta, et lorsqu'en 1862 une troisième couronne ducale vint auréoler le nom de Morny, la décision impériale parut aussi pleinement justifiée que s'il y avait eu, entre ce nom et cette couronne, une affinité naturelle.

C'est à l'occasion du voyage de l'Empereur et de l'Impératrice en Auvergne, le 8 juillet 1862, que le titre de duc fut conféré à M. de Morny. Bien qu'elle soit encore présente à la mémoire d'un grand nombre de nos compatriotes, cette circonstance mérite d'être rappelée ici.

Venant de Riom, où ils avaient passé quelques heures, les souverains arrivèrent à cinq heures du soir à la gare de Clermont. Le maire, M. Mège, entouré du conseil municipal, leur offrit, avec les clefs de la ville, l'hommage des habitants. Il fit remarquer que, depuis 1566, aucun souverain n'avait franchi l'enceinte de la capitale de l'Auvergne. « Alors, dit-il, le roi Charles IX vint à Clermont, accompagné d'un illustre Auvergnat, du chancelier Michel de l'Hospital. Comme lui, Votre Majesté vient au milieu de nous entourée d'hommes d'Etat dont nous sommes fiers d'être les compatriotes, et qui coopèrent dignement aux œuvres gigantesques qui signaleront votre règne à la postérité. » Au milieu d'un immense concours de population, au bruit des salves d'artillerie et des acclamations enthousiastes, Leurs Majestés, suivies d'un brillant cortège de cinq voitures conduites à la Daumont et escortées par un magnifique détachement de cent gardes et un escadron du 1er hussards, se rendirent de la gare à la cathédrale où les attendait l'évêque, Mgr Féron, entouré de 500 prêtres, puis à la préfecture où eut lieu la réception de tous les corps constitués. En présentant le Conseil général, M. de Morny s'exprima ainsi :

« Sire,

« L'arrivée de Votre Majesté dans le département du Puy-de-Dôme n'est pas seulement la visite d'un souverain aimé et respecté ; l'enthousiasme qui vous accueille prend encore sa source dans d'autres causes. Parmi ces populations laborieuses vivant paisibles au cœur de la France, le sentiment napoléonien n'est pas une opinion, c'est un culte ; la foi politique y revêt presque le caractère de la superstition. Depuis vingt-cinq ans j'ai été bien souvent confident de cette adoration légendaire.

« Sous ces collines nombreuses, couvertes de vignes, qui entourent Clermont, le sol est traversé par des souterrains, immenses chais, qui, la plupart, datent de l'époque gauloise, Ces voûtes sombres qui ont peut-être servi à organiser la résistance contre le César romain, ont abrité depuis cinquante ans le fanatisme pour le César moderne.

« Sous tous les régimes, ces rudes enfants de l'Auvergne s'y réunissaient et, comme s'il se fût agi des pratiques d'un culte persécuté, ils fêtaient mystérieusement l'anniversaire de la Saint-Napoléon, sans vouloir admettre que ce héros fût mortel. Aussi avec quelle ardeur et quelle unanimité le département du Puy-de-Dôme a-t-il porté le nom de Napoléon dans l'urne électorale ! Vous pouvez donc juger, Sire, de l'enivrement que ces populations éprouvent aujourd'hui en vous voyant au milieu d'elles, lorsque dans leur cœur se trouvent confondues la religion politique et la reconnaissance pour les services que vous leur avez rendus. Elles vous doivent la gloire qui élève l'âme et la sécurité qui assure le travail, et, enfin, pour n'excepter aucun sentiment populaire, elles saluent avec attendrissement l'Impératrice, qui a fait monter la grâce sur le trône et qui en fait chaque jour descendre la charité.

« En présence de cette foule compacte, palpitante, charmée, à quelles proportions se réduisent les vaines démonstrations des partis hostiles ? Croyez-le bien, Sire, ce fonds de fidélité traditionnelle, qui a traversé tant d'épreuves difficiles, ne fera jamais défaut à votre dynastie. »

L'Empereur répondit par quelques paroles aimables à l'égard de l'Auvergne, puis il ajouta « qu'en souvenir de cette journée, et comme preuve de sa sympathie, il voulait donner au président du Conseil général, à celui qui depuis vingt ans était le représentant du pays, à celui qui s'était associé si courageusement au grand acte du 2 décembre, à celui enfin qui présidait le Corps législatif depuis huit ans, un témoignage de son estime et de son amitié en lui conférant le titre de duc.

Cette distinction fut accueillie avec reconnaissance dans toute l'Auvergne et dans le reste de la France. A Paris, elle eut dans les journaux un écho sympathique. *Le Pays* disait :

« Le nouveau duc de Morny, venant à côté des ducs de Malakoff et de Magenta, atteste une fois de plus qu'en France la gloire civile est l'égale de la gloire militaire. L'Empereur, en ne séparant pas, dans la justice de ses récompenses, ceux qui défendent la patrie sur les champs de bataille de ceux qui la servent dans ses conseils, est fidèle, une fois de plus, aux traditions bien connues du chef de sa dynastie. M. de Morny portera grandement ce titre de duc. Jamais supériorité d'intelligence et noblesse de sentiments n'ont été unies, chez aucun citoyen, à plus de patriotisme et de fidélité. »

Un journal spécial, *Le Sport*, écrivait :

« La décision souveraine qui confie le titre de duc à M. le comte de Morny, a été accueillie par le pays avec une vive sympathie. C'est la récompense méritée d'éminents services s'alliant aux plus rares qualités de l'esprit. M. de Morny, l'une des grandes figures de notre temps, est, pour ainsi dire, identifié à l'ère impériale. Avant l'avènement de Napoléon III, il s'était déjà distingué dans les hautes sphères de la politique et de l'administration ; sa sûreté de vues, dont le mérite s'est fait de plus en plus sentir depuis 1848, lui avait fait une des positions les plus élevées dans la hiérarchie de l'intelligence ; aussi l'Empereur en appelant M. de Morny à la dignité de duc, n'a-t-il très spirituellement rien ajouté à son nom que son nom. Il eût été bien plus facile d'enfouir ce nom sous une désignation terrienne, celle, par exemple, entre bien d'autres, du domaine de Nades ; mais ç'eût été enlever au nom de Morny une partie de son auréole. »

Les armes du duc de Morny étaient :

D'argent à trois merlettes de sable (qui est de Flahaut), à la bordure componée d'azur et d'or de seize pièces, les compons d'azur chargés d'une aigle d'or empiétant un foudre de même (qui est de l'Empire), les compons d'or chargés d'un dauphin d'azur, crêté, oreillé et barbé de gueule (qui est des dauphins d'Auvergne).

Le lendemain, 9 juillet, l'Empereur alla visiter Gergovia ; le duc de Morny et M. Rouher l'accompagnèrent, ainsi que quelques autres éminents personnages et « un petit substitut, celui-là même dont l'historien de César avait utilisé les recherches sur l'expédition d'Auvergne, qu'il avait invité à son excursion et à son déjeuner de Gergovie, et de nouveau le 3 août suivant, à Vichy, à l'occasion d'autres travaux ». Réveillant les souvenirs du « petit substitut », M. Marcellin Boudet, notre éminent collègue, nous a fait dernièrement de cette journée mémorable une narration à laquelle des observations fines, des détails piquants et riches de couleur locale, donnent un intérêt exceptionnel (1).

Le soir, au retour de Gergovia, l'Empereur reçut à la préfecture diverses députations, dont une conduite par MM. de Parieu et Creuzet, députés, et composée des délégués des départements du Cantal, de la Corrèze, du Lot et de la Dordogne, qui venaient, avec ceux du Puy-de-Dôme, présenter une adresse relative à l'exécution du chemin de fer de Bordeaux à Clermont par la vallée de la Dordogne. Une autre

______

(1) Cf. Marcellin Boudet : *Minimes souvenirs du duc de Morny.*

députation conduite par M. N. Meinadier, de la sucrerie de Bourdon, vint appeler la sollicitude du souverain sur le dessèchement des marais de la Limagne.

Vers six heures, Leurs Majestés se rendirent à Royat où ils visitèrent l'établissement thermal de St-Mart. Et la journée se termina par un grand bal à l'Hôtel de Ville. Strauss dirigeait l'orchestre, et, artiste avisé, il ne manqua pas de faire entendre des valses et des quadrilles d'un éminent homme d'Etat qui signait ses compositions du pseudonyme de Saint-Remy.

Le 10 juillet, vers onze heures du matin, Napoléon III et l'Impératrice Eugénie quittaient Clermont. Il y eut une déception dans le canton Est. On avait cru que M. de Morny irait à Bourdon et qu'il y conduirait l'Empereur. Des préparatifs avaient été faits en vue de la visite impériale. Dans la vaste cour de l'usine, les grands bœufs mégalocères des domaines de la Société avaient été rassemblés au nombre de plusieurs centaines de paires, avec un matériel agricole considérable. A Montferrand, un arc de triomphe avait été dressé sur le haut duquel s'étalait cette inscription significative : *Un mot de vous, Sire, et nous sommes heureux !* Mais ce mot, l'Empereur ne pouvait ni ne voulait le prononcer, et voilà pourquoi il n'alla ni à Montferrand ni à Bourdon. On sait qu'en toute occasion, Montferrand, ce conjoint malgré lui, cherche à secouer sa chaîne ; c'est sa marotte à lui. En 1848, au mois d'octobre, il avait déjà présenté au Conseil Général une demande de séparation couverte de plus de 1600 signatures et de l'adhésion de toutes les communes du canton. De temps en temps l'enfant terrible se réveille ; il agite ses grelots, pousse des clameurs d'indépendance, puis se rendort.

* *

C'est devant ses collègues du Conseil général que M. de Morny reçut, de la bouche même de l'Empereur, le titre de duc. Il ne sera peut-être pas sans intérêt de voir quelle était, dans cette assemblée, son attitude, et de quel ton il y discourait.

C'est en 1852 qu'il y pénétra pour la première fois. La vie des corps élus était très restreinte sous le second Empire. Le Corps législatif tenait chaque année une session de trois mois qui devait être close le 28 juin ; les Conseils généraux ouvraient la leur dans la deuxième quinzaine d'août. La loi du 1er juillet 1852 avait fixé le mode d'élection et le fonctionnement des assemblées départementales. Elle stipulait (art. 5) que le président, le vice-président et le secrétaire seraient nommés pour chaque session par le président de la république. Les séances ne seront pas publiques. Le compte-rendu des séances par les journaux ou tout autre moyen de publication ne consistera, comme pour celles du Corps législatif, que dans la reproduction du procès-verbal dressé à l'issue de chaque séance par les soins du président. Remarquons ici que l'on était encore en république, mais on ne parlait que de l'empire et la prédiction de Thiers n'allait pas tarder à se réaliser.

Le décret du 7 juillet avait fixé au 1er août les élections cantonales. Morny fut élu dans le canton Est de Clermont. Il fut nommé président, Rouher vice-président, Chassaigne-Goyon, secrétaire. La session s'ouvrit le 23 août. C'était la première fois que le président n'était pas l'élu de ses collègues ; la situation, pour M. de Morny, était particulièrement délicate ; comment va-t-il s'en tirer ? Voici son discours :

« MESSIEURS,

» Autrefois les membres du Conseil général élisaient leur président. L'usage était que le nouvel élu remerciât ses collègues de l'honneur qui venait de lui être fait. Aujourd'hui les choses ne se passent pas de la même manière. La loi nouvelle confie ce soin au chef de l'Etat, et c'est en vertu de ce droit que j'ai été appelé à l'honneur de vous présider.

» Mais je ne me fais pas illusion en présence d'hommes

aussi considérables, d'anciens députés qui ont si glorieusement représenté ce département, de l'homme distingué qui présidait le Conseil l'année dernière ; quand je vois près de moi le ministre habile et intelligent qui, dans les conseils du prince-président a réorganisé la magistrature et dirigé la justice de notre pays pendant deux ans avec tant de dignité et de fermeté, Messieurs, sans fausse modestie, je sens que ce n'est pas par ordre de mérite que j'ai obtenu la préférence ; c'est donc à la faveur que je la dois.

» Cette faveur, j'espère me la faire pardonner par vous tous, par un dévouement absolu aux intérêts de notre département, par une loyale impartialité dans la direction de ces débats. Permettez-moi de croire que, de votre côté, vous m'accorderez autant de bienveillance et de confiance que si vous m'aviez élu vous-mêmes.

» Travaillons donc tous ensemble avez zèle ; expédions sagement, promptement les affaires qui nous sont soumises ; prêtons au gouvernement un concours sincère et énergique. Aidons le prince Louis-Napoléon à rétablir, maintenir, rendre durable le principe d'autorité qui a été depuis si longtemps méconnu dans notre pays et qui est indispensable à la marche régulière et progressive de la société française. Le bien que nous ferons en commun constituera entre vous et votre président un lien aussi intime, aussi satisfaisant de part et d'autre qu'aurait pu le faire l'élection, et, pour ma part, Messieurs, je vous en conserverai une profonde reconnaissance. »

Il eut été difficile de trouver une note plus délicate.

Tous les ans jusqu'à sa mort, M. de Morny fut nommé président du Conseil général du Puy-de-Dôme, avec M. Rouher comme vice-président et M. Martha-Beker comme secrétaire. Il ne remplit pas toujours ses fonctions. Le service de l'Etat ou des raisons de santé l'en empêchèrent souvent. Mais lorsqu'il occupait le fauteuil, son discours d'ouverture était attendu avec curiosité et écouté avec déférence. Il se distinguait par l'élévation des idées, la dignité et la distinction du

langage aussi éloigné de la recherche que de la banalité, par
le ton respectueux et sympathique qui assurait à l'orateur le
respect et la sympathie de ses collègues. On y sentait plus
l'homme d'Etat habile à tirer parti des événements pour faire
l'apologie du règne, que le représentant d'un canton préoc-
cupé d'intérêts régionaux.

En 1853, il ne manque pas de faire ressortir les avantages
du nouveau régime qui a « substitué au désordre des choses
l'ordre moral et matériel, à la grève le travail et la prospérité, à l'irrévérence le respect, à l'anarchie la hiérarchie sociale sans créer de privilèges pour personne ».

Le Conseil vote des remerciements à M. de Morny, ainsi
que vient de le faire le Conseil général de l'Aveyron, « pour la
grande part qui lui revient dans l'établissement des chemins
de fer du Grand Central par son influence dans les conseils
du gouvernement ».

En 1855, il parle du succès de nos armes en Crimée, de la
visite récente de la reine d'Angleterre en France. Le grand
réseau des chemins de fer s'achève ; l'industrie et le commerce se développent, ainsi que les ressources financières de
la France révélées par le dernier emprunt.

En 1858, il est affectueux et louangeur. L'Empire est à
son apogée.

En 1859, la guerre d'Italie fait le sujet de son discours.

En 1861, il parle des traités de commerce heureusement
conclus l'année précédente, et à la négociation desquels on
sait qu'il a pris, avec M. Rouher, une part importante. Il
rappelle le décret du 24 novembre de l'année précédente,
« qui a rendu aux corps politiques un droit de contrôle libre
et sérieux ». Il admire « cette puissante initiative de l'Empereur qui s'étend sur toutes choses et qui a ouvert la voie vers
toutes les libertés ». Il termine en annonçant pour l'année
suivante le voyage des souverains en Auvergne.

Enfin en 1862, le 25 août, au lendemain de la visite triom-
phale de l'Empereur et de l'Impératrice, le nouveau duc
adresse à ses collègues cette courte allocution :

« Messieurs,

» Chaque année, à l'ouverture de la session du Conseil général, je me faisais un plaisir de vous traduire la politique du gouvernement de l'Empereur ; je m'en abstiendrai cette fois. La visite récente de Leurs Majestés a laissé dans tout le département une impression si profonde que, si je paraissais chercher à la ranimer, je risquerais de faire croire qu'elle s'est affaiblie. Néanmoins je ne puis vous voir tous réunis sans vous dire un mot de la distinction dont j'ai été l'objet. C'est au milieu de vous que je l'ai reçue, c'est en partie à vous que je la dois. Votre confiance m'a ouvert la carrière politique ; et si j'ai été assez heureux pour rendre quelques services au pays et à l'Empereur, j'en dois reporter toute ma reconnaissance à l'Auvergne, ma patrie d'adoption.

» Le titre qui m'a été conféré, et plus encore les paroles si bienveillantes et si flatteuses de l'Empereur, pourraient enorgueillir un esprit plus rempli de lui-même que ne l'a jamais été le mien. Les honneurs ont toujours produit sur moi un sentiment tout contraire ; ils ne m'inspirent que le désir de me les faire pardonner en me montrant plus soucieux des intérêts de tous, plus scrupuleux dans l'accomplissement de mes devoirs envers mon pays, et plus empressé de saisir les occasions de prouver à l'Empereur mon dévouement et mon respect.

» C'est à regret que je vous parle autant de moi, mais en ne rappelant pas ce souvenir si récent, j'aurais craint que mon silence ne fût pris pour de l'ingratitude. »

Et ceux qui écoutaient ces paroles affectueuses ne se doutaient pas que la voix qui les prononçait se faisait entendre, au sein du Conseil général, pour la dernière fois.

* * *

Retracer la carrière politique du duc de Morny sans parler de l'Empire libéral serait commettre à la fois une erreur et une injustice. S'emparer du pouvoir comme on prend d'assaut une citadelle dénote évidemment un mépris très blâmable de la légalité, mais aussi de l'audace, de la volonté et ce sens de l'action qui est une qualité bien française ; conserver la place conquise, la gouverner, en assurer la sécurité et la bonne administration, c'est là une tâche de longue haleine qui exige des qualités d'un autre ordre, plus élevées et plus rares. On trouva celles-ci comme celles-là chez le *frère d'Empereur.* Le Corps législatif fut son champ d'action. C'est là qu'il se consacra au service du pays. Et si nous revenons à cette assemblée, ce n'est pas pour la satisfaction puérile de montrer dans le député de Clermont un président incomparable; ce n'est pas non plus pour le dépeindre se rendant, tel un prince de l'Empire, à la salle des séances, entre une double haie de soldats, au bruit des tambours qui battaient aux champs, précédé de deux huissiers vêtus de noir, la chaîne au col, le claque sous le bras, l'épée au côté, escorté de deux officiers et des secrétaires. Ce cérémonial goûté alors, démodé aujourd'hui, ne signifie rien. Ce qui nous intéresse, ce que nous voulons rappeler brièvement, c'est le rôle du président dans la politique générale, les idées qu'il y fit prévaloir, l'orientation qu'il s'efforça de lui donner.

On avait causé beaucoup à la Constituante et à la Législative. Au Corps législatif on parle très peu. La belle tribune de marbre blanc, avec sa *Renommée* embouchant la trompette, a été enlevée. Les députés s'expriment de leur place, et, de temps en temps, de crainte que de longues périodes ne viennent rappeler les joutes de naguère, la voix du président, avec des inflexions amicales, les invite à être brefs. Le parlementarisme n'existe plus ; la constitution du 14 janvier élaborée en pleine dictature l'a anéanti. Doucement mais sincèrement, M. de Morny s'appliqua à le faire revivre — non pas comme l'entendaient les démagogues verbeux de la Constituante, — mais comme il se pratiquait au palais de Westminster, à la Chambre des Communes, où, dans les débats les plus émouvants, l'orateur est toujours écouté parce qu'il est toujours court. Il n'aimait pas cette éloquence qui est affaire de poumons, et volontiers il se fût exprimé comme Gladstone, lorsque, trente ans plus tard, après cette fameuse séance (14 février 1893) où il avait exposé le mécanisme du *Home rule, the great old man* répondait à ceux qui le complimentaient sur son discours : « *It is not a good speech, it is too long.* »

Contenir les aspirations d'une assemblée dont la plupart des membres avaient participé aux luttes homériques des chambres précédentes, maintenir dans son sein la discipline et le respect de l'autorité, telle était la tâche que le président s'était imposée et dans laquelle il réussit avec une habileté sans égale. Mais ce qui caractérise surtout son rôle, ce qui fait honneur à sa clairvoyance et à son caractère, c'est d'avoir fait fléchir peu à peu la rigueur du pouvoir personnel en l'inclinant vers les idées libérales, c'est d'avoir poursuivi avec persévérance et sans heurt le rétablissement des *libertés nécessaires*, des *libertés civiles*, comme il disait par un euphémisme de circonstance. En associant à son œuvre les esprits hostiles, il désarmait l'opposition. Les élections de 1857 ayant amené au Corps législatif cinq membres de l'opposition, Jules Favre, Ernest Picard, Emile Ollivier, Alfred Darimon et ce docteur Hénon qui, en 1852, avait refusé le serment constitutionnel, il accueillit les *Cinq* avec de particuliers égards. Pour Thiers et Jules Simon, qui furent élus en 1853, il ne fut pas moins accueillant. Que d'anecdotes n'a-t-on pas contées à ce sujet ! La tribune ayant été rétablie, ainsi que le verre d'eau, — ce fameux verre d'eau qui avait pris l'importance d'une liberté reconquise, — Thiers, trop petit, ne la dépassait que de la tête. Morny, informé, s'empressa d'en faire modifier le bord supérieur, afin de permettre à Thiers de pouvoir parler à Rouher « de haut en bas ».

En 1863, il saluait avec cordialité ces « anciennes illustrations parlementaires » qui, après avoir été écartées, revenaient au parlement. L'Empereur ayant remarqué cet acte de coquetterie qui s'adressait principalement à Thiers et à

Berryer, lui en fit doucement l'observation en déclarant plaisamment : « Il faut enfin que j'en prenne mon parti ; vous êtes orléaniste, décidément. » Orléaniste, il l'était, en effet, comme l'Impératrice était légitimiste, par sentiment, comme la duchesse de Morny elle-même était bourbonienne, par goût. « Il était bon prince, a écrit Jules Simon dans ses *Mémoires*. Quand j'entrai au Corps législatif, il me dit : « Prenez les questions de mutualité, l'assistance, l'enseignement, tout ce qui avoisine le socialisme. Il y a là une grande place à occuper. » C'était presque le langage d'un ami. Je lui en fus reconnaissant. » A la même époque, il faisait à Emile Ollivier cette proposition : « Consentiriez-vous à entrer avec moi dans une entente avec la démocratie pour organiser la liberté ? » Emile Ollivier, cette vive intelligence, cet esprit si fin et si distingué, était bien fait pour s'entendre avec Morny. Il faut lire dans son excellent ouvrage *L'Empire libéral* les chapitres où ce ravissant écrivain parle de ses rapports avec le président du Corps législatif pour savoir en quelle mutuelle estime se tenaient ces deux hommes d'Etat pourtant si différents, l'un fils de proscrit, l'autre auteur de proscriptions (1).

Si ses idées triomphaient, M. de Morny n'en tirait pas vanité, et lorsque sur son inspiration une mesure libérale était adoptée, il avait l'habileté d'en laisser tout le mérite à l'Empereur. C'est à son instigation que fut rendu ce fameux décret du 24 novembre 1860, « la première, la plus importante des évolutions successives qui transformèrent l'Empire autoritaire en Empire libéral » (2).

En février 1863, à l'ouverture de la session parlementaire, il parle de « l'établissement graduel de la liberté pour asseoir d'une manière impérissable le fondement de la dynastie

______

(1) M. Emile Ollivier vient de mourir. Le moment n'est pas venu de juger son œuvre politique.

(2) P. de la Gorce, op. cit. t. iii, p. 442. — Les dispositions principales du décret du 24 novembre étaient celles concernant le rétablissement de l'adresse et l'autorisation accordée à la presse de reproduire les débats du Corps législatif.

impériale », et trois mois après, le 7 mai, dans son discours
de clôture, il affirme sans réticence l'utilité des réformes libérales : « Un gouvernement sans contrôle et sans critique, dit-
il, est comme un navire sans lest. L'absence de contradiction
aveugle et égare quelquefois le pouvoir et ne rassure pas le
pays. Nos discussions ont plus affermi la sécurité que ne
l'eût fait un silence trompeur...... » Et il terminait par ces
mots : « Quant à moi, je n'ai trouvé en vous tous que des
collègues pleins d'égards et de déférence, et je souhaite que
vous emportiez de moi le souvenir que je conserverai de
vous. En vous disant à tous adieu, je voudrais pouvoir vous
dire à tous au revoir. » A la veille des élections, un tel langage était on ne peut plus délicat et cordial. C'est ainsi que
« Morny, à force de charme personnel, eût rendu aimable
même le despotisme » ; tandis que « Persigny, à force de brus-
queries fantasques, eût gâté même la liberté » (1). Mais, en
cette année 1863, Persigny est abandonné par les électeurs ;
il ne reviendra plus au pouvoir. Pour le consoler de son
irrémédiable chute, l'Empereur le fait duc (septembre). « C'est
un embaumement », écrit Mérimée.

Au mois de novembre, le Président du Corps législatif
ouvre la session par un discours libéral qui fait dire à Emile
Ollivier : « Voilà le langage de l'homme d'Etat ! »

A la séance du 29 janvier 1864, il quitte un instant le
fauteuil pour intervenir en faveur de l'alliance russe ; il
montre dans ses paroles une telle délicatesse et s'applique si
bien à ne froisser les idées de personne que, lorsqu'il a repris
sa place, Jules Favre lui adresse un compliment flatteur.

Que le duc de Morny cherchât à développer les prérogatives
de la Chambre, qu'il s'appliquât à détendre les ressorts de
l'autorité, à remanier la législation administrative dans un
large esprit de progrès, nul n'eut osé le contester. Ce haut
personnage, dit P. de la Gorce, nourrissait alors le dessein de
consolider dans la liberté le régime fondé jadis dans la
crainte. « Tout dans notre pays, disait-il, est réglementé à

(1) Ibid. ibid. t. IV, p. 221.

l'excès, et c'est un malheur. » Mais où ses tendances libérales se manifestèrent pleinement en faveur de la démocratie, c'est dans la loi des *Coalitions* que, d'accord avec l'Empereur, il chargea Emile Ollivier de préparer. On sait que cette loi réparait l'injustice commise à l'égard des ouvriers par celle du 16 juin 1791 qui avait aboli le régime corporatif. Elle rétablissait le droit d'association par corps de métiers, assurait la liberté du travail et reconnaissait le droit de grève. Cette sollicitude à l'égard de la classe ouvrière n'est-elle pas chez un homme dédaigneux de la popularité et qui, par son origine et par sa nature, représentait une élite aristocratique, la preuve d'un grand et noble cœur ?

Le 28 mai 1864, la session fut close par un discours où il exprima de nouveau, hélas ! pour la dernière fois, dit Emile Ollivier, ses vues élevées : « Combien nous servirions la cause de la liberté si nous la rendions attrayante par la justice et la modération dans l'expression de nos opinions ! »

Il ne fut pas donné à cet homme éminent de poursuivre plus loin son entreprise. Quelques années de plus cependant, et il eût fait grande figure devant la postérité.

Sur le théâtre de l'Empire, la scène change. L'horizon s'assombrit. La carrière de Morny est terminée. Billault, le ministre d'Etat, vient de disparaître, et déjà, à sa place, on voit se dresser la « haute et massive stature » de Rouher. Les tendances libérales vont céder le pas à la manière forte. Mais les *Cinq* se sont multipliés, et une opposition redoutable va livrer au gouvernement les plus rudes assauts.

IX

Morny et l'Auvergne. — Clermont, Nades

Il ne suffit pas, pour faire la biographie d'un grand personnage, de rappeler les faits saillants de sa carrière. Encore qu'ils constituent les seuls titres qui appellent l'attention et le verdict de la postérité, celle-ci ne saurait s'en contenter ; elle veut savoir ce qu'était l'homme — *homo duplex* — et ce dont il était capable dans le bien comme dans le mal. Plus les titres sont éclatants et plus exigeante est sa curiosité. Elle dépouille le héros de son armure de bataille, elle enlève à l'homme d'Etat sa livrée officielle, et elle veut voir comment ils se comportaient sur les scènes ordinaires de la vie courante et même sur celles plus intimes de la vie privée. Pour la satisfaire, il faut lui montrer leur âme même, c'est-à-dire le suprême moteur. C'est alors que le rôle du biographe devient délicat. Ecarter les légendes mensongères, les commérages trompeurs ; se défier des exagérations déformatrices ; n'accepter que les témoignages contrôlés, les appréciations libres de toute passion et dégagées de toute tendance ; se souvenir enfin, avec Taine, que « l'érudition n'est pas la critique » ; tels sont les principes qui doivent régler sa méthode de travail, surtout lorsqu'il n'a pas à sa disposition, comme c'est le cas pour l'historien du duc de Morny, ces documents psychologiques de premier ordre que fournissent les lettres confidentielles, les écrits familiers, ou ces « mémoires d'outre-tombe » où certains hommes ont laissé l'empreinte de leur âme « à la façon d'une griffe sur de la cire » (1).

« Ce qu'il y aura de plus rare au monde dans quelques

____

(1) Albert Duruy : *Le nouvel historien de Napoléon* (*Le Figaro, supplément littéraire du 23 avril 1887*).

années, disait, vers la fin de l'Empire, Mme de Staël, ce sera un autographe de M. de Talleyrand. » Si le soi-disant petit-fils du célèbre diplomate brillait dans les salons par ses spirituelles causeries, si appréciées du côté féminin, il faut croire que, comme son aïeul, il avait peu d'inclination pour le genre littéraire où s'illustrèrent Voltaire et la marquise de Sévigné. Après le 24 février, tout le monde avait dans son portefeuille au moins deux lettres de Lamartine. Personne après le 2 décembre n'eut osé prétendre qu'il possédait un simple billet signé de Morny. Pris par la politique et les affaires, cet homme actif n'a jamais eu le temps d'écrire d'oiseuses épîtres. Aussi, bien qu'il eût avec plusieurs personnages de l'Auvergne des relations suivies, on chercherait vainement chez les descendants de ceux-ci des traces d'une correspondance renfermant des éléments propres à fixer son caractère. Il eût été cependant intéressant de savoir, par quelque confidence, par quelque aveu discret, quelles circonstances l'avaient décidé à choisir cette province pour sa patrie adoptive, comment il avait été amené à faire l'acquisition de Bourdon, quelles raisons l'avaient déterminé à acheter le domaine de Nades, pourquoi enfin il s'obstinait à vouloir être Auvergnat.

Morny auvergnat! Quel paradoxe! Il l'était cependant, non par les racines familiales, mais par un acte de sa volonté, et autant que le lui permettaient ses relations dans la capitale et ses goûts mondains; et il l'a bien prouvé lorsque, après le coup d'Etat qui avait relevé sa situation et accru ses moyens d'action, il s'est empressé de donner à la sucrerie de Bourdon l'extension que l'on sait et d'acquérir, à Nades, la vieille terre féodale où régnèrent jadis les Lafayette et les Montmorin.

**

A Clermont, M. de Morny habita plusieurs immeubles. Comme lieutenant de lanciers, il avait été, ainsi que nous l'avons vu, locataire, rue de l'Eclache, dans la maison Deschamps qui porte aujourd'hui le n° 5 (rue Bardoux) et renferme l'établissement de bains dit *de l'Eclache*. Plus tard, lorsqu'il fut député, il se fixa, encore comme locataire, dans la maison de la rue Bansac qui devint, dans la suite, celle des Pères Jésuites. Cette propriété, avec maison de maître et jardin, avait été créée dans la dernière partie du xviiie siècle par le docteur Bonnet, chirurgien de l'Hôtel-Dieu. Sur sa lisière sud, il y eut, paraît-il, de la Révolution à la Restauration, un cimetière partiel. Au xixe siècle, elle fut acquise par M. Guillaume et rebâtie par son gendre M. Kermaingant, ingénieur en chef des Ponts et Chaussées. Elle devint ainsi, avec sa grille dorée sur la rue Bansac, son jet d'eau, sa vue splendide sur Thiers et Gergovia, une des plus belles de Clermont. C'est alors que M. de Morny l'habita. Son salon devait être le plus grand de toute la ville. Plus tard, la Trésorerie y établit ses bureaux, au rez-de-chaussée. Le prince Murat fut aussi un de ses locataires. En 1860, elle fut achetée par le R. P. Rougane pour servir de résidence aux Pères Jésuites. Elle subit alors des transformations qui l'enlaidirent et lui enlevèrent la vue et le soleil.

La belle avenue qui borde cette demeure et qui avait été ouverte, en 1861, sous la dénomination de « avenue Centrale », prit, en 1865, après la mort du duc de Morny, le nom de celui-ci, qui lui resta jusqu'à la chute de l'Empire. Ce fut alors, pendant un mois, *l'avenue du 4-Septembre*, puis de nouveau *l'avenue Centrale*, et enfin *l'avenue Carnot*, comme on la dénomme encore aujourd'hui. Cette voie était tout indiquée pour porter le nom du duc de Morny, non seulement parce qu'elle est adjacente à la maison qu'il a habitée, mais aussi et surtout parce que, de l'autre côté, elle longe dans toute sa longueur ce superbe quartier de cavalerie, l'un des plus beaux de France, dont la fondation est due pour une si grande part à son influence (1).

Le prestige, l'admiration sympathique dont jouissait, dans

(1) La pose de la première pierre de cet établissement par le maréchal Castellane eut lieu le 24 juin 1858.

son fief électoral, le député de Clermont, surtout après le 2 décembre, s'expliquent facilement ; on les trouvait au même degré, avec quelques nuances toutefois, dans toutes les classes, chez le cultivateur et l'ouvrier comme chez les patriciens, et plus particulièrement chez ces derniers. Il venait en Auvergne plusieurs fois par an ; puis ses visites se raréfièrent, mais leur intérêt, loin de diminuer, allait croissant, à mesure que l'étoile de l'homme politique montait à l'horizon. Dans tous les milieux, on parlait de son esprit, on citait l'affabilité de ses manières, ses attentions délicates à l'égard de tous, on faisait des allusions discrètes à sa haute influence, à sa mystérieuse origine, on vantait sa simplicité, et chacun avait, à l'appui de sa thèse, une anecdote inédite qui bientôt courait les rues. Recevait-il, à Paris, un de nos compatriotes ? C'était avec une bonhomie affectueuse qui déconcertait un peu tout d'abord. On n'attendait pas dans l'antichambre. Il faisait entrer tout de suite, fût-il occupé à sa toilette, et, avec une parfaite aisance, on causait. On était venu, non sans quelque appréhension, voir un personnage ; on trouvait un ami. C'est ce qui arriva à un très notable commerçant de Clermont, M. M. B., quelques jours avant le coup d'Etat, et, depuis, celui-ci, charmé de l'accueil qu'il avait reçu, — il avait assisté à une représentation à l'Opéra dans la loge du comte de Morny, — racontait à ses familiers les détails de sa visite en soulignant cette souplesse, cette tranquillité d'esprit que M. de Morny conservait dans les moments les plus critiques. Il était serviable, et la sympathie qu'il inspirait était pleinement justifiée.

Il n'y aurait pas de restriction à faire à cette assertion si quelques fonctionnaires trop zélés, comme il s'en trouve toujours, n'avaient, sous le couvert d'une administration omnipotente et souvent incontrôlée, exercé dans certaines régions de l'arrondissement d'Issoire, par exemple, d'exaspérantes petites persécutions contre des adversaires politiques et notamment contre un ancien rival du député, ses tenants et aboutissants.

* *
*

On voyait quelquefois, aux chasses de Compiègne, Napoléon III consciencieusement occupé, dans un carrefour de la forêt, à préparer le thé pour ses invités. Son frère avait à l'égard des siens, à Nades, des attentions semblables, et, si nous en croyons M. le conseiller Boudet, qui, en qualité de substitut du procureur impérial à Gannat, fut souvent l'hôte du château, au thé traditionnel il ajoutait « un échafaudage d'échaudés d'Auvergne » dont il s'était fait une spécialité.

Notre éminent collègue nous a fait assister à ces réceptions où le « très grave homme d'Etat cédait volontiers au plaisir de faire des mots ou des à-peu-près vaille que vaille » : — « Chaque échaudé craint l'eau froide » — usant avec ses familiers de notre langage télégraphique : — « Vu Chose de la Marine... causé... votre affaire » — « Entendue la petite Chose... Bouffes... Trouville... Peuh! » — « Machin du *Figaro*, savez... » — s'exprimant d'un air détaché qui « surprenait un peu les bons Auvergnats qui ne le connaissaient que par la prestigieuse autorité de sa présidence à la Chambre et son rôle dans la politique européenne », et qui, si on leur disait qu'il écrivait des vaudevilles, « ne pouvaient se résoudre à voir un vaudevilliste sous la réserve du personnage de haute allure qui se montrait chaque année dans un appareil presque souverain lorsqu'il se rendait à Nades ». Il nous a montré le personnage arrivant en gare de Gannat, par train spécial. « En tête un solennel wagon-salon » qui lui appartenait, « très largement écussonné aux armes qu'il s'était choisies avant d'être fait duc : un grand hortensia entouré de l'exergue *Tace sed memento* », puis une ou deux voitures de 1re classe pour les invités, « des artistes, des écrivains de renom », les gens de la suite et les bagages, « un wagon-écurie contenant une paire ou deux de chevaux de sang, une plateforme couverte portant quelque véhicule de mode nouvelle et une prolonge pour les poids lourds. Dans la cour de la gare attendait une légère voiture de maître et un immense mail-coach attelé de quatre vigoureux percherons de service, qui restaient à Nades toute l'année. »

« Nades ! résidence créée tout d'une pièce par ce comte des Mille et une nuits, sur un plan choisi par la comtesse Lehon... (1). »

Nades, *en Auvergne*, que le décret de la Constituante plaça, en mars 1790, dans le département de l'Allier, arrondissement de Gannat, canton d'Ebreuil, déroute parfois les chercheurs, les écrivains qui, comme M. Ashton, oublient que certaines régions de l'ancienne province d'Auvergne ont été incorporées dans le département de l'Allier. Au xve siècle, la Basse-Auvergne comptait treize bonnes villes: Clermont (capitale), Montferrand, Billom, Riom, Issoire, Brioude, St-Germain-Lembron, Ozun (Auzon), *Ebreuil*, Aigueperse, *Cusset*, Langeac et *St-Pourçain*. Au xviie siècle, d'après un rapport de 1637 de l'Intendant d'Auvergne de Mesgrigny, la ville d'Ebreuil envoyait des députés à l'assemblée du Tiers-Etat du Bas-Pays, qui était convoquée trois ou quatre fois dans l'année à Clermont par les échevins de cette ville (2). Nades, canton d'Ebreuil, se trouvait donc bien en Auvergne.

Pour être précis, ajoutons que la terre qui nous occupe se situe au-dessous du village de Nades, à 22 kilomètres à l'ouest de Gannat, à 635 m. d'altitude, sur le versant est des montagnes qui séparent les eaux de la Sioule de celles de son affluent la Bouble, et dont le point culminant est au carrefour de la Bosse, entre Nades et Echassières, à 728 m. Le pays est boisé et pittoresque.

C'est là que M. de Morny venait chaque année oublier pendant deux ou trois mois les soucis de la politique. Mieux encore qu'au Palais-Bourbon peut-être, il y étalait sans morgue un faste de bon aloi, menant la vie libre et large du

____

(1) Cf. Marcellin Boudet, *Minimes souvenirs du duc de Morny*.

(2) Cf. Léon Gobin, *Essais sur la Géographie de l'Auvergne*, p. 368, 374, passim.

grand seigneur en province, loin de tout protocole, sans prétention, sans contrainte ni pour lui, ni pour ses hôtes, ni pour ses voisins avec lesquels il entretenait les plus agréables relations. « Il retrouvait là, dit M. Marcellin Boudet, des notabilités parisiennes, le marquis de Montlaur, le marquis de Lagrange, le baron de Veauce, sénateurs ou députés ayant une forte situation personnelle dans le pays, et des voisins plus sédentaires, parmi lesquels la famille si hautement estimée de M. Eustache de Féligonde, qui, « dans son vieux château renaissance du Chatelard, donnait l'exemple de toutes les vertus chrétiennes. »

On vivait, au château, dans une atmosphère d'exquise liberté. Dans l'air embaumé des senteurs balsamiques des grands conifères, flottait le parfum subtil et pénétrant de toutes les délicatesses, de toutes les élégances de l'esprit. La présence de la duchesse imposait une réserve de bon ton que commandait non l'aspect fluet et gracile de sa personne, mais l'ascendant de son caractère et la hauteur de son esprit. Les jours passaient comme des rêves. On chassait, dans le parc, chevreuils, lièvres, faisans ; on cueillait des champignons; on causait; on faisait des excursions, des visites aux environs, et, sur les routes paisibles, les paysans qui voyaient passer à une allure rapide les équipages de luxe emportaient dans leur âme naïve et satisfaite une impression de grandeur et de beauté qui leur faisait aimer l'Empire. Un Clermontois de vieille roche, qui vient de mourir, M. M.-T., nous disait avoir rencontré, certain jour, sur la route de Gannat, une voiture que le châtelain de Nades conduisait lui-même *four in hand* avec une impressionnante maëstria.

Un voisin, connu pour sa haute probité et dont les souvenirs sont très nets, M. R. de F., nous donne sur le sujet qui nous occupe des renseignements plus circonstanciés:

« Au début, quand il venait à Nades, M. de Morny habitait le vieux château des Gauthier d'Hauteserve, dans le village même. Il y venait en automne et y passait quelques mois, pendant lesquels il semblait heureux de se reposer de la vie de Paris. Il aimait beaucoup ce site, il s'y plaisait. A l'entendre, tout y était mieux ou meilleur qu'ailleurs, l'air, les fruits, les légumes qu'il ne trouvait nulle part aussi bons ou aussi sains. Il s'y créa rapidement une très grande installation, grand château, grande exploitation, une terre considérable (3000 hectares), recevant beaucoup tantôt des amis de Paris et souvent aussi des voisins pour lesquels il était on ne peut plus accueillant et serviable. J'en ai eu personnellement la preuve bien souvent. Il avait enrichi le pays et l'avait transformé.

« Le château et la terre ont été vendus en 1876, douze ans après sa mort, à la requête du conseil de famille de ses enfants. M. Denormandie fut, disait-on, pour beaucoup dans cette décision du conseil de famille, décision que j'ai toujours considérée, et je ne suis pas le seul, comme contraire aux intérêts de cette famille et à ceux du pays. »

Des données authentiques trouvent ici leur place naturelle.

La vente de la terre de Nades à M. de Morny a eu lieu en l'étude de Mᵉ Charbonnier, notaire à Ebreuil, le 10 février 1853.

Les vendeurs étaient :

1° Adolphe Gauthier d'Hauteserve, ancien receveur particulier des finances, banquier à Gannat ;

2° Bernard baron Gauthier d'Hauteserve, ancien député ;

3° Edme Gauthier d'Hauteserve, maître des comptes ;

4° Mᵐᵉ Nau, née Gauthier d'Hauteserve.

L'acquisition est faite par M. Charles-Eugène de Cadier baron de Veauce, député au Corps législatif, membre du Conseil général de l'Allier pour l'arrondissement de Moulins, président du Comice agricole du canton d'Ebreuil, comme mandataire de Charles-Auguste-Louis-Joseph, comte de Morny, ancien ministre, grand-croix de la Légion d'honneur, député au Corps législatif.

Désignation des immeubles. — La terre de Nades, située

sur les communes de Nades, Lalizolle et Chouvigny, canton d'Ebreuil (Allier), et la commune de Servant, canton de Menat (Puy-de-Dôme), se composait de : un vieux château, une habitation moderne, un corps de réserve, le domaine du Moulin, le domaine Larue, le domaine Redon, le domaine de Lalizolle, un vieux château en ruines à Chouvigny, avec petite maison et cuvage, bâtiments d'exploitation pour le tout, cours, jardins, étangs, vignes, prés, pâtures, terres labourables, taillis, bois de haute futaie, le tout d'une étendue d'environ 822 ha. 64 a. 86 c.

Le prix stipulé en l'acte est de *quatre cent cinquante mille francs*.

Cette propriété a été considérablement agrandie au cours des années suivantes par de nombreux achats ou échanges faits par M. de Morny.

Origine. — Les héritiers Gauthier d'Hauteserve avaient recueilli cette propriété dans la succession de M. Edme Gauthier d'Hauteserve, leur père.

Ce dernier l'avait acquise de ses cohéritiers en la succession de M. Pierre-François Lenoir, son oncle, ancien abbé et doyen de la grande Chambre du Parlement de Paris (acte reçu par M⁰ Culbiat-Coreil, notaire à Paris, le 16 mars 1797 (26 ventose an V).

M. l'abbé Lenoir possédait la dite terre du chef de M. Isaac Lenoir, écuyer et secrétaire du roi Louis XV. Isaac Lenoir l'avait acquise, en 1734, de Charles-Armand-René de la Trimouille, premier gentilhomme de la chambre du roi.

Elle a appartenu aussi à MM. François et Claude de La Fayette, puis à la famille de Montmorin et à celle de Chouvigny.

M. Gauthier d'Hauteserve père y avait annexé de nombreuses parcelles.

Telles étaient l'origine et l'importance de la terre où M. de Morny avait cru pouvoir, sans déchoir, établir sa seigneurie.

Celui-ci mourut en 1865 ; onze ans après, la propriété fut vendue et morcelée.

Aux termes d'un jugement rendu par le Tribunal de la Seine le 26 juillet 1876, les immeubles composant la terre de Nades et provenant de la succession du duc de Morny, furent mis en adjudication. Il y eut de nombreux acquéreurs, parmi lesquels M. Marcellin Cornefert, négociant à Chaumont (Haute-Marne), qui se rendit adjudicataire des lots les plus importants comprenant notamment le château, le parc et ses dépendances. Cet acheteur n'avait en vue qu'une affaire de spéculation ; il revendit en 1879, à M. Duringe, qui est le propriétaire actuel. Peu de temps auparavant, dans la même année 1879, le château avait été détruit par un incendie dont la cause est restée inconnue et à la suite duquel M. Cornefert toucha des compagnies d'assurances une somme considérable.

Actuellement la terre de Nades a environ 500 hectares ; le parc proprement dit en compte 315, dont deux tiers en culture ou prairies et un tiers planté d'arbres de haute futaie, chênes, hêtres, bouleaux, châtaigners géants, sapins majestueux ; le reste est composé de bois.

Nous la visitâmes récemment, et, grâce à la complaisance du régisseur, nous pûmes apprécier dans toute son étendue l'œuvre du duc de Morny. Il avait eu l'idée d'y installer une grande ferme modèle et avait fait exécuter sur ces pentes accidentées des travaux considérables de nivellement, de drainage, qui avaient exigé l'emploi de nombreux ouvriers dont une partie fut tirée de la Belgique. Des sources captées et réunies dans un château-d'eau alimentaient et alimentent encore les divers groupes de bâtiments. De larges avenues carrossables sillonnaient cette immense propriété qu'entourait un mur de 12 kilomètres de développement.

La ferme principale a grand air avec ses vastes constructions, ses écuries, ses remises et son grand château genre cottage suisse que M. de Morny avait fait bâtir pour son régisseur et qui sert aujourd'hui d'habitation au propriétaire.

Le château du duc de Morny se trouvait un peu plus bas, orienté à l'est, sur une pente boisée descendant vers les gorges de la Sioule, au sud. C'était une construction fort élégante, de style renaissance, en briques rouges et pierre blanche, avec tour d'angle carrée, à créneaux, précédée d'une terrasse latérale de plus de 100 mètres de longueur avec bassin et jet d'eau. Deux larges escaliers d'une dizaine de degrés chacun se succèdant à quelques pas et formant terrasses permettaient d'accéder au seuil de cette demeure princière, dont la façade s'ornait, au centre, d'un campanile en saillie surmonté d'un cadran. Les murs lézardés sont encore debout, mais le bassin est à sec, le jet d'eau muet, et l'herbe envahissante affirme que seules les œuvres de Dieu sont immortelles. Nous restâmes longtemps devant cette ruine, en proie à de mélancoliques réflexions, et nous y eussions perdu la notion du temps sans la vue de ce cadran dont les aiguilles arrêtées à 9 heures et 8 minutes depuis l'instant où l'incendie a détraqué leur mécanisme, mesurèrent jadis des heures brèves aux regards de leur fastueux propriétaire.

Nades ne reverra plus les beaux jours du duc de Morny. Ce fut le rêve d'un jour, dit M. Marcellin Boudet. Sans doute. Mais, s'il est vrai, comme on le prétend, que pendant les douze années qu'il en fut le propriétaire, l'illustre homme d'Etat sacrifia plus de douze millions à l'embellissement de cette terre, ce ne dut pas être, en ce coin d'Auvergne, un rêve pour tout le monde (1).

(1) Les esprits superstitieux qui vont « chercher la raison dans les replis d'un anagramme » n'ont pas manqué de faire cette découverte extraordinaire qu'en renversant *Nades* on obtenait *Sedan*, et les occultistes doivent certainement trouver entre ces deux noms des rapports mystérieux.

X

Le monde. — Les affaires. — Deauville. — Les courses. — Lettres et arts. — Maladie et mort de Morny. — Sa famille. — Sa survivance dans les arts et la littérature. — Les tombeaux.

Nous ne suivrons pas M. de Morny dans les diverses manifestations de la vie mondaine. Aucun homme n'a occupé autant que lui la chronique des salons. Il était partout, au théâtre, au Bois, au cercle, aux courses, et partout on l'observait, on l'imitait. Sa tenue, ses gestes, ses mots faisaient école. Le nom de ses chevaux, celui de ses maîtresses étaient sur toutes les lèvres. Dans le monde, dans le demi-monde surtout, ses aventures, vraies ou supposées, étaient le sujet ordinaire des entretiens. Plus tard, lorsqu'il régna à l'ombre de l'empereur, après son mariage même, la hauteur du rang, la gravité des fonctions ne l'empêchèrent pas de rester l'homme à la mode, toujours admiré pour la noblesse de son caractère, bien qu'il eût conservé, avec le goût inné des brillantes sociétés aristocratiques où il se sentait sur son terrain de prédilection, une inclination prononcée pour les femmes de théâtre, un penchant irrésistible pour les liaisons éphémères, les nœuds passagers, « chaînes de fleurs, disait-il, que la destinée se charge de dénouer d'elle-même sans heurt ni déchirement ». Dans des milieux si divers, il était également apprécié, et, s'il ne se targuait pas d'une morale sévère, du moins se montrait-il toujours soucieux des convenances et scrupuleux sur les lois de l'honneur. C'est ce qui explique pourquoi la chronique, si encline d'ordinaire à grossir les petites aventures des grands hommes, a épuisé autour de son nom le vocabulaire des épithètes admiratives. Mais on sait que, de sa nature, elle se pique plu-

tôt de fantaisie que d'exactitude, qu'elle se nourrit de commérages et ne craint pas, à l'occasion, de lancer le canard.
Son but est atteint lorsqu'elle a satisfait un public avide de
nouvelles et qui, comme ce sultan des *Mille et une nuits*,
veut qu'on lui apporte chaque jour « du nouveau sous peine
de mort ». N'allons donc pas lui demander ses anecdotes
légères, ses contes bleus, ses histoires romanesques, insigni-
fiantes vignettes autour du portrait qui nous occupe. Ce
n'est pas, on le sait bien d'ailleurs, la vie d'un prélat que
nous écrivons, mais celle d'un gentilhomme, et point n'est
besoin d'insister pour démontrer que, s'il n'avait rien d'un
misogyne, notre héros ressemblait en cela à la plupart des
hommes. Les grands esprits, a-t-on dit, recherchent avec
prédilection le commerce des intelligences féminines.

* * *

On s'amusa beaucoup dans les premières années du second
Empire. Aux Tuileries, à l'Hôtel de Ville, au Palais-Royal,
dans les ambassades et les ministères, à la cour et à la ville
on rivalisait d'entrain, de luxe, de gaîté. Fêtes officielles,
grandes chasses à courre, réceptions, redoutes, bals, soirées
se succédaient sans interruption. On dansait avec fréné-
sie, comme si cela eût été prescrit par un article de la
Constitution.

Heureuse d'être débarrassée du spectre rouge, la société
légitimiste ne faisait guère à l'Empire, pour rester fidèle à
ses traditions, qu'une opposition de principe. Pour obéir aux
« ordres du roi », les chefs du parti avaient bien, dès 1852,
abandonné les fonctions publiques ; mais le noble faubourg
ouvrait en même temps ses salons. Dans le clan orléaniste,
le mécontentement était plus profond. On y considérait le
coup d'Etat et les décrets du 22 janvier comme impardonna-
bles, et les représentants les plus qualifiés du parti, sentant
leur impuissance, se faisaient comme Salvandy les propa-
gandistes du rapprochement avec la branche aînée, dans
l'espoir de trouver dans cette union la force qui leur man-

quait. Toute cette opposition se traduisait par des pèlerinages dépourvus d'enthousiasme à Claremont et à Frohsdorf; elle se manifestait en des réunions à Augerville, chez Berryer, à Bourg d'Iré dans le beau domaine du comte de Falloux, où les plus illustres débris des monarchies tombées tentaient de déployer le drapeau d'une fusion irréalisable, ou bien encore à la Roche-en-Brény, où ces inoffensifs conspirateurs s'appliquaient, pour tromper l'ennui, à ciseler avec Montalembert (1) d'académiques épigrammes contre le régime. Et, entre deux séances austères, on dansait aussi.

Sous l'impulsion de la cour, la société impériale semblait conduire cette « gigantesque farandole ». Quelques esprits grincheux, au nom de la saine morale, s'en affligeaient, mais tout bas, car toutes ces fêtes, tous ces bals avaient en vue la bienfaisance, et le *Moniteur* avait déclaré officiellement qu'ils faisaient vivre les industries de luxe et que les dépenses qu'ils occasionnaient retombaient en pluie d'or sur les classes laborieuses (2). « Jamais les femmes n'avaient plus dépensé pour leur toilette, dit Imbert de Saint-Amand. Jamais on n'avait vu aux Champs-Elysées et au Bois de Boulogne des équipages plus beaux et mieux attelés. » La vogue des théâtres était sans précédent, et tandis que les comtesses authentiques régnaient dans les salons, les princesses de théâtre triomphaient avec la Cruvelli, sur la scène de l'Opéra, et avec Mlle Rachel sur celle du Français.

Déjà sous la présidence, les réceptions de l'Elysée avaient eu un éclat qui contrastait avec la vie monotone de la cour de Louis-Philippe, et pendant la dictature, qui était loin de rappeler celle de Sylla, des fêtes brillantes annonçaient l'aurore impériale. Celle du 23 février avait réuni aux Tuileries huit mille invités, et trois mois après, le 12 mai, le grand bal offert par l'armée au Prince-Président rassemblait à l'Ecole

---

(1) On se rappelle l'incident parlementaire que provoqua, au printemps de 1854, la publication de sa fameuse lettre à Dupin, ainsi que l'intervention loyale et généreuse de Morny en faveur du bouillant polémiste.

(2) Cf. P. de La Gorce, *op. cit.*, t. II, ch. IV.

militaire plus de quinze mille personnes. En décembre 1852, l'Empereur inaugurait les fameuses *séries* de Compiègne. Un mois après, son mariage avec Eugénie de Montijo était l'occasion de nouvelles fêtes qui se déroulèrent avec une pompe souveraine pendant toute l'année 1853 pour se continuer avec le même éclat durant toute la période ascendante de l'étoile impériale.

Elles rappelaient, ces fêtes, les magnificences du grand siècle, avec des allures un peu plus libres, disent les historiens, des façons un peu plus osées. Qu'il y eût quelques fausses notes dans ce concert d'élégance, quelques nuages au milieu de ces splendeurs, que ce luxe laissât parfois apparaître un peu de clinquant, cela n'a rien de surprenant dans une société sans traditions, d'une composition peu homogène, et que la comtesse de Morny dont le goût avait été formé à une cour plus sévère jugeait commune.

« En sa double qualité de personnage officiel et d'homme du monde, dit M. F. Loliée, Morny se devait à bien des maisons parisiennes, à commencer par le Château, comme on appelait les Tuileries. Il ne pouvait se dispenser d'assister à aucune des réceptions de la cour. On eût trop remarqué son absence aux galas ministériels. Enfin les salons les plus cotés ne permettaient pas qu'il les oubliât (1). »

Les salons diplomatiques, ceux de la société russe et polonaise, où il ne laissa pas de nouer quelques intrigues, l'attiraient particulièrement.

Lui-même donna des fêtes, comme l'exigeait sa haute situation, et quelques-unes furent splendides. Celle du 20 mars 1855 qu'il offrit aux députés, aux frais du Trésor public, et à laquelle assistèrent l'empereur et l'impératrice, laissa un souvenir ineffaçable. Pendant l'hiver de 1856, il y eut à la Présidence du Corps législatif une réception merveilleuse en l'honneur de la reine Marie-Christine d'Espagne. A la fin du carnaval de 1859, un grand bal travesti, dans le

(1) F. Loliée, *op. cit.*, p. 233.

ton de l'époque Louis XV, fit sensation. Nous ne parlons pas de ces « réunions plus intimes où son amusement était de faire chanter un air de Lulli à Houssaye, une romance du temps : *l'Amour nous mène*, à Emile Augier, où l'on s'entretenait tout à l'aise d'art, de femmes et de théâtre ». Bien que la tenue du maître de maison fût irréprochable, on y jouissait d'un certain laisser-aller facile, indulgent. Ses réceptions étaient « les moins foulées et les mieux composées de Paris ». « Il recevait à merveille ; sa maison était irréprochable de tenue, et nul mieux que lui, a dit un de ses convives, ne savait assortir les invités de façon qu'ils fussent heureux de se trouver ensemble... (1) » On retrouvait toujours, chez Morny, les leçons, l'éducation, le goût affiné de Mme de Souza.

Parmi les plus remarquables réceptions de cette époque, il faut citer, à cause de leur caractère officiel et de leur notoriété, le fameux bal de la duchesse d'Albe que le puritanisme républicain a tant reproché à l'Empire, et celui non moins célèbre que donna Walewski au ministère des affaires étrangères, le 17 février 1857 (2). Deux bals travestis où, dans un cadre éblouissant, les plus jolies femmes du temps rivalisèrent de grâces et de séduction. Celui des affaires étrangères est à mettre en parallèle avec ceux du Corps législatif. D'un côté comme de l'autre, la maîtresse de maison était d'origine étrangère. Ici se fit admirer la suprême distinction d'une princesse russe devenue comtesse de Morny ; là, c'est une belle Florentine, la comtesse Walewska, qui, en Diane chasseresse, fut jugée ravissante par tous les invités, tandis que sa fière compatriote des bords de l'Arno, la séduisante com-

(1) F. Loliée, *op. cit.*, p. 237 et 238.

(2) C'est par erreur que M. F. Loliée fait figurer Morny parmi les « invités de marque » du « grand soir des Walewsky, aux Affaires étrangères » (p. 233). Morny était alors en Russie.

C'est sans doute par une distraction du même genre qu'à propos de la visite impériale en Auvergne, il qualifie Riom d' « intéressante cité cantalienne ». Il est vrai qu'il avait fait partir le train impérial « dans la direction du *Cantal* (?) et du Puy-de-Dôme (p. 296 et 297).

tesse de Castiglione, s'était adjugé, dans cet incomparable tournoi, le sceptre de la beauté. Mais ce rapprochement n'est pas seulement intéressant par les femmes remarquables qu'il rappelle ; il présente aussi à nos regards ces deux hommes supérieurs par l'intelligence et la distinction, Morny et Walewski, les deux « princes du sang » dont la carrière offre de si frappantes analogies, qui servirent la France et l'Empire avec une égale dignité, quoique avec des vues différentes, et qui, si la mort ne les lui eût ravis trop tôt, eussent certainement préservé le pays des malheurs de 1870.

*
* *

Le goût du luxe et des folles dépenses entraîne celui de la spéculation. S'il est des natures calmes, sans ambition, plus capables d'économie et de sobriété, c'est-à-dire de vertus passives, il y en a d'autres plus ardentes, pour qui l'effort est un besoin perpétuel, et qui ne peuvent comprendre la vie autrement que dans le luxe, les honneurs et la prodigalité. M. de Morny était de celles-ci. Très audacieux et ayant de grands besoins à satisfaire, il se lança de bonne heure dans les affaires industrielles. La sucrerie de Bourdon, dont la fondation lui fait le plus grand honneur, la Société des mines de zinc de la Vieille-Montagne à laquelle il consacra beaucoup d'activité, devaient lui procurer les ressources qui lui étaient nécessaires pour tenir sa place dans le monde. Mais les bénéfices industriels ne sont pas exempts d'aléas ; les dividendes, irréguliers, présentent parfois des lacunes. C'est pour y suppléer qu'il dut prendre bientôt le chemin de la Bourse et s'initier aux mystères de la spéculation. Il acquit rapidement dans cette spécialité une habileté peu commune, et il se fit la réputation d'un joueur heureux.

Cette passion du jeu et des affaires était d'ailleurs commune chez ses contemporains. Elle se manifesta avec une intensité particulière après le coup d'État et trouva un champ d'action admirable dans la création des chemins de fer qui étendaient alors leurs réseaux à travers la France. Morny s'y jeta résolument, non seulement à cause des bénéfices qu'il en pouvait retirer, mais aussi dans l'espoir d'y prendre une position en vue.

« Déjà en 1852, lorsque le gouvernement s'occupa de régler le sort des petites compagnies en exploitation — Avignon à Marseille, Chemins du Gard, Montpellier à Cette, Montpellier à Nîmes — dont la situation était des plus précaires, il présenta un projet de loi autorisant leur cession au Lyon-Avignon. » Le comte de Morny en fut le rapporteur et il obtint un succès énorme (*Moniteur* du 27 juin 1852). Malheureusement le rapporteur, qui n'avait pas l'habitude de suivre les sentiers battus, eut une conception nouvelle qui ne réussit pas. Jusque-là les concessions accordées rentraient dans le cadre du plan de 1842 : rayonnement de la capitale vers la frontière. La nouvelle Société fondée par M. de Morny sous le nom de Grand Central avait, au contraire, pour but de raccorder entre elles les différentes lignes exploitées dans le centre et le sud-ouest et de pousser les voies plutôt dans le sens transversal que dans le sens longitudinal. Dès que la souscription eût été ouverte, le succès fut prodigieux dans le monde, dont Morny était roi, et dans le monde des théâtres, où il était dieu. Ce fut un placement malheureux. Le Grand Central, formé de lignes secondaires et peu homogènes, ne pouvait réaliser une exploitation fructueuse. Il n'est pas toujours bon de faire de la décentralisation. Morny, qui, après son retour de Russie, avait été nommé à la présidence du Corps législatif, quitta bientôt celle du conseil d'administration, et la compagnie, obligée d'en venir à une liquidation, fut partagée en deux parts attribuées l'une à la compagnie d'Orléans, l'autre aux deux compagnies réunies de Lyon et de la Méditerranée.

L'erreur de M. de Morny n'était pas apparue tout d'abord. Des hommes de la plus haute compétence y tombèrent après lui. En juin 1853, une société fut fondée sous les auspices des frères Seguin qui avaient entrepris de mettre en communication le Rhône et la Loire. Avec le concours du duc de Mouchy, sénateur, de Benoît Fould, banquier, G. des Arts, administrateur du chemin de fer de Saint-Germain, G. Delahante, administrateur des Mines de la Loire, elle réunit les lignes de Saint-Etienne à Lyon, de Saint-Etienne à la Loire, d'Andrézieux à Roanne et de Saint-Etienne à Montrambert en une seule concession d'une durée de 99 ans, sous la dénomination de Compagnie des chemins de fer de jonction du Rhône à la Loire, avec un capital de 30 millions divisé en 60.000 actions de 500 fr., dont les principaux souscripteurs furent le duc de Galliera, Emile et Isaac Péreire, Paulin Talabot, Ch. Mallet et les frères Seguin. Quelques mois après sa fondation, cette nouvelle société fusionnait avec la compagnie du Grand Central que venait de fonder M. de Morny (1).

Le rachat du Grand Central eut lieu en 1857. Si cet échec d'une exploitation condamne l'idée, le système sur lequel elle était basée, il ne diminue en rien le rôle de M. de Morny, ni le mérite qu'il a pu avoir de s'engager dans le mouvement qui a créé nos grandes lignes de chemins de fer.

* * *

L'année suivante, il devait prendre, sur un autre terrain, une éclatante revanche. Dans les rochers du Calvados, vers l'embouchure de la Touques, en un point du littoral où une plage battue des flots et des vents n'avait vu s'élever jusqu'alors que quelques misérables huttes de pêcheurs, il allait contribuer à fonder une station de bains de mer dont le développement fut rapide et merveilleux.

« Il faut avoir visité Deauville l'hiver, dit M. F. Honoré. — combien de Parisiens se sont offert ce luxe ? — pour comprendre l'audace, on peut dire la folie des premiers qui tentèrent de transformer en jardins princiers une bande étroite de cette grève revêche de la Manche, où tant de propriétaires s'enorgueillissent de voir résister des tamaris

______

(1) Cf. *Hommes et choses du P.-L.-M.*, Devambez, Paris, 1911.

rehaussés de quelques pins étiques. » Cette folie était permise du moment que M. de Morny la prenait sous son patronnage.

Frappés de la vogue extraordinaire de Trouville, des capitalistes cherchaient à déverser sur un point voisin du littoral le trop plein de cette heureuse station et ce point était naturellement de l'autre côté de la Touques, à Deauville. Dès que le docteur Oliffe lui en eût exposé l'idée, Morny l'approuva. Avec son appui, une société fut fondée, en 1859, à cette fin (1). De vastes projets se présentèrent immédiatement à son esprit, et bientôt, sous son impulsion, des travaux considérables furent entrepris sur la rive gauche et près de l'embouchure de la Touques, en face de Trouville. Sans souci de la clientèle, de somptueux hôtels s'édifièrent ; le chemin de fer y aboutit ; un bassin à flot fut creusé pour recevoir des voiliers de 700 tonneaux et des steamers de 1.500 ; un champ de courses fut établi, et d'opulentes villas surgirent au milieu d'admirables jardins que de hautes palissades protègent contre les vagues de sable et les rafales mortelles. « Parfois, comme à la villa *Louisiane,* ancienne villa du duc de Morny, aujourd'hui à la baronne d'Erlanger, ce sont de grandes allées droites bordées de fleurs, coupées de distance en distance par des portiques de vigne vierge encadrant des tennis babyloniens où les balles folles viennent se nicher dans les fleurs. Au coin d'une pelouse plaquée de corbeilles éblouissantes, un abri de chaume où pendent des touffes de géraniums donne une note de fantaisie délicieuse. Plus souvent, comme à la villa Réjane, à Hennequeville, les gazons sont surchargés de massifs aux dispositions les plus imprévues. » Partout, le long des grilles de clôture, des rangées de fusins, de troènes, de tamaris dressèrent leurs remparts de verdure devant les plus beaux parterres du monde, et, à côté d'un pauvre village

---

(1) C'est à M. Donon, banquier à Paris, et à M. Oliffe, médecin et ami du duc de Morny, que revient l'honneur d'avoir fait, en décembre 1859, les premières acquisitions de terrains dans les dunes de Deauville.

aux toits de chaume, on vit sortir comme du sein de la mer la cité du plaisir.

« Un pays un peu artificiel et menacé d'une maladie de langueur après une croissance subite, » disait, après la mort de Morny, un écrivain qui prétendait résumer l'opinion générale sur la nouvelle station. Avec son opulent voisin, le prince Demidoff, Morny l'avait lancée ; mais maintenant qu'il était mort, la brillante société qui se laissait entraîner dans son sillage y reviendrait-elle ? Vaine inquiétude, Morny avait tout prévu. « Quand, en 1864, le fameux président du Corps législatif fonda les courses de Deauville, il avait pour but de créer au bord de la mer, à peu de distance de Paris. une succursale estivale de Longchamps ; il songeait avant tout à attirer un groupe sportif qui devait fatalement entraîner à sa remorque la société brillante de joueurs et d'oisifs dont se parent les hippodromes cotés ». C'est ainsi que, grâce à ses courses, Deauville est resté à la mode, et que chaque année voit s'accroître le nombre des étrangers qui viennent y admirer, pendant la courte saison estivale, la fameuse terrasse, la rue des villas, les gracieux cottages qui s'échelonnent le long de la côte.

Les premiers voisins du duc de Morny, à Deauville, furent le prince Demidoff, le docteur Oliffe, médecin de l'ambassade d'Angleterre, son ami, le marquis de Massa, Jollivet, Donon, banquier et consul général de l'empire ottoman, Charles Laffite, banquier, Dalloz, baron Poisson, etc.

Aujourd'hui, nous trouvons parmi les propriétaires de villas : comte Le Marois, président de la société des courses de Deauville, comte Le Gonidec, vicomte de La Tour du Pin, baronne d'Erlanger, baron Bouwens van der Boijen, comtesse de Gallifet, comtesse de Birmingham, comte Sampieri, Abeille, comte de Pourtalès, Vanderbilt, E. et H. Rotschild, comte Hendrikoff, Mme Palyart, et tant d'autres richissimes seigneurs dont on a calculé que les fortunes additionnées représentent la bagatelle de 4 à 5 milliards !

« Deauville se continue en se renouvelant sans cesse, et

c'est pourquoi, écrit avec raison M. F. Honoré, longtemps encore, nous verrons chaque année, durant quelques jours, les plus jolies femmes de France et les plus riches héritières du Nouveau-Monde orner ses merveilleux jardins. »

Cette petite cité fut reconnaissante envers son fondateur. En 1867, deux ans après sa mort, elle lui éleva une statue en bronze, œuvre d'Izelin, qui fut érigée sur la place Morny. En 1871, sous la *Commune*, cette statue fut enlevée et remplacée dans la suite par une fontaine monumentale. La place a conservé cependant le nom de Morny.

Nous nous rendîmes, en septembre dernier, à la « plage fleurie ». Une surprise désagréable nous y attendait : la villa *Louisiane* n'existait plus. Acquise, après la saison de 1912, par des capitalistes parisiens, pour la modique somme de 6 à 700 mille francs, — c'est le prix moyen des villas qui se louent couramment de 20 à 30 mille francs par saison, — elle fut détruite, et, à sa place, on construisit dans le style moderne un hôtel de 400 chambres qui fut prêt à l'ouverture de la saison de 1913. C'est évidemment un « royal hôtel », mais n'est-il pas regrettable que là, comme ailleurs, l'élégant fasse place au « colossal »?

Il y a heureusement, un peu plus loin, dans la direction du vieux Deauville et dans l'axe des jardins de Morny, qui ont été conservés, un monument qui rappellera le nom du bienfaiteur de la jolie station balnéaire. C'est la superbe et riche église d'architecture romane, élevée sous le vocable de saint Augustin et dont la première pierre fut posée le 30 août 1864, par Son Excellence le duc de Morny, comme l'indique un tableau placé à l'intérieur. Devant la façade, s'étale un joli square au milieu duquel, à ce que nous a déclaré un habitant, sera dressée *plus tard* la statue de Morny.

* * *

Les courses furent une des grandes occupations de **M.** de Morny. Dès le début de sa carrière, l'officier de lanciers se fit connaître dans le monde hippique. Sportsman distingué, très en vue, parlant l'anglais avec autant de facilité que sa langue maternelle, il était, sur le turf, dans son élément, — *the right man in the right place*, — et lorsqu'il fut devenu « le personnage le plus considérable de l'empire », nul plus que lui n'était à même de rendre des services à cette industrie de l'élevage du cheval qui représente dans la richesse nationale des intérêts si importants. Il faudrait un volume pour décrire le rôle qu'il joua dans ce monde spécial de l'hippisme qui réunit une élite aristocratique. Nous nous bornons à en détacher les points les plus saillants.

On sait que c'est en 1833 que fut fondée par le Jockey-Club, qui avait alors à sa tète les ducs d'Orléans et de Nemours, la Société d'encouragement pour l'amélioration des races de chevaux. Les courses furent, dès cette époque, l'objet d'une attention, d'une sollicitude de plus en plus grande de la part du gouvernement. Leur règlementation, leur organisation se fit sur des bases plus rationnelles et en vue de résultats déterminés répondant aux besoins de la guerre et à ceux du commerce ; mais on peut considérer qu'elles ne prirent réellement de l'importance qu'à partir de l'année 1856 où fut créé, à l'instigation de M. de Morny, l'hippodrome de Longchamps.

En 1863, le duc de Morny réussit à faire aboutir le projet de création du grand prix de 100.000 francs. La ville de Paris consentit à offrir la moitié de cette somme ; l'autre moitié fut fournie par les sept grandes compagnies de chemins de fer.

Il fonda ainsi la grande épreuve internationale à laquelle furent conviés les chevaux anglais, et le prix de 100.000 fr. resta jusqu'en 1890 le plus important des prix de courses.

En 1864, il fit exécuter l'hippodrome de Deauville. Quelques chiffres suffisent pour montrer si l'idée fut heureuse. Mesurons le chemin parcouru depuis l'origine.

Les premières courses de Deauville eurent lieu en 1864. Elles durèrent deux jours et comprirent 9 épreuves dans lesquelles 34 chevaux appartenant à 24 propriétaires se disputèrent 23.500 francs de prix.

En 1910, il y eut 10 journées et 58 épreuves où 295 chevaux appartenant à 157 propriétaires luttèrent pour s'adjuger la somme respectable de 572.100 francs de prix.

En 1912. 60 épreuves réunirent 299 chevaux appartenant à 153 propriétaires. Enfin, en 1913, le montant des prix s'élevait à la somme respectable de 656.100 francs.

La comparaison est édifiante et se passe de commentaires. Mais ce que nous ne saurions passer sous silence, c'est la juste réflexion de M. F. Honoré; « Malgré les maux du temps, dit-il, j'ai été tristement surpris, en parcourant le palmarès général de Deauville, de constater que le prix Morny fondé en 1865 s'appelait depuis 1871 *Prix de Deux-ans*. Les patriotes de Deauville n'avaient point cru suffisant de faire disparaître la statue de l'homme qui commença la fortune du pays. Ils ont eu le courage, il est vrai, de laisser subsister la place Morny malgré le voisinage de la rue Gambetta et de l'avenue de la République, et, sur l'initiative libérale du comte Le Marois, l'ancien *Prix de Deux-ans (ex-prix Morny)* figure au programme de 1911 comme *Prix Morny ex-prix de Deux-ans.* »

Le duc de Morny possédait à Viroflay un haras et une écurie qui renfermait, l'année de sa mort, 140 chevaux. Il faut avoir vu de près l'administration d'une écurie de courses pour se rendre compte de la multiplicité des affaires inhérentes à une pareille exploitation. Le procès intenté par Désiré Bravard à M. de Morny peut en donner une idée. Il présente cette particularité que lorsque le jugement fut rendu, les parties contractantes avaient cessé d'exister. Dans l'espèce, un traité avait été conclu, le 4 juin 1856, entre M. de Morny et M. Bravard-Veyrières (1), professeur à la Faculté de Droit de Paris, par lequel M. de Morny s'enga-

---

(1) Pierre-Claude-Jean-Baptiste Bravard, dit Bravard-Veyrières, né à Arlanc 1·3 février 1803, de Claude Bravard, chirurgien-major des hôpitaux et ambulances des armées de S. M. Louis XVI, et de Jeanne-Julie Veyrières.

Professeur de droit commercial à la Faculté de droit de Paris, chevalier de la Légion d'honneur le 25 avril 1845, officier le 11 août 1860,

geait à garder et à nourrir au haras de Viroflay une jument
de pur sang *Quiz* appartenant à M. Bravard-Veyrières, à
des conditions déterminées relativement à l'utilisation sur
les champs de courses des poulains ou pouliches qui naî-
traient de cette jument et au partage des prix qu'ils remporte-
raient. Le 3 mars 1861 décède M. Bravard-Veyrières laissant
pour héritier son frère Désiré Bravard, juge à Tulle. Celui-ci
conclut avec M. de Morny, le 6 avril 1863, un nouveau
traité modifiant les conditions établies dans le premier. C'est
sur l'interprétation de ces conditions que les parties cessent
bientôt d'être d'accord. M. de Morny refuse de payer à
M. Bravard une somme de 6.000 francs représentant le prix
fixé d'avance d'un produit de la jument *Quiz*. M. Bravard
l'assigne devant le tribunal de la Seine. Au cours du procès,
M. de Morny décède, et l'instance est reprise par la duchesse
de Morny. Enfin le jugement rendu le 10 juillet 1865 « déclare Bravard mal fondé en sa demande, l'en déboute et
le condamne aux dépens ». Six mois après, l'affaire est
portée en appel par M. Bravard, et la Cour confirme le
jugement du Tribunal de la Seine.

membre titulaire de l'Institut historique le 15 mars 1834. Député du Puy-
de-Dôme en 1848.

Il mourut à Paris le 3 mars 1861. Son oraison funèbre fut prononcée
par Royer-Collard.

Il a laissé un assez grand nombre d'ouvrages de droit, notamment un
Manuel de droit commercial, qui se vend jusqu'en Amérique.

Pierre Bravard s'occupa toujours beaucoup du cheval ; excellent cavalier, il a laissé en manuscrit un Traité d'équitation. Il faisait de l'élevage
aux environs de Paris et fit courir sur les hippodromes parisiens. Il eut
plusieurs chevaux communs avec le comte de Morny, notamment la
fameuse jument *Quiz* dont les produits cotés avant leur naissance
6.000 francs l'un firent l'objet du procès. Au début de l'écurie Morny, il
y avait une participation importante.

Il était républicain En 48, député du Puy-de-Dôme, il votait avec
Charras. Connaissant ses idées et l'ardeur qu'il mettait à les défendre,
Morny, le jour du coup d'Etat, envoya chez lui quatre hommes et un
caporal avec ordre de le retenir prisonnier à son domicile, pour qu'il
n'allât pas se faire casser la tête dans la rue.

Son frère, Désiré-Antoine Bravard, qui intenta un procès à Morny,
naquit à Arlanc le 4 octobre 1809, et mourut le 11 mars 1868 à Tulle
étant vice-président du tribunal de cette ville. Il avait épousé, le 26 avril
1836, Antoinette-Emma de Parades.

Ce triomphe posthume du duc de Morny devant la justice nous oblige à dire que de son vivant il occupa beaucoup la magistrature, ce qui ne laissait pas d'embarrasser quelquefois certains magistrats qui, malgré tout, dans des cas douteux, préféraient incliner en faveur d'un aussi grand personnage. C'est ce qui faisait dire à M. Pinard : « Quand on est M. de Morny, on ne doit ni perdre ni gagner de procès, on devrait n'en point avoir. »

On a reproché à M. de Morny de s'être trop occupé de spéculations financières et industrielles et d'avoir mêlé les affaires et la politique. La seule excuse qu'on puisse alléguer en sa faveur, c'est qu'il était pris dans l'engrenage des affaires avant d'être un grand politique. Que la politique ait parfois servi ses combinaisons financières, cela n'est pas douteux : est-ce donc une chose si rare ? Mais qu'il se soit jamais trouvé dans une situation où ses intérêts personnels étaient en contradiction avec ceux qu'il avait à défendre, c'est ce que l'on ne saurait affirmer. Son rôle supposé dans l'affaire des Bons Jecker, s'il était démontré, serait loin de proclamer son désintéressement. Mais où est la preuve ? Peut-on faire état des affirmations intéressées du fameux banquier genevois, énoncées dans une lettre écrite quatre ans après la mort du duc et trouvée seulement en 1871 dans les papiers des Tuileries ?

*
* *

Dès sa prime jeunesse, le petit-fils de Mme de Souza avait lié commerce avec les muses. Pour sa formation intellectuelle, il s'était trouvé à bonne école auprès de cette aimable aïeule qui avait si délicatement écrit tant de romans moraux où elle s'était révélée « psychologue avisée », « peintre de mœurs », fine analyste du cœur humain, et que l'on a pu considérer comme une « initiatrice de cette branche de la littérature moderne qu'on appelle le roman intime et psychologique » (1). Il avait, comme elle, le goût des choses de

(1) De Maricourt, *op. cit., passim.*

l'esprit, l'habitude des observations fines, l'amour du bien dire, le sens artistique. Et ces dons, il travailla toute sa vie à les développer.

Le théâtre surtout l'attirait. Peut-être l'amour de l'art n'était-il pas le seul mobile qui l'y poussât, et l'attraction féminine expliquait sans doute un peu cette inclination ; mais une aptitude particulière l'y portait, et il y trouvait incontestablement des jouissances intellectuelles puisque, malgré l'emprise tenace de la politique et des affaires, il trouvait le temps d'écrire des vaudevilles.

Sous la monarchie de juillet, le député de Clermont-Ferrand s'intéressait à l'avenir de jeunes actrices, protégeant sérieusement celles en qui il croyait reconnaître un talent exceptionnel. Il y eut toujours autour de lui des « Felicia Ruys ». Lui-même prit des leçons de diction. Il demandait à ce sujet des conseils à Judith dont il admirait l'accent. « Un jour, dit-elle dans ses *Mémoires,* il me demanda des leçons de déclamation. Il était honteux, me déclarait-il, de son inexpérience oratoire. Son ambition politique exigeait qu'il sût articuler ses discours avec élégance et nuancer agréablement son débit ». La célèbre comédienne lui répondit qu'il fallait qu'il s'exerçât lui-même, et qu'il choisît une longue tirade d'une pièce de théâtre, par exemple le fameux discours de Ruy-Blas aux membres du conseil royal d'Espagne. « Relisez souvent ce passage, lui dit-elle, répétez-le, même quand vous le saurez par cœur ; vous finirez par en saisir les moindres finesses et la pensée que vous vous serez parfaitement assimilée vous commandera presque automatiquement les inflexions à donner à votre parole. » Morny suivit ce conseil et répéta des centaines de fois la véhémente mercuriale de Ruy-Blas aux fonctionnaires prévaricateurs :

> Bon appétit, messieurs ! O ministres intègres !
> Conseillers vertueux, voilà votre façon
> De servir, serviteurs qui pillez la maison !
> . . . .

Morny était alors un habitué des Variétés ; il allait souvent trouver Judith dans sa loge pour la complimenter sur son jeu. « Vous déclamez à merveille, lui disait-il un jour ; laissez donc les niaises chansonnettes. Faites des démarches pour entrer au Français. Je vous y aiderai. » Et l'on sait que, docile aux exhortations de Morny, Judith réussit à se faire admettre sur notre première scène nationale, où elle vint remplacer la Dorval, la Georges, astres à leur déclin. Combien d'autres ont été élevées par lui à la dignité tant convoitée de princesse d'opéra !

Très répandu dans le monde des théâtres lorsqu'il fut devenu un grand personnage, Morny voulut y figurer autrement que comme spectateur. Précisément à l'époque où son rôle dans les affaires publiques eût dû lui interdire ces frivolités, il se décida à écrire quelques pièces dont la première audition avait lieu dans le salon de Mme Narischkine, au milieu d'un cercle intime où figuraient Ludovic Halévy et Hector Crémieux, et dont Delaunay préparait la mise en scène. C'est ainsi que sous le pseudonyme de M. de Saint-Rémy parurent successivement quelques comédies : *Les bons conseils*. *Les finesses du mari*, un vaudeville : *La succession Bonnet*, des proverbes tels que *Sur la grande route*, *La manie des proverbes*, *Pas de fumée sans un peu de feu*, une opérette mise en musique par Offenbach : *M. Choufleury restera chez lui le...*

Le marquis de Massa, qui vient de mourir octogénaire et qui était alors officier aux guides, nous a conté dans quelles circonstances fut écrite et jouée à Compiègne *La corde sensible :*

« Une autre fois, c'était Morny qui faisait jouer par les invités une pièce de sa façon. En voici une qu'il écrivit séance tenante, en quelques heures, sur un scénario que l'Empereur lui exposa en ces termes :

— J'ai vu jouer à Vichy, dit-il, une pièce intitulée *La corde sensible*, dont l'idée m'a beaucoup plu. Supposez un propriétaire du voisinage qui, désireux comme moi de bien recevoir ses hôtes, s'est enquis à l'avance de leurs petites manies afin de plaire à chacun en lui donnant l'occasion d'enfourcher son dada favori. Le thème vous plaît-il ?

— Assurément, répondit Morny. Les types ne me manqueront pas. Les allusions à l'Empereur et à l'Impératrice sont-elles permises ?

— Certainement, vous avez carte blanche. »

Et le lendemain, les rôles étaient distribués, la pièce en répétition, et l'on entendait des passages comme ceux-ci :

Mérimée était le monsieur boudeur et hostile au gouvernement.

— Et, lui disait Morny, peut-on savoir le motif de votre opposition ?

— Certainement, on m'a froissé !

— A quel propos ?

— Oh ! je ne m'en cache pas. La raison, c'est que j'habite le premier étage d'une maison de rapport dont tous les locataires sont décorés excepté moi qui paie cependant les plus fortes impositions.

— En effet, c'est humiliant, répliquait Morny. Mais quels étaient, en outre, vos titres à la croix ?

— Mon Dieu, faisait Mérimée, en allongeant les lèvres, je l'avais demandée.

Saulcy, de l'Institut, collaborateur à la *Vie de César*, jouait l'antiquaire.

— Mon héros préféré, disait-il, c'est Vercingétorix.

— Allons bon, s'écriait Delessert. Méfions-nous, il va encore nous raser avec son dada.

— Pourquoi pas, reprenait l'amphitryon. Est-ce que tout le monde n'a pas le sien ?

— Même l'Empereur, objectait Mérimée.

— Certainement, répondait Morny. Ainsi, une supposition ! Vous voudriez vous réconcilier et causer avec lui de politique transcendante. Il vous écouterait par devoir professionnel, mais sans passion. Tandis que si vous lui apportiez quelque vieux morceau de fer rouillé, soit-disant trouvé dans une fouille récente, oh ! alors, vous piqueriez au vif

son attention, et il vous écouterait avec une bonté gallo-ro-
maine de bon augure pour votre boutonnière.

« N'est-il pas vrai, conclut le marquis de Massa, que cette
saynète fort piquante, ainsi interprétée sur le théâtre du
palais de Compiègne, prouve encore une fois le ton de bonhomie qui régnait à la cour de Napoléon III ? »

Évidemment, toutes ces pièces n'ont pas conduit leur
auteur à la gloire, et, bien que certaines d'entre elles n'eussent pas été déplacées dans le répertoire de Labiche, nous
n'aurons pas la naïveté de les considérer comme des chefs-
d'œuvre. Mais il était nécessaire de les signaler, car elles
donnent une idée de la facilité de Morny et de la diversité de
ses aptitudes.

De M\ :sup:`me` de Souza, Morny tenait encore l'amour de la peinture. Mais plus favorisé que son aïeule sous le double rapport des ressources et du discernement, il avait réussi à
constituer une collection incomparable où l'on admirait des
Watteau, des Rembrandt, des Ruysdaël, des Terburg, des
Greuze, des Metzu, et s'il en était fier par vanité mondaine ou
jouissance intellectuelle et artistique, il n'était pas indifférent, paraît-il, à la perspective des bénéfices qu'il en pouvait
retirer. Commencée en son petit hôtel des Champs-Elysées,
autour des portaits d'Hortense et de Flahaut qui ornaient
. son cabinet de travail, cette collection s'enrichit rapidement
dans la suite, et l'on sait avec quel charme séducteur il en
faisait les honneurs aux personnages de marque qu'il désirait
s'attacher. A sa mort, elle fut vendue un million.

*
* *

Le travail acharné auquel se livrait le duc de Morny sans
rien sacrifier aux exigences de la vie mondaine, source de
jouissances et de plaisirs énervants, aurait eu raison d'une
constitution plus robuste que la sienne. Il ne tenait aucun
compte de la complexion délicate qu'il avait héritée de son
père. D'une nature ardente et nerveuse, dormant peu, travaillant la nuit, il n'eut jamais l'idée de proportionner ses

efforts à ses forces. De bonne heure, il sentit les effets de ce surmenage, mais il était persuadé qu'avec les ressources de la science on pouvait renflouer la machine humaine et lui imposer longtemps un rendement intensif. Il se laissait prendre aux amorces des marchands de panacées, perles merveilleuses à base d'arsenic dont les effets prompts et brûlants, en lui donnant l'illusion de la vigueur, minèrent rapidement sa constitution. Il abusa de la vie, et, un jour, la vie tout à coup céda. A l'automne de 1864, M. Marcellin Boudet le vit, à Nades, « amaigri, le teint jauni, déprimé par le mal auquel il devait succomber », obligé de quitter la chasse pour rentrer au château. Le 17 février 1865, il ouvrit la session parlementaire par un discours prononcé d'une voix faible, puis il dut se retirer. Son état s'aggrava avec une rapidité déconcertante. Il était atteint d'une pancréatite. Il comprit qu'il était perdu, et sans tergiverser, courageusement, il accepta l'inéluctable et prépara ce qu'il appelait son *départ* (1).

Au milieu de la consternation générale et de la désolation des siens, il prit ses dispositions. Il dicta à ses deux secrétaires, L'Espine et Demestre, ses volontés testamentaires, fit brûler des papiers qui ne devaient pas lui survivre, puis il rassembla ses amis pour leur faire ses adieux.

Le 9 mars, l'alarme était vive ; l'Empereur et l'Impératrice accoururent à son chevet. Il ne les reconnut pas. Un instant après, Flahaut (2), qui était là, profitant d'un éclair de lucidité, lui dit : « l'Empereur est venu ; il est encore là ; ne désirez-vous point qu'il revienne ? — Oui, oui, je le voudrais, » soupira-t-il. Napoléon rentra. Les assistants s'étaient écartés. Très bas les deux frères purent échanger quelques

(1) Cf. F. Loliée, *op. cit.* M. F. Loliée qui a eu à sa disposition le journal manuscrit qu'avait tracé le valet de chambre de Morny, « minute par minute, depuis le premier jour de sa maladie jusqu'à la fin », a fait un récit très détaillé de la maladie et de la mort du duc.

(2) Le général de Flahaut, grand chancelier de la Légion d'honneur, était alors octogénaire. Il mourut le 2 septembre 1870, le jour du désastre de Sedan, à l'âge de 85 ans. Dieu a voulu épargner à ce loyal soldat la douleur d'assister à l'effondrement du second Empire.

paroles. Le délire l'ayant ressaisi, l'Empereur quitta la pièce en sanglotant et cachant ses yeux avec son mouchoir. Vers une heure du matin, l'agonie commença. Alors on envoya chercher l'archevêque de Paris, Mgr Darboy, qui vint l'administrer et lui donner le viatique. Il était déjà venu, l'avant-veille, sur le désir du mourant.

Quelques instants après, la mort avait passé, et, de cet homme éminent qui avait eu sur les destinées de la France une si grande influence, il ne restait qu'un cadavre entouré de silence, d'ombre et de prière. Le prêtre et la religieuse, qui veillaient, apportaient dans cette chambre de désolation l'adoucissement et l'imperturbable sérénité des espérances éternelles.

Les funérailles se firent avec une pompe souveraine. Un cortège immense de tous les corps élus ou administratifs, de troupes de toutes armes, de hauts fonctionnaires, s'achemina, solennel et imposant, de la Madeleine au Père-Lachaise. Le matin, vingt coups de canon avaient annoncé ce jour de deuil à la capitale ; dans la vaste nécropole, une salve de quinze coups ébranla les airs pendant que le cercueil d'argent était déposé dans le caveau. Et le cortège se dispersa.

****

Dans le monde, dans les sphères politiques surtout, où l'on appréciait ses éminentes qualités, l'émotion fut très vive. Immense était la douleur de la duchesse qui, suivant une pieuse coutume de son pays, avait fait tomber sous les ciseaux les longues tresses de sa chevelure châtain clair pour les confier aux mains glacées de celui qui l'avait sincèrement aimée. Pendant plusieurs semaines, elle exigea qu'à tous ses repas le couvert de l'absent fut mis, sur la table, à côté du sien.

Mais rien n'est éternel en ce monde, pas plus la douleur que le plaisir. La duchesse était trop jeune — elle n'avait pas trente ans — pour se condamner à vivre dans la retraite.

Elle recevait et voyageait en grande dame ayant l'habitude du faste et de la dépense. Bientôt désabusée d'ailleurs par de fâcheuses et regrettables révélations relatives aux infidélités de son mari, qu'elle n'avait pas connues dans toute leur étendue, avec la vivacité de sa nature impulsive elle résolut de se détacher de sa mémoire, et après deux années de veuvage, elle se remaria avec le duc de Sesto, grand d'Espagne, cousin d'Eugénie de Montijo, qui, dans sa jeunesse, avait en vain brûlé d'une belle flamme pour la future impératrice.

Elle habitait alors, avec ses enfants, à Paris, dans le bel hôtel de l'avenue d'Antin, ou à Deauville, à la villa Louisiane, et, une partie de l'année, à Madrid, dans le somptueux palais de son opulent époux où elle recevait la famille royale et la haute société madrilène.

Le duc de Morny avait laissé quatre enfants : deux garçons et deux filles. Auguste-Charles-Louis, le premier, né en janvier 1858, épousa plus tard la fille d'un président de la république de Venezuela, Mlle Guzman Blanco. Serge était le second. Marie, l'aînée des filles, épousa le comte de Corsana, neveu et héritier du duc de Sesto. La dernière, Missie, se maria au marquis de Belbeuf, puis divorça. Ils avaient trouvé dans le duc de Sesto un second père plein de tendresse, et leur mère un époux dévoué. Mais malgré tout, la duchesse goûtait peu la société espagnole ; elle la comparait à une ménagerie où, selon ses propres expressions, les lions étaient rares, et où dominaient les singes. Et ce n'était pas sans éprouver de sincères regrets, qui transparaissaient souvent dans sa conversation, qu'elle laissait sa pensée se reporter vers le « passé de France » et qu'elle se rappelait « l'évidente supériorité de Morny ». Elle mourut subitement, à Paris, une dizaine d'années après son second mariage, à peine âgée de quarante ans.

*
* *

Les hommes ne se survivent pas seulement dans leur

postérité ou dans leurs œuvres. Il en est dont les arts perpétuent l'image et à qui la littérature élève des monuments impérissables. Dès le début de sa carrière, Morny avait vu ses traits reproduits dans le marbre et sur la toile. En 1846, un artiste clermontois, Chalonnax, dont le ciseau était apprécié, avait modelé son buste et sculpté son effigie, en haut relief, dans un médaillon. En 1859, Alexandre Robert, peintre belge, exposa au salon son portrait en pied, ou presque, et de grandeur naturelle (1). Cette belle toile est à l'heure actuelle au musée de Clermont. On y voit également le buste en bronze du duc, par Izelin. C'est une œuvre ressemblante et qui accuse de la maîtrise. Mais l'artiste n'a-t-il pas commis un contre-sens en représentant décolleté à la romaine comme un habitué du forum, et ainsi qu'on représente généralement les fougueux tribuns de la Révolution, un homme qui incarnait la délicatesse et la distinction?

En 1852, six mois après le coup d'Etat, de Caqué avait gravé une médaille fort ressemblante de M. de Morny. Autour du buste, vu de profil, on y lisait cette légende : *Le comte de Morny*. Le revers portait une couronne de comte au-dessous de laquelle se trouvait cette inscription :

Son Excellence

Le Comte de Morny

MINISTRE DE L'INTÉRIEUR

LE 2 DÉCEMBRE

1851

Après la mort du duc, le sculpteur Izelin fit la belle statue en bronze, de plus de deux mètres de haut, qui le représente en costume de président du Corps législatif, comme la toile de Robert, et qui fut érigée à Deauville en 1867. En 1871, cette statue fut déboulonnée, telle une simple colonne Ven-

---

(1) M. de Morny est représenté en habit avec la croix de la Légion d'honneur et le ruban en sautoir, manteau à collet agrafé à l'épaule, cravate blanche, gants blancs, la main droite gantée, la gauche avec bague et chaton a l'annulaire. La tête est chauve, les tempes garnies de cheveux bouclés, yeux bleus, moustache et impériale blond châtain, traits fatigués.

dôme, par les purs de l'endroit, et, dans la suite, une fontaine monumentale vint la remplacer sur la place à laquelle on a cependant laissé le nom de Morny. Mais après cet acte révolutionnaire, la ville comme frappée du courroux céleste s'assoupit d'un sommeil de plomb dont rien ne semblait plus devoir la tirer, et quelques années plus tard, vers 1875, un entrepreneur audacieux, qui avait à cœur sa prospérité, résolut de remettre sur son piédestal, sans s'inquiéter des formalités administratives, une statue qui, nouvelle Pallas, était apparue comme le palladium de la jeune cité. Le coup de main allait réussir, lorsque, le secret ayant été trahi, l'administration fit saisir et transporter à Trouville, sous bonne garde, le bronze séditieux. Les Dauvillais le réclamèrent, et ils finirent par recouvrer ce qui était leur bien. Mais la statue leur fut rendue soigneusement emballée dans une énorme caisse et *sous scellés*. C'est ainsi que, depuis de longues années, Morny attend, dans les greniers de la mairie de Deauville, qu'une administration plus libérale lui permette enfin de voir le jour. La population toute entière applaudirait à cet acte de justice. Mais quel est le ministre qui consentirait aujourd'hui à présider cette inauguration ?

Dans le Puy-de-Dôme, il y a peu d'endroits qui rappellent le nom de l'ancien député. On trouve cependant, à St-Eloy, aux Mines de La Roche, un *puits Morny*, une *tranchée Morny*, à Châteauneuf-les-Bains, une *source Chambon-Morny*. Mais qu'est-ce que cela pour un homme aussi considérable et que ce pays a eu pendant plus de vingt ans pour député ? « L'Auvergne ne l'adopta point, a dit M. Marcellin Boudet. Elle ne se reconnaissait pas en lui ; il n'avait ni les imperfections de l'Auvergnat, ni ses qualités maîtresses. Il ne reste de lui, même à Clermont, son fief électoral où il fut élevé à la dignité ducale, ni un monument, ni une fondation, ni une statue, ni le nom d'une impasse, ni un descendant...... » Il y a eu cependant, dans la suite, une circonstance où les Auvergnats parurent se souvenir. C'était en 1889, après la débâcle du Boulangisme, à l'occasion des élections législatives. Le fils aîné du feu duc de Morny se présenta comme candidat dans la deuxième circonscription de Riom concurremment avec MM. Gomot et Laville. Au premier tour de scrutin, le 22 septembre, M. Laville obtint 7823 voix, M. de Morny 6682, M. Gomot 3665. Il y avait ballottage. Au deuxième tour, le 6 octobre, M. Gomot s'étant désisté en faveur de M. Laville, les voix se répartirent ainsi : M. Laville 11.144, M. de Morny 6943. Si l'on considère la violente campagne menée par un journal du Puy-de-Dôme contre le « petit duc », on reconnaîtra que l'échec de M. de Morny fut assez honorable. Dans les cantons de Manzat, Menat et Pontgibaud, il avait eu, au second tour, la majorité des voix.

Ce n'est évidemment pas à la personnalité d'un candidat à peu près inconnu dans la région qu'étaient allés ces 7.000 suffrages, mais au nom qu'il portait, au principe d'autorité, au régime d'ordre que ce nom représentait ; et cette manifestation spontanée du souvenir populaire raillant malgré la pression administrative 40 °/₀ des électeurs montrait bien clairement que si la statue votée par le Conseil général de 1865 n'avait pas été édifiée sur la place publique, le duc de Morny s'était créé lui-même, dans les cœurs, un monument plus éloquent que le bronze.

*
* *

Les historiens du second Empire consacreront toujours à l'auteur du coup d'Etat, au président du Corps législatif, des pages importantes. Mais Morny était un homme trop en vue, trop à la tête de son pays, et il avait été durant sa vie le héros de trop de romans, pour ne pas exciter, après sa mort, la verve des romanciers. Il protégeait les écrivains et les artistes ; il eut même dans son entourage des jeunes gens qui devaient prendre par la suite, dans les lettres, une place que lui-même y avait vainement cherchée. Parmi les secrétaires de la présidence, on trouvait un académicien en herbe, Ludovic Halévy, deux futurs écrivains distingués, Ernest et Alphonse Daudet. C'est ce dernier qui, bien qu'il s'en défende dans la préface de son livre, a représenté Morny — son Mécène — dans le *Nabab*, sous le personnage du duc de *Mora*. Mais alors que dans le roman historique les héros sortent ennoblis et idéalisés de l'imagination d'un Alexandre Dumas, les personnages du roman de mœurs prennent dans l'esprit observateur et caustique d'un Daudet des silhouettes souvent caricaturales et comiques. Et cependant lorsque avant de clore son livre l'auteur enveloppe d'un dernier regard le héros dont il a détaillé les gestes, n'a-t-il pas comme une vision éblouissante qui lui inspire cet élan d'enthousiasme : « Il était, ce Mora, l'incarnation la plus brillante de l'Empire. Ce qu'on voit de loin dans un édifice, ce n'est pas sa base solide ou branlante, sa masse architecturale, c'est la flèche dorée et fine, brodée, découpée à jour, ajoutée pour la satisfaction du coup d'œil. Ce qu'on voyait de l'Empire, en France et dans toute l'Europe, c'était Mora. Celui-là tombé, le monument se trouvait démantelé de toute son élégance, fendu de quelque longue et irréparable lézarde. »

On a dit que Octave Feuillet avait dépeint le duc de Morny dans *Monsieur de Camors*. Est-ce parce que, dans la préface de son livre, l'auteur déclare que « la partie du public dont l'intérêt passionné s'attachait naguère au mystère dramatique d'une brillante existence parisienne peut lire ces pages avec confiance », et qu'« elle y trouvera la vérité même sur le caractère et la destinée d'un homme qui nous paraît être une des physionomies les plus expressives de son temps et de son pays » ? Ce n'est pas une raison suffisante, car si Morny a été « une brillante existence parisienne » en même temps qu'« une des physionomies les plus expressives de son temps et de son pays », il n'y a jamais eu dans sa vie aucun mystère dramatique, et rien de ce qui arrive à M. de Camors ne saurait lui être appliqué. Comment pourrait-on d'ailleurs attribuer à Morny, qui aimait la vie, ces théories d'un pessimisme désenchanté que le père du comte Louis de

Camors écrivait pour son fils en guise de testament, avant de faire le geste par lequel il devait « s'affranchir des servitudes fatales qu'on nomme les lois de la nature » ? Il faut faire justice de cette légende, et chercher, si l'on veut identifier Camors, une autre « brillante existence parisienne ».

***

Souza, Hortense, Morny ! Trois noms inséparables que nous voulons écrire une dernière fois avant de clore cette insuffisante, mais sincère étude.

Avec un intérêt ardent et sympathique, nous avons feuilleté le livre de ces trois existences si étonnantes et si diverses. Et après avoir remué la poussière des archives, nous avons voulu interroger celle des tombeaux.

Nous sommes entré pieusement dans la belle église de Rueil où reposent ensemble Joséphine et Hortense, sous deux monuments de marbre blanc qui portent respectivement, sur leur socle, ces inscriptions :

<table>
<tr><td>A JOSÉPHINE
EUGÈNE ET HORTENSE</td><td>A LA REINE HORTENSE
SON FILS
NAPOLÉON III</td></tr>
</table>

Nous avons visité la Malmaison où se pressent tant de souvenirs de l'ex-reine de Hollande. Mais c'est à Arenenberg qu'il faut chercher son âme. C'est là que nous nous sommes rendu par une tiède journée de septembre 1912. On part de Schaffouse par le chemin de fer qui remonte le Rhin, sur la rive gauche ; on s'arrête à la petite station de Mannenbach, et, de là, on aperçoit, perché sur le rocher dont le pied baigne dans les flots bleus du lac de Constance, dominant toute la région depuis Constance jusqu'à Stein et Radolfzell, en face de la petite île de Reichnau célèbre par son ancienne abbaye de Bénédictins, le château ou plutôt le simple castel où la duchesse de Saint-Leu, condamnée à l'exil, consacra les dernières années de sa vie à l'éducation du second de ses fils, le futur Napoléon III. Aux alentours s'échelonnent, se dispersent, sur les hauteurs, dans la verdure des vignes ou des prairies, des châteaux, des villages qui rendent le paysage attrayant, tandis que, de l'autre côté du Rhin, vers le nord, les derniers escarpements de la Forêt-Noire donnent à toute la contrée un aspect sombre et sauvage. Le château d'Arenenberg se trouve dans un parc de 120 hectares dont 80 environ de forêt où l'on voit des spécimens remarquables de chênes, de hêtres, d'ormes, de peupliers et de sapins (1).

Le canton de Thurgovie, à qui l'impératrice Eugénie a fait don de cette propriété en 1906, a installé dans les anciens bâtiments d'exploitation une école régionale d'agriculture, et, selon le vœu de la donatrice, le château est conservé comme musée historique. Il renferme de curieux souvenirs napoléoniens, notamment des armes, des portraits de famille, des meubles et instruments de musique ayant appartenu à la reine Hortense. Nous y avons vu la chambre où après tant d'infortunes, cette femme courageuse rendit son âme à Dieu, la petite chapelle qu'elle avait fait construire et où son fils devenu empereur fit placer un monument en marbre de Carrare, qui paraît être une réduction de celui de l'église de Rueil. Enfin nous avons suivi l'allée ombreuse qui descend vers Ermatingen et traverse le ravin romantique ; mais sur les balustres du pont, il n'y avait plus de vases d'hortensias, et, en quittant ces lieux consacrés par le malheur, nous songions aux hôtes illustres qui y vinrent jadis visiter la reine infortunée, Chateaubriand, Alexandre Dumas, Delphine Gay, Mme Récamier, Mme Campan, Mme de Dino, etc. (2).

---

(1) « Du château situé sur une espèce de promontoire à l'extrémité d'une chaîne de collines escarpées, on jouissait d'une vue étendue mais triste. Cette vue domine le lac inférieur de Constance, qui n'est qu'une expansion du Rhin sur des prairies noyées. De l'autre côté du lac, on aperçoit des bois sombres, restes de la Forêt-Noire, quelques oiseaux blancs voltigeant sous un ciel gris et poussés par un vent glacé. »

(Châteaubriand).

(2) On sait que, pendant son règne, Napoléon III fit avec l'impératrice plusieurs séjours à Arenenberg, et que, après la captivité de Wilhelmshöhe, il eut un moment l'intention de s'y retirer.

Au Père-Lachaise, dans un voisinage qui doit combler leurs vœux, reposent la grand'mère et le petit-fils. Et si l'une, de sa modeste tombe, aperçoit le fastueux mausolée de l'autre, on soupçonne que ses mânes doivent tressaillir d'une joie intime et silencieuse.

Dans la vaste nécropole, sous l'ombre protectrice d'un orme géant, se cache la dernière demeure du baron et de la baronne de Souza (1). Garnie d'un entourage en fer que ronge la rouille, elle comprend deux dalles jumelles surmontées d'une croix de pierre. Pour découvrir, sur les dalles, les inscriptions funéraires, nous eûmes recours à l'aide d'un gardien. Il fallut soulever un lourd tapis de lierre dont le réseau serré enlaçait la croix et allait s'accrocher aux branches de l'orme ; il fallut écarter une épaisse couche de poussière, signe trop évident d'abandon. Et nous lûmes :

<table>
<tr><td>Sur la dalle de gauche :</td><td>Sur la dalle de droite :</td></tr>
<tr><td>JOSÉ MARIA DE SOUZA BOTELHO</td><td>ADELAIDE FILLEUL</td></tr>
<tr><td>Mourao et Vasconcellos
né à Oporto le 9 mars 1758
mort à Paris le 1er juin 1825</td><td>Epouse en premières noces
du Cte de Flahaut de la Billarderie
et en secondes noces de
don Joseph-Marie de Souza
née le 14 mai 1761
décédée le 16 avril 1836</td></tr>
</table>

Sur la hauteur, dans une situation mieux choisie à la croisée de larges avenues, se dresse en face du joli buste en marbre de Delphine de Cambacérès le mausolée superbe du duc de Morny, œuvre de Viollet le Duc. Au frontispice s'étale un large écusson où l'on voit, gravées dans la pierre grise, les armes du défunt surmontées d'une couronne ducale, et au-dessous cette devise : *Pro patria et imperatore.*

Aux âges futurs, ce monument dira que celui dont il abrite la cendre fut un grand serviteur du pays et un grand politique. Il dira l'histoire extraordinaire d'un homme « fils d'une reine et fils de ses œuvres, artisan de sa propre fortune »,

____

(1) 1re Concession du 9e rang de la 20e division.

qui, parti d'un point mystérieux de l'horizon, tel un astre, s'éleva par la force fatale qu'il portait en lui, pour s'éteindre subitement au zénith de sa carrière.

La vie d'Auguste de Morny fut une ascension continuelle ; il ne s'arrêta que pour disparaître. Le sort favorable lui épargna les amertumes du déclin. Sa mort fut un malheur pour le pays et pour l'Empire. On peut se persuader que s'il eût vécu cinq ou six ans de plus, la marche des événements eût pris un autre cours, et la France n'aurait pas connu les désastres de 1870. En tout cas, il eût été intéressant de voir, dans des circonstances critiques, la mauvaise foi et la brutalité d'un Bismarck se heurter à la sagacité de ce fin diplomate pour qui les chancelleries d'Europe n'avaient pas de secrets.

Bien des jugements ont été portés sur cet homme, par des amis, par des adversaires. Les uns et les autres ont rendu hommage à sa valeur. Il faut lire, pour s'en convaincre, le portrait élogieux qu'a laissé de lui le vicomte de La Guéronnière, les appréciations flatteuses de M. Pinard et de tant d'autres. Rien ne vaut, pour juger un homme, le témoignage des contemporains, de ceux qui l'ont vu de près.

Plus que tout autre, celui d'un Auvergnat mérite d'être rapporté ici, surtout lorsque cet Auvergnat est le comte Martha-Becker, vice-président du Conseil général. Voici en quels termes il fit, le 21 août 1865, dans son discours d'ouverture de la session, l'éloge du président décédé au printemps précédent :

« Messieurs, il y a quelques mois à peine, siégeait encore dans les conseils de l'Empereur, à la tête de cette assemblée, une (autre) illustration bien chère à l'Auvergne, qu'une mort prématurée a enlevée à la France et à son souverain. M. le duc de Morny nous appartenait à tant de titres que son nom est désormais inséparable de l'histoire de notre province ; il se glorifiait lui-même de cette adoption, il aimait à rappeler qu'il devait à la ville de Clermont ses débuts dans la carrière politique. Nous avons été à même d'apprécier cette haute intelligence, cette finesse d'esprit, cette exquise urbanité qui faisaient de notre président une nature à part. Tout séduisait en sa personne, et sa première élection dans le Puy-de-Dôme fut tout entière l'œuvre de cette séduction irrésistible dont il possédait le secret; toutes les préventions tombaient devant le charme de sa parole; un mot heureux, un trait piquant désarmaient les oppositions les plus obstinées. Causeur aimable, type du véritable gentilhomme, il était poète, artiste, littérateur; il alliait le goût des arts le plus éclairé au maniement et à la pratique des affaires, en s'attachant toutefois, sauf dans les cas décisifs, moins aux détails qu'à l'idée elle-même. « Ne croyez pas, disait-il à un jeune homme, que les qualités, quelles qu'elles soient, même celles d'homme du monde, s'acquièrent sans efforts, et ne perdez jamais de vue, au milieu des entraînements de la jeunesse, le côté sérieux de la vie : ce fut toujours la règle de ma conduite. » Le caractère de l'homme se dessine dans ces quelques paroles. En présence de cette volonté si nette et si constante, on ne s'étonne plus de sa persévérance à poursuivre son but, de son habileté à triompher des obstacles, de son énergie dans les moments critiques. Cette énergie, M. de Morny l'a mise au service de son pays, le jour où la société, qui voyait avec effroi tous les pouvoirs s'affaisser devant une échéance fatale, réclama impérieusement une mesure de salut public. Il fut l'auxiliaire le plus actif du Prince-Président, dans cette journée qui sauva la France de l'envahissement des passions démagogiques....

« Un heureux concours de circonstances avait préparé à ce rôle d'homme d'Etat l'éducation de M. de Morny. Sa position sociale l'avait mis à même de voir de près, dès ses premières années, le jeu des ressorts de la politique et les personnages qui les faisaient mouvoir; son jugement mûrit rapidement à cette école, et l'on peut dire qu'observateur précoce, il s'est formé lui-même sur la scène du monde. On l'a vu tour à tour briller sur le champ de bataille, se montrer orateur distingué à la tribune, ministre habile et courageux,

et couronner sa trop courte carrière par l'éclat d'une
présidence célèbre dans les annales parlementaires. En
lui se réunissait en effet le concours le plus rare de toutes
les qualités nécessaires pour diriger les grandes assemblées ;
chacun lui reconnaissait le don, l'art si difficile de dominer
les hommes par le tact, par le sang-froid, par une supériorité
incontestée ; aussi avait-il toute la confiance de la Chambre.
Lorsque la gravité de sa maladie fut déclarée toutes les
opinions lui rendirent hommage, et sa mort fut un deuil
pour la France entière. Le pays sentait que l'Empereur avait
perdu un de ses amis les plus dévoués et les plus capables,
l'un de ses conseillers les plus sages. L'Auvergne surtout
s'est émue de la grandeur de la perte qu'elle vient de faire,
et, en ce moment même, Messieurs, vous cherchez involon-
tairement à cette place l'illustre président que tous les départements nous enviaient. »

Au cours de la session, le Conseil général avait émis le vœu
de voir un monument élevé dans la ville de Clermont à la
mémoire du duc de Morny.

Ce vœu ne devait pas se réaliser ; quelques années après,
l'Empire tombait, et le nom même de Morny était effacé
d'une des avenues de Clermont. Quarante trois ans ont passé
sur cette date fatale, et aujourd'hui, de l'homme qu'elle a
acclamé de ses suffrages unanimes pendant un quart de siècle, l'Auvergne semble n'avoir rien conservé, rien, sauf le
souvenir. Mais le souvenir reste, et, dans l'histoire de la
vieille cité arverne, on trouvera longtemps encore, avec la
trace de ses travaux,

> La splendeur de son ombre et l'éclat de son nom.

Avec Martha-Becker, l'Auvergne dira que l'éminent personnage en qui quelques philistins n'ont vu qu'un viveur aristocratique, un joueur et un coureur d'aventures, était un homme
d'action, de volonté et d'énergie, et la postérité libérée des

passions de parti ratifiera le jugement du général Fleury :
« Morny était un homme hors ligne. »

Pour forcer l'admiration, il ne lui a manqué qu'une chose.
ce je ne sais quoi d'achevé, comme a dit Bossuet, que possède
seul l'homme que le malheur a touché de son aile.

Son amour du luxe, ses passions ardentes, ses procès
imposent quelques réserves. Il était homme et avait ses imperfections. Mais comme ces métaux précieux qui renferment
l'inévitable alliage, son nom rendra néanmoins, sur les lèvres
de la postérité, un son juste et harmonieux.

ERRATA

Page 53, 15ᵉ ligne, *Au lieu de :* Le *14* décembre, la veille de son départ
Lire :   Le *4* décembre.

Page 91, 25ᵉ ligne. *Au lieu de :* Nº du 20 décembre *1899*.
Lire :   Nº du 20 décembre *1896*.

Page 261, 28ᵉ ligne, *Au lieu de :* La décision souveraine qui *confie*.
Lire :   La décision souveraine qui *confére*.

TABLE DES MATIÈRES

Clermont, Imprimerie Générale